肌肉健美训练解析

（基础篇）

LA MÉTHODE
DELAVIER
DE MUSCLATION

[法] 弗雷德里克·德拉威尔
[法] 迈克尔·甘地　　　著

陈凤芹　译
尹承昊　主审

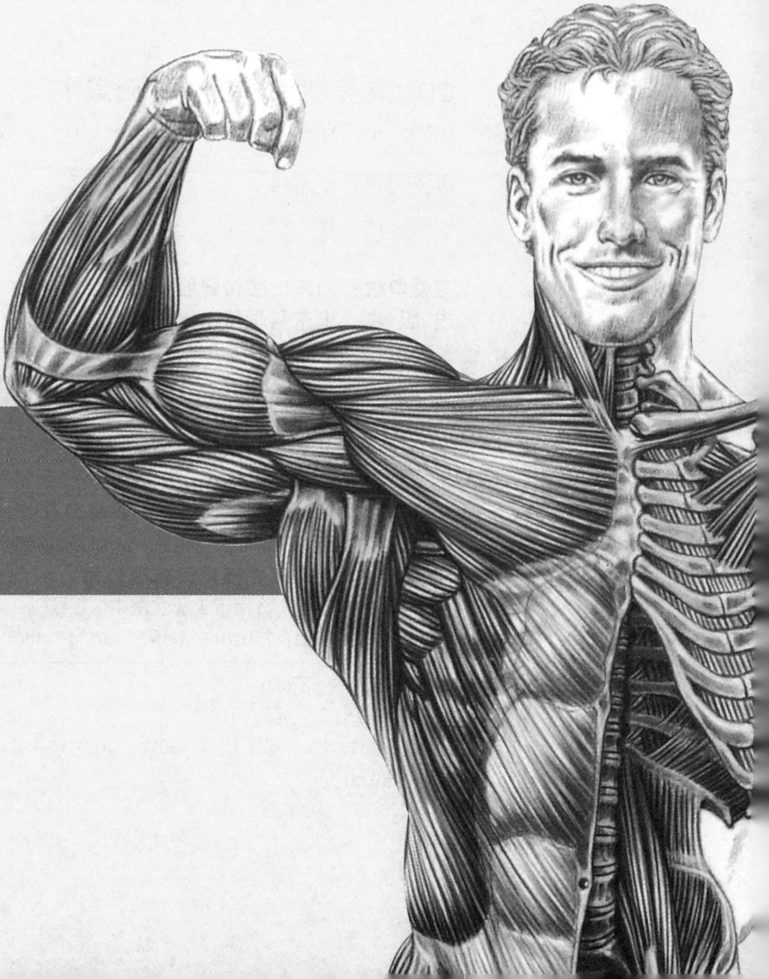

山东科学技术出版社
·济南·

图书在版编目（CIP）数据

　　肌肉健美训练解析．基础篇／（法）弗雷德里克·德拉威尔，（法）迈克尔·甘地著；陈凤芹译．－－济南：山东科学技术出版社，2023.3
　　ISBN 978-7-5723-1467-4

　　Ⅰ．①肌… Ⅱ．①弗… ②迈… ③陈… Ⅲ．①健美运动 Ⅳ．① G883

中国国家版本馆 CIP 数据核字 (2023) 第 007830 号

Originally published in French by Éditions Vigot, Paris, France under the title:
La Méthode Delavier de musculation vol.1-1st edition ©Vigot, 2009.
Simplified Chinese translation copyright ©2023 by Shandong Science and Technology Press Co.,Ltd.
All Rights Reserved

图字：15-2021-202

肌肉健美训练解析（基础篇）
JIROU JIANMEI XUNLIAN JIEXI（JICHUPIAN）

责任编辑：张丽炜
装帧设计：孙　佳

主管单位：	山东出版传媒股份有限公司
出　版　者：	山东科学技术出版社
	地址：济南市市中区舜耕路 517 号
	邮编：250003　电话：（0531）82098088
	网址：www.lkj.com.cn
	电子邮件：sdkj@sdcbcm.com
发　行　者：	山东科学技术出版社
	地址：济南市市中区舜耕路 517 号
	邮编：250003　电话：（0531）82098067
印　刷　者：	济南新先锋彩印有限公司
	地址：济南市工业北路 188-6 号
	邮编：250101　电话：（0531）88615699

规格：16 开（170mm×240mm）
印张：16.25　　字数：419 千
版次：2023 年 3 月第 1 版　　印次：2023 年 3 月第 1 次印刷
定价：89.00 元

引 言

肌肉健美训练的好处

肌肉健美训练可以锻炼肌肉，增加肌肉体积，提高肌肉力量和耐力，改善机体形态，使男性变得更加强壮，女性变得更加丰满。肌肉健美训练还能改善心血管系统、呼吸系统、消化系统功能，改善身体的营养和代谢功能，提高身体代谢，保持身体活力。

本书的指导意义

1 不受场地限制

具体的体育运动项目需要有相应的场地，去健身房锻炼也多有制约，健身健美训练不受场地限制，家里、办公室都可以进行锻炼。

2 省时、省钱

去健身房锻炼需要有必要的准备、车程、现场更换衣服等，训练之后，又得反向重复上述活动一次，完成这些程序花费的时间往往比训练用时还要多。

因为推荐训练项目不断增多，花费也随之越来越多。

3 弹性安排训练计划

在健身房锻炼，要受开放和高峰时间的限制，安排不好便会影响训练。通过本书的指导你可以制订一个完美的弹性训练计划，可以安排在早晨训练，也可以安排在晚上训练，或者为了更好地支配时间可以选择早晨和晚上交替进行训练。

4 无年龄限制

任何年龄段的人都可以在本书的指导下进行锻炼。肌肉训练并不妨碍青少年发育成长。相反，肌肉训练开始得越早，得到的好处也将越多。

5 收效第一

肌肉训练不只是一项消遣活动，应该认真地做，而不是轻率地做做样子，训练是为了获得效果，不是为了娱乐。本书可以指导你端正训练态度，提高训练的效率。

6 器械简单而收效巨大

不少健身房选择器械（机器）时首先考虑的是成本而不是其实际效用，因此购置了一些低效率的器械（机器）。这些器械（机器）忽视了人的体型，对肌肉和关节有一定的损害，使用这样的器械（机器）训练难以获得期待的效果。本书中采用简单易得的器械，指导你进行肌肉健美训练，器械虽然简单，但效果显著。

7 好教练与你相伴

本书的两位作者均有20多年的体能训练经验，在健身方面他们能提供更多的方案及建议。

目 录

引 言
肌肉健美训练的好处 -------------------- 1
本书的指导意义 ---------------------------- 1

第一部分
制订肌肉健美训练计划 ---------------- 1
肌肉训练所需装备 -------------------------- 2
  哑铃 ---------------------------------- 2
  单杠 ---------------------------------- 2
  弹力带 -------------------------------- 2
多样化的抗阻力训练可以使训练效率最大化 ---------------------------------- 3
  徒手练习 ------------------------------ 3
  负重练习 ------------------------------ 4
  弹力带练习 ---------------------------- 4
  增强式阻力练习 ------------------------ 5
  拉伸练习 ------------------------------ 6

小结 -------------------------------------- 7
肌肉如何获得力量 -------------------------- 8
  大量运动神经元的聚集 ------------------ 8
  每个运动神经元发送的推动力 ------------ 8
  肌肉体积 ------------------------------ 8
  肌内协调 ------------------------------ 8
  肌间协调 ------------------------------ 8
肌肉发展的原理 ---------------------------- 9
  利用地球引力来抑制肌肉并调整肌肉体积 ---------------------------------- 9
  自身进步减缓 -------------------------- 10
  略谈"充血" ---------------------------- 10
如何增加肌肉耐力 -------------------------- 10
  最好的肌肉充氧 ------------------------ 10
  最好的脂肪燃烧 ------------------------ 10
肌肉训练中的反常情况 ---------------------- 11
明确肌肉训练目标 -------------------------- 11

目录

量化肌肉训练目标 ———————————— 11
制订肌肉训练计划的20个步骤 ———— 12
  每周应该训练多少次？ ———————— 12
  应该哪天训练？ ——————————— 12
  每块肌肉一周内应该锻炼多少次？ —— 13
  每天应该训练1~2次吗？ ——————— 14
  一天中应该何时进行锻炼？ ————— 14
  每次应该锻炼几块肌肉？ ——————— 14
  应该以何种顺序锻炼肌肉？ ————— 16
  每块肌肉应该做几组练习？ ————— 18
  每块肌肉应该做几种练习？ ————— 20
  每组练习应该重复多少次？ ————— 20
  应该以什么速度进行重复练习？ ——— 20
  每次训练应该持续多长时间？ ———— 21
  两组训练间最佳的休息时间是多少？ — 21
  确定每个动作最适宜的负荷 —————— 22
  应该在何时增加负重？ ———————— 23
  两组肌肉训练之间应该休息吗？ ——— 23
  学习选择适合自己的练习 ——————— 23
  知道应该何时改变训练计划 ————— 27
  锻炼计划周期化的作用 ———————— 27
  锻炼计划假期的作用 ————————— 28
如何掌握训练进步的节奏 ——————— 29
饮食的作用 ———————————————— 29
热身训练的技巧 ————————————— 29
  热身的作用 ——————————————— 30

热身训练中的问题 ————————————— 30
放松运动 ————————————————— 31
制订训练计划 ——————————————— 32
分析训练情况 ——————————————— 33
记录训练情况 ——————————————— 34
强化训练的技巧 —————————————— 34
  训练超负荷的原因 ——————————— 34
  数量还是强度？ ————————————— 35
递减理论 ————————————————— 35
绝对力量的理论 —————————————— 35
是否应锻炼到力竭了才结束训练 ———— 36
超越力竭 ————————————————— 37
屡败屡战 ————————————————— 37
借力练习 ————————————————— 38
递减练习 ————————————————— 38
劳逸结合 ————————————————— 39
被动运动 ————————————————— 40
  总结 ——————————————————— 40
停停走走 ————————————————— 42
损伤 ——————————————————— 43
持续紧张 ————————————————— 43
单侧训练 ————————————————— 44
  单侧交替 ———————————————— 44
  纯单侧训练 ——————————————— 45
超级组训练 ———————————————— 45
  针对肌肉对抗的超级组训练 —————— 45

| 针对同一块肌肉的超级组训练 ------------ 46
| 循环训练 -------------------------------- 49
| 锻炼过程中的呼吸技巧 ------------------ 50
|| 屏住呼吸存在的问题 ---------------------- 50
|| 负重运动期间的呼吸方式 ------------------ 51
|| 轻微耐力运动时的呼吸方式 ---------------- 51
|| 爆发力训练期间的呼吸方式 ---------------- 51
|| 拉伸时的呼吸方式 ------------------------ 51
|| 组间休息时的呼吸方式 -------------------- 51
|| 总结 ------------------------------------ 51

第二部分
练习 -------------------------------- 53
| 强壮手臂 ------------------------------ 54
|| 肱二头肌 -------------------------------- 54
|| 肱二头肌训练动作 ------------------------ 58
|| 肱三头肌 -------------------------------- 69
|| 肱三头肌训练动作 ------------------------ 70
| 前臂 ---------------------------------- 82
|| 前臂的作用 ------------------------------ 82
|| 前臂训练动作 ---------------------------- 82
| 扩宽肩膀 ------------------------------ 86
|| 三角肌 ---------------------------------- 86
|| 三角肌训练动作 -------------------------- 87
|| 冈下肌 ---------------------------------- 102
|| 冈下肌训练动作 -------------------------- 104

| 强壮胸肌和颈部 ------------------------ 106
|| 胸肌 ------------------------------------ 106
|| 胸肌训练动作 ---------------------------- 107
|| 颈部肌肉 -------------------------------- 120
|| 颈部肌肉训练动作 ------------------------ 121
| 塑造完美的背部肌肉线条 ---------------- 124
|| 背阔肌 ---------------------------------- 124
|| 背部肌肉训练动作 ------------------------ 125
|| 斜方肌 ---------------------------------- 132
|| 斜方肌训练动作 -------------------------- 134
|| 腰部肌肉 -------------------------------- 136
|| 腰部肌肉训练动作 ------------------------ 137
| 强健大腿前侧肌肉 ---------------------- 142
|| 股四头肌 -------------------------------- 142
|| 股四头肌训练动作 ------------------------ 143
| 强化大腿内侧肌肉 ---------------------- 162
|| 内收肌 ---------------------------------- 162
|| 内收肌训练动作 -------------------------- 163
| 强健大腿后侧肌肉 ---------------------- 164
|| 腘绳肌 ---------------------------------- 164
|| 腘绳肌训练动作 -------------------------- 165
| 强健小腿肌肉 -------------------------- 171
|| 腓肠肌和比目鱼肌 ------------------------ 171
|| 小腿肌肉训练动作 ------------------------ 172
| 优化臀部曲线 -------------------------- 180
|| 臀部肌肉 -------------------------------- 180

- 臀部训练动作 ---------------------------- 182

髋关节肌群的重要性 -------------------- 194
- 髋关节的测试 ---------------------------- 195

塑造腹部肌肉线条 ---------------------- 196
- 腹肌 -------------------------------------- 196
- 腹肌训练动作 --------------------------- 200
- 腹外斜肌 --------------------------------- 206
- 腹外斜肌训练动作 ---------------------- 206
- 膈肌与呼吸肌 --------------------------- 211
- 膈肌与呼吸肌训练动作 ----------------- 212

第三部分
肌肉训练计划 ---------------------- 215

变化 ------------------------------------- 216
- 以省时间为目标的肌肉锻炼方法 ---------- 216
- 对于新手，一星期两天快速肌肉锻炼计划-216
- 对于新手，一星期三天快速肌肉锻炼计划-217
- 每周3次训练，进阶肌肉锻炼计划 ----- 218
- 针对新手，每周2次完整的肌肉锻炼计划-219
- 针对新手，每周3次完整的肌肉锻炼计划-220
- 进阶四天的完整肌肉锻炼计划 ---------- 222
- 为高水平选手准备的五天完整肌肉锻炼计划 ------------------------------------ 224
- 手臂专项训练计划 ---------------------- 226
- 针对全身的20分钟循环训练计划 ------- 226
- 腹肌专项循环训练计划 ----------------- 227

女性性感之美 ---------------------------- 227
- 优化臀部健美计划 ---------------------- 228
- 精炼身体下半身计划 -------------------- 228
- 平坦小腹健美计划 ---------------------- 229
- 强健全身薄弱部位的训练计划 ---------- 229

针对个体特制的肌肉训练计划 --------- 230
- 训练计划的五个阶段 -------------------- 230
- 循环训练或做组训练 -------------------- 230
- 总结 -------------------------------------- 231

第一阶段：适合初学者的体适能训练计划 ------------------------------------- 232
- 主要针对大腿的复合练习计划 ---------- 232
- 主要针对大腿和上半身肌肉的复合练习计划 ---------------------------------- 232

第二阶段：循环训练计划 -------------- 232
- 主要针对大腿的复合循环练习计划 ---- 232
- 主要针对大腿和上半身肌肉的复合循环练习计划 ------------------------------ 232

第三阶段：增加运动量 ----------------- 233
- 主要针对大腿 ---------------------------- 233
- 主要针对大腿和上半身肌肉 ------------- 233
- 加强初学者躯干扭转力量的练习计划 -- 234

第四阶段：更特殊的练习 -------------- 234
- 足球 -------------------------------------- 235
- 自行车运动 ------------------------------ 236
- 羽毛球，网球等 ------------------------- 237

橄榄球、美式足球 ------------------------ 238
篮球、排球、手球 ------------------------ 239
雪地运动：坡道滑雪、越野滑雪 ------- 239
搏击运动 ---------------------------------- 240
拳击 --------------------------------------- 241
田径运动：短跑、跑步、跳跃、投掷运动-241
投掷 --------------------------------------- 242
游泳 --------------------------------------- 242
高尔夫 ------------------------------------ 242
冰上运动：滑冰、冰球运动 ------------ 243
水上运动：赛艇、皮划艇、帆船运动 -- 244
骑马 --------------------------------------- 244
掰手腕 ------------------------------------ 245
攀岩 --------------------------------------- 245
汽车与摩托车运动 ------------------------ 245

第五阶段：个人专项练习计划 ------- **246**
进行自我分析 ---------------------------- 246
运动伤害的预防措施 **247**
肩膀损伤的预防措施 --------------------- 247
腰部损伤的预防措施 --------------------- 247
颈部损伤的预防措施 --------------------- 248
髋部损伤的预防措施 --------------------- 248
膝盖损伤的预防措施 --------------------- 249
肌肉损伤的预防措施 --------------------- 249

第一部分

制订肌肉健美训练计划

首先,制订一份肌肉健美训练计划。这看似是一项枯燥乏味的任务,实际上却很简单,前提是要有好的开始并注意循序渐进。我们将在这里逐步向你展示如何制订训练计划。

肌肉训练所需装备

在训练装备方面，本书提出了两个先决条件：
- 训练所需器材成本微薄。
- 训练所需场地很小。

简单的器材会使训练效率增加，例如哑铃、单杠、弹力带等，还有床、门框、椅子等都可以用来训练肌肉。

即使没有任何装备，徒手训练肌肉也是可以的。

哑铃

无论是在网上还是运动商店，都可以买到易拆装的哑铃。随着训练水平的提高，你可以逐渐买一些其他的健身器材。

哑铃的好处是通过增加运动的负荷达到进步的目的，如果只用同样的负荷进行训练（如体重），训练成果便会停滞不前。在肌肉健美训练方面，一切训练以超负荷原则为基础，而哑铃是获得超负荷的最好办法。

我们也可以使用矿泉水瓶进行简易的负荷练习。

单杠

这里说的是固定在门框及走廊墙壁之间、易拆装的单杠，使用后可以拆下不占用空间。单杠对于发展你的背部肌肉很重要，但不是必须的。

单杠分短杠（短于1米）和长杠（1~1.2米）。如果空间允许，你要尽可能选择长杠，以便可以进行更多样的练习。

弹力带

弹力带也很容易买到。一些五金店也出售有松紧性的绳子，但是其阻力不够，不如弹力带使用方便。

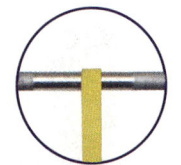 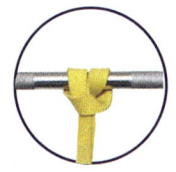

两种使用弹力带的方法

多样化的抗阻力训练可以使训练效率最大化

训练时，如果同时使用多种不同的抗阻力训练，肌肉的进步会更快。

因此，建议不要只进行一种抗阻力练习，而应进行下列五种类型的练习：
- 徒手练习
- 负重练习
- 弹力带练习
- 增强式阻力练习
- 拉伸练习

弹力带的好处是能获得相当大的阻力。这些带子方便携带和存放，不同阻力值的带子可以轻松地改变训练时所需要的力量。

由弹力带提供的阻力与由身体或哑铃提供的抗力是不同的，弹力带拉得越紧，阻力就越大。

使用哑铃时，当举起10千克的哑铃，无论是在运动的开始、中间还是最后，所得到的阻力永远都是固定的10千克。

当然，把不同种类器械提供的阻力互相比较是很不合理的，使用哑铃和弹力带所得到的阻力有它们各自的优点和缺点。理想的状态是尽量将这两种抗力结合起来，可以取长补短。

我们将在本书中阐述这个理念。

徒手练习

徒手练习是健美运动的基础，其优点是不需要任何器械，但能锻炼到所有的肌肉。徒手训练虽然也能提高一定的肌肉力量和耐力，但是其局限性也会很快暴露出来。

为了改善这种情况，应该增加训练难度，其中的一种做法是增加重复次数。但是，重复训练超过25次后，会把力量训练转化成耐力训练，这对于增强肌肉量与力量收效甚微。

> **无意识力量，进步的源泉**
>
> 即使非常希望，你也无法使用肌肉的所有力量。肌肉的所有力量是巨大的，在肌肉痉挛时我们会意识到这一点。肌肉痉挛是肌肉自发的、大于主观意识的强直性收缩力量。肌肉的全部力量是其主观力量与客观力量之和。主观力量与客观力量之差叫做力量逆差。

负重练习

为了增加练习的难度并使肌肉得到发展，最简单的方法就是使用哑铃负重练习。哑铃可以逐步增加重量，如果力量允许，每次可以递增500克或者更多。逐渐增加的哑铃负荷与体重提供的负荷是不同的，后者的负荷是不变的。由于体重提供的负荷是不变的，很多人不能在单杠上做引体向上，甚至不能做俯卧撑。使用哑铃则可以解决这个难题，因为你可以完全自由地选择适合自己的负荷。

使用哑铃训练是徒手训练的延伸，但对于力量基础薄弱的新手有一定限制。运动员可以使用超负荷进行渐进练习。

弹力带练习

我们已经解释了弹力带所提供的阻力与由哑铃或体重提供的阻力不同。弹力带练习有两种不同方法：

› 在绷紧状态下使用：带子拉得越紧，越能得到变化更多的阻力。

› 弹力带所提供的阻力不如哑铃精确，但是比体重提供的阻力变化大。利用哑铃或体重进行训练，本质上是强迫肌肉使用其主动发力来对抗负荷，可以更好地提高被动力量。因此，使用弹力带所得到的阻力是传统阻力与增强式阻力之间的过渡。当拉弹力带时，弹力带最终会把人带回原来的位置，这是一种接近增强式阻力练习的训练。为了更好地理解此概念，可以阅读"被动运动"（见第40页）。为了进步更快，应该既增加肌肉的整体力量，也尽量加强被动力量的练习（减少力量逆差），所以要进行增强式训练，并使用弹力带来训练肌肉。

增强式阻力练习

增强式阻力练习可以使肌肉获得弹力和爆发力，使人能够突然间改变方向或翻转。增强式阻力的典型例子就是从矮小的墙上跳下时减缓冲击，并随后跳得尽量高和尽量快。因此，在进行练习时，往往会跑得更快或跳得更高，肌肉也会由此变得更有爆发力。这种类型的训练对于那些需要肌肉爆发力的运动员尤其重要。

当肌肉突然需要轻微拉伸时，身体会启动本能的保护反应——肌肉收缩。这种收缩可以产生巨大的被动力量，一些高水平的短跑选手就是善于运用这种力量的典型。运动员起跑前会进行跳跃式热身，这会使肌肉在接下来的奔跑中能够发挥它们所有的爆发力。

通过增强式阻力训练可以提高运动能力。运动员通过肌肉训练可以变得非常强壮，但是当要求其抛掷一个小球时，却不能把它投掷得很远。这是因为运动员无法将力量瞬间转化成爆发力，抛球之前突然使手臂向后移动会使肌肉产生被动力量，而这种被动力量与主动收缩之间的力量不能迅速转换，想要获得迅速转换，需要进行增强式训练。

增强式训练的黄金法则是缩小与地面接触的时间。如果这个接触时间过长，一大部分的肌肉反应将会消失。增强式阻力训练是为了加快肌肉主动力量的聚集，从而使肌肉获得爆发力。如果和地面接触时肌肉反应时间过长（如几毫秒），在足够的主动力量被发挥之前，肌肉产生的被动力量就会变弱。在上述的抛球例子中，因为在很短的时间内没有能够聚集所有的力量，所以结果令人失望。

! 增强式训练使肌肉产生的疲劳程度与传统的肌肉训练所产生的疲劳程度大为不同。当反应变得迟缓时，应该停止增强式训练。在此情况下，肌肉无法产生足够的爆发力，并且容易使肌肉受伤。

每次训练时进行3~4组练习，每组重复进行1~3次，不应该做太多增强式训练，否则会产生相反效果。大腿肌肉训练可以由增强式训练开始，某些短跑选手在起跑前由于准备活动充分，适当增强式训练唤醒了肌肉和神经系统，因而取得好成绩。相反，过度的增强式训练会使大腿肌肉过度疲劳，这样会使肌肉产生的主动力量与被动力量之间的转换变得缓慢。

> **特别提示**
> 20世纪70~80年代非常流行拉伸练习，经过30年的科学论证后，我们发现：
> ▸ 如果希望肌肉变得灵活，不要再犹豫，立即进行拉伸练习。
> ▸ 不要片面地认为拉伸练习不好，拉伸练习可以更好地保持你的肌肉健康。

拉伸练习

拉伸练习可以使肌肉变得柔软，避免在运动时出现超出运动幅度的现象。为了保持力量，肌肉又不能太过于柔软。

运动时如果肌肉过于紧张，便容易引发伤病。肌肉变得柔软是令人欣喜的，但是在某些项目中，肌肉过度柔软会使成绩下降。

! 从以上解释可以得出结论，拉伸练习可以使肌肉运动能力得到提高，也可以使运动成绩下降。至于拉伸练习的好处，我们要辩证地看待。

我们应在肌肉紧张与柔软状态之间寻找一个平衡点，此观点是苏联的一些举重大师提出来的。他们认为，肌肉应当有一定的柔韧性，这是为了防止运动员受伤，但是为了保持力量，肌肉又不能太过于柔软。

有四个时刻适合拉伸肌肉：

进行热身运动时

当拉伸弹力带几秒钟时，弹力带立即开始变热，伸展四肢也会使肌肉和肌腱变热；但是，如果将弹力带拉得太紧，弹力带将会失去所有的弹性；对于肌肉来说是一样的道理。热身时所做的伸展运动应当适度。医学研究表明，热身时不当的拉伸可导致运动成绩下降。即使反应速度只是略有下降，肌肉的爆发力也会受到很大的影响。虽然运动能力的下降仅持续几个小时，但也会影响训练。因此，在热身时不要过度拉伸四肢。

训练组之间

在训练中，训练组之间的拉伸练习可以产生两种结果：
- 最好的情况是可以使肌肉快速重获力量，使组间休息时间减少。
- 最差的情况是加快了肌肉力量的消失。

通过一些极端的情况得出的这两个结论，一开始并未引起人们的注意。这些情况的产生大部分取决于肌肉的疲劳程度，或许开始时我们能体会到它的益处，然而在接下来的训练中却会产生相反的效果。

拉伸的特点是人们能立即感受到其好处与坏处。因此，是否在训练组之间进行拉伸练习需要具体情况具体分析。

训练动作之间

拉伸练习可以用来作为两个训练动作之间加速肌肉力量恢复的方法。这种方法所引起的问题是：会使肌肉变冷，从而发生一定的危险。另外，也有人认为，这种方式不一定会促进肌肉的恢复。

训练后

我们需要掌握拉伸的最佳时机，因为掌握不好时机可能导致暂时的运动能力下滑。理想的时机是在肌肉训练后，因为在这个时候，肌肉与脂肪在燃烧，产生热量使肌肉变软，更有利于拉伸。

有两种主要方式拉伸肌肉：

静态拉伸

保持姿势并持续一定时间（10～60秒），根据训练目标，拉伸程度可以从轻微增至强烈。

优点	没有什么受伤风险。
缺点	在训练前进行有可能降低运动成绩。

动态拉伸

进行10~20秒的快速运动，可以使我们更快进入运动状态。

优点	只要不拉伤肌肉，在训练前进行这种拉伸一般不会对训练成绩产生任何的负面影响。
缺点	容易造成肌肉损伤。

在肌肉训练期间，一般进行1~3组拉伸练习就可以了。

小结

在进行这五种练习时（徒手练习、负重练习、弹力带练习、增强式阻力练习、拉伸练习），一定要注意保持肌肉对动作的控制能力，控制能力越高，肌肉进步速度越快。

肌肉如何获得力量

肌肉越发达，拥有的力量就越大。有时也会出现这种情况：一个很有力量的人其肌肉组织却不一定非常强壮。怎样解释这个反常现象呢？这是因为肌肉的体积只是决定其力量的因素之一，肌肉的收缩力量依赖于下面五个因素：

大量运动神经元的聚集

拥有较大力量的人同时拥有可以在瞬间尽可能多地募集肌肉的能力，这是由神经系统作为介质来进行的。

募集肌肉的命令由脊柱神经中枢来传达，直达运动神经元，每一个运动神经元控制着相应的肌纤维收缩。运动神经元数量越多，收缩肌纤维的数量就越多，因此，训练中能够举起的负重越大，越能学习如何聚集运动神经。

每个运动神经元发送的推动力

运动神经元可以以一些变化的频率向肌肉放电，如果这个频率低，肌肉会收缩无力；相反，如果运动神经元以强烈爆发的形式来放电，将会强有力地刺激和聚集肌纤维，这就是提高训练强度的原因，也是借助大重量训练发展肌肉的原因。在神经推动力的增加方面，增强式练习也扮演着重要的角色。

肌肉体积

肌纤维体积与其可产生的力量之间存在着密切的关联。与运动神经元有关联的纤维组织体积越庞大，由神经冲动产生的力量就越大。我们可以使用80%自身极限负荷的重量进行练习，快速发展肌肉。

肌内协调

对于经常坐着的人来说，当运动神经元放出十分强烈的电信号时，是以杂乱的方式作用于肌纤维的。肌肉纤维以混乱的方式收缩，因此效率较低。随着练习，肌肉能够比较适应运动神经元释放出的刺激，它将以协调的方式开始收缩。我们可以使用接近自身极限重量的负荷进行练习。

肌间协调

在同一时间只有一块肌肉收缩的情况很少，一般是多组肌肉协调运动。当阻力变大时，没有什么运动经验的人的肌肉不能一起有效地工作。例如：在单杠上做引体向上时，新手往往只在一侧向上拉，而不是垂直向上不停顿地发力，因此往往为了保持身体平衡而前后摆动。

随着不断地训练，训练者左右两边的肌肉会变得更加协调。

为了更快地学会某一项运动，或者使肌肉更加协调，我们需要进行大量的重复练习。

规律训练使训练者的肌肉习惯了一起协调运作，训练者能较快接受并掌握一个新的动作。

在上述因素中，肌肉的体积仅仅是五个因素之一。为了增加力量，肌肉训练计划也应该充分考虑到其他四个因素。

实验结果证明，运动员可以通过实践推断出生理学的一些基本概念：

1 当开始肌肉训练时，快速力量的聚集与肌纤维的增长是无关的，肌肉间及肌内外协调性的提高可以提高快速力量的聚集能力。

2 在开始时有计划性的肌肉训练，会使你的训练水平尽快得到提高，甚至过度训练也可以使人获得力量。这其实不是因为肌肉力量提高了，而是肌肉协调性提高了。

3 刚开始力量的获得是具有迷惑性的。在此期间最好是坚持训练以保持力量，否则一切将前功尽弃。

4 你会发现在某段时间内肌肉比较强壮，然而肌肉体积并没有改变，可以用神经系统的功效来解释肌肉力量的这些变化。当神经系统得到充足休息后，其功效会使人变得很强壮。如果神经系统很疲劳，不能很好地发挥功效，你就会有沉重的感觉。

5 神经的波动可以创造惊喜或"厄运"。在开始某些训练之前，或许你会有种精力超级充沛的感觉，然而你并不会打破自己的运动纪录。相反，有段时间内你感觉自己有些疲惫，但如果神经系统得到了很好的休息恢复，你将会为自己表现出的力量感到惊喜。

6 神经恢复与肌肉恢复之间没有必然的一致性，这种不一致性使制订训练计划增加了难度。

肌肉发展的原理

利用地球引力来抑制肌肉并调整肌肉体积

重力的缺失会使肌肉体积迅速减小，因此在太空中，宇航员的肌肉会很快萎缩。肌肉训练产生的效果却正好是与之相反的原理。当肌肉承受较大的压力时，会得到强化，体积增长。

肌肉体积的增长主要是因为增加了可收缩的成分：肌动蛋白和肌球蛋白。多亏了肌纤维根部细胞的激增，身体才有了增加肌原纤维数量的能力。通过有规律的训练，肌肉纤维根部细胞（肌卫星细胞）可以转化为成肌细胞。

但是，肌原纤维数量增加的进程远远没有其表现出来的那么简单。一次肌肉训练不会使肌肉增大，这样的训练首先会严重损害组成肌肉的纤维，训练过后还会感受到肌肉酸痛；肌肉训练首先会使肌肉得到某种程度的破坏（或者分解代谢），因此不应过度训练。

幸运的是，我们的身体可以抵抗这种破坏，他将会努力重建损坏的肌肉部分。人身体的魔力在于能尽快恢复过度损伤的肌肉。身体不仅能自我修复，还会重新合成肌动蛋白与肌球蛋白。随着时间的推移，新增的肌动蛋白与肌球蛋白可以使肌肉块增加，身体也将因此变得更加强壮，甚至能经得起多次肌肉训练的分解代谢。

! 过度训练，肌肉在运动中不会变大，相反，它会倒退（排除人工增加的充血量），肌肉只会在适当训练和充分休息时才能得到修复和进步。

自身进步减缓

当身体对肌肉训练的刺激有较强抵抗力时,进步会越来越难。这就是为何新手在训练初期进步会很快,但随后其进步速度会变慢。某些方法可以克服这个问题,例如:同时增加训练量和训练强度,不断刺激肌肉使其被迫产生反应。

训练量与强度越大,整个身体就越难以恢复。所以,为了避免训练过度,在训练间隙要好好休息以便让受训部位的肌肉得到较好恢复;训练得越严格,就越应该好好休息。

因此,新手可以每周3次训练同一部位的肌肉,但增加训练量和训练强度以后最好将此频率减少到每周2次。

略谈"充血"

我们经常听到人们谈论"充血"这一概念,其实这只是个空谈。如果认为有某种快速且无需努力就能得到发达肌肉的方法,你会很失望的。肌肉变强是需要进行一点一滴的科学练习的。

休息时间与训练时间是同等重要的。如果进步停滞了,这通常是因为肌肉没有得到较好恢复。在训练中肌肉用来分解代谢的能力几乎是无限的。相反,身体的修复能力与重新合成能力是有限的,所以在运动中迫切需要使肌肉的训练强度与修复能力保持协调一致。

如果训练效果停滞或开始失去肌肉,是因为恢复能力较差。解决的方法是把训练的时间间隔加大。

如何增加肌肉耐力

肌肉的耐力主要依赖于它能继续供给身体能量的能力。

持久的肌肉运动能量来自脂肪,脂肪转换成的糖分只能通过过渡的方式提供能量。拥有完美燃烧脂肪能力的肌肉才是有持久耐力的肌肉。

这种燃烧取决于:
> 氧气的到达。
> 肌纤维利用脂肪能量的能力。

有规律的肌肉训练会使你有两个方面的改善:

最好的肌肉充氧

对于燃烧脂肪,氧气是不可缺少的。氧气的缺乏将快速表现为训练肌肉效率的下降。肌肉训练会使肌肉充血,血液中的红细胞(氧气携带者)也会更丰富。

最好的脂肪燃烧

由于持久的肌肉训练,脂肪分解酶的活动对脂肪燃烧与线粒体(制造能量的工厂)数量的增加起到了重要作用。

这种双重改善允许肌肉在竭力应用的情况下也可以以无氧的方式长久持续运作,超越点(肌肉变成无氧方式的时间点)会更难达到。

这就是肌肉耐力的秘密所在。一旦处于无氧状态,肌肉燃烧的是糖分而不是脂肪,糖分的缺失会使肌肉训练的效果不能够长久保持。另外,糖分的燃烧会产生很多使身体缺氧的酸性物质。

肌肉训练中的反常情况

肌肉训练与其他体育运动一样，也会遇到反常情况。因此，在进行高强度的肌肉训练之前，咨询全科医生或心脏科医生，并进行相关的身体检查是很有必要的。

背部酸痛、关节疼痛或有心脑血管疾病，以及严重超重的人应该特别注意进行相关的身体检查。

明确肌肉训练目标

肌肉训练计划的制订，第一步就是要明确目标。

训练是为了：
- 锻炼肌肉
- 精练体形
- 改善体育成绩
- 保持健康

这些训练目标都是相互影响的。如果训练之前没有事先确定目标，将会很难制订合理的计划。同时，训练期间把这些目标写在纸上，每次训练前重读一遍将会有助于计划的执行。

量化肌肉训练目标

合理训练计划的制订还应以训练目标的量化为前提。

例如：
- 你打算在6个月内增加5千克肌肉。
- 在3个月内增加40%的肌肉力量。
- 在1个月内减掉3千克脂肪。

肌肉训练目标的量化应该是合理并注重实际的。在训练期间，任何人都不会飞快地进步，肌肉力量和肌肉体积都不会迅速地增加。相反，有时会遇到训练效果停滞的情况。因此，制订合理实际的训练计划就可以克服这一点。每个训练阶段都根据情况量化训练目标，可以更好衡量出进步程度，这样每一个阶段的训练效果都会变成动力，让你保持对肌肉训练的积极性。

如果进行训练的目标是为了改善体形，制订计划是最容易的。本书中第三部分列举了一些肌肉训练计划的种类，但这些都是基本计划，可以根据自身的情况将之个性化。

为了得到完美的个人肌肉训练计划，制订方案则更为复杂。应该确定：
- 在训练科目中哪些肌肉参与训练最多？
- 需要优化这些肌肉的哪些方面（力量、爆发力、抗力、耐力……）？
- 最限制肌肉训练进步的因素是哪些？

个人训练计划制订中的不同标准与计划类型，将会在本书第三部分的第三章中全面讲解。

制订肌肉训练计划的20个步骤

现在我们已经掌握了肌肉训练有关的基本理论，具体计划和方案的制订还要考虑下面列举的20个步骤。这20个步骤既能帮助你制订合理的训练计划，也会帮助你根据肌肉训练的进展情况不断调整方案。

每周应该训练多少次？

这是需要回答的首要问题，时间安排是决定性因素。可惜，时间安排并不一定与训练的最佳时间相符合，但即使每周只能训练1次，仍然比不训练要强得多，每周1次的训练也会使你取得进步。由于运动员已经进行了强度很大的体能训练，因此每周仅有的1次肌肉训练也是很适合于他们的。不过如果每周能最少训练2次是更好的。锻炼的开始阶段千万不要每周锻炼超过3次，前一两个月先每周锻炼2次，经过3～6个月有规律的锻炼之后，再增加到每周锻炼3～4次。

要注意的是，建议每周训练最多不要超过4次，因为肌肉过度锻炼比缺乏锻炼更加有害。只有运动员才能从每周超过4次的不懈锻炼中获益。

! 在肌肉训练的初期大家都会充满热情和动力，每天都想训练以便快速进步。然而，初期过度的热情可能会很快就会转变为失望与疲惫（锻炼过度），从而导致失去持续训练下去的动力。能够在肌肉训练上持之以恒并取得进步的运动者，往往是懂得合理安排训练方案的人。训练的效果不会在瞬间显现，关键是要懂得坚持。

应该哪天训练？

最理想的训练安排应该是一天锻炼、一天休息交替进行，然而这样的安排可能并不符合你的时间表。所以，在这种情况下，应该调整和安排好理想训练时间与实际训练时间，具体的训练结构如下：

› 每周训练1次：自主选择任意一天进行锻炼。

› 每周训练2次：每次肌肉锻炼应尽量保证达到最长的时间间隔。比如：每周一和周四或者每周二和周五锻炼……无论如何，两个锻炼日之间的间隔应保证至少让自己休息一天，如果只能在周末锻炼就是例外了。对于周末连续两天的训练，效果也许是理想的，不过将用一周的时间来恢复体能。

› 每周训练3次：最好是训练与休息交替进行。例如：周一、周三、周五锻炼，其余时间都休息。有时也可以采取连续锻炼两天，如周末，周三再进行第3次训练的方式。要尽量避免3天连续锻炼，除非你的时间表有其他的安排，训练中最不合理的安排就是3天连续锻炼。

› 每周训练4次：在这种情况下，休息的天数是最少的，并且必然会有两天进行连续的锻炼。如果每周训练4次，也就是做一次上身锻炼后会紧跟着做一次腿部锻炼。腿部锻炼应该与上身锻炼相连接。建议大家最好在周一、周二、周五、周日或周二、周四、周六、周一进行锻炼。

如果你的作息时间比较灵活，可以以8天为单位重新安排4天的锻炼，也就是锻炼一天紧接着休息一天，而不是以每周7天为单位。这样训练频率稍微低一点，对于恢复体能会更有益。缺点是，在这个方案中训练日每周都在发生变化。

每块肌肉一周内应该锻炼多少次？

为了循序渐进地增加运动量，开始每周做1次肌肉训练，即每组肌肉群一周只锻炼1次。对于那些为了在运动量和运动强度上快速达到预期效果的人，最好每周锻炼每组肌肉群2～3次。

> **特别提示**
>
> 为追求肌肉而锻炼和为改善运动机能而锻炼在本质上是不同的，这点尤为重要。后者所有的肌肉在同一天里都在锻炼，因为所有的肌肉群都以相同的方式在运动。人为地分开不同肌肉群的练习，更适合于那些为了美观而追求更粗壮肌肉的人。

开始时，应尝试在每周2次的锻炼中每次都运动所有的肌肉群。以这种频率锻炼2～3周后，如果感觉准备好了，便可以过渡到每周训练3次，使每组肌肉群在每次锻炼中都得以运动。为了确保平缓过渡，可以以每周锻炼2次和每周锻炼3次的方式交替进行，这样持续锻炼至感觉到锻炼很舒适为止，再过渡到每周锻炼3次。每组肌肉群每周都锻炼3次可能有点过度，尤其是你制订了特别的锻炼计划，接下来你会发现在某次锻炼中不再能够坚持对所有肌肉群进行训练了，这时，便应该重新安排训练计划了。但是，你仍然可以每周锻炼3次，或者将锻炼过渡为每周4次。

3天方案

这是每周锻炼3天的方案，它同时考虑到了你锻炼的优势和弱点。

第一天：上身运动	在这个锻炼方案中，有的肌肉群仅锻炼了1次，有的肌肉群则得到了2次锻炼。
第二天：休息	
第三天：下身运动	
第四天：休息	
第五天：集中发达肌肉锻炼或只进行欠发达肌肉锻炼	
第六天：休息	
第七天：休息	

4天方案

这个方案允许每周将上身肌肉和下身肌肉锻炼2次。为了完成在允许范围内的每周4次锻炼，这是一种最大强度的训练方案，每组肌肉群的训练频率要重新回到2次。

如果计划是以两周为单位制订的而不是以一周为单位制订的话，每组肌肉群应该在14天里运动3次。在每次锻炼期间，同样的肌肉也需要3～4天的时间来恢复，我们不建议在每周4天的训练中锻炼所有的肌肉。这样高频率的锻炼不能使肌肉得到充足的休息和恢复，也不能获得预期的锻炼效果。

上身肌肉锻炼和下身肌肉锻炼等强度的计划范例：

第一天：上身运动	第六天：下身运动
第二天：休息	第七天：休息
第三天：下身运动	
第四天：休息	
第五天：上身运动	

加强上身肌肉锻炼的计划范例：

第一天：上身运动	第六天：下身运动
第二天：休息	第七天：休息
第三天：上身运动	
第四天：休息	
第五天：上身运动	

要知道一周中肌肉锻炼了多少次，同时也要记得休息了多少天，应该协调好两次锻炼之间的休息时间。事实上，肌肉正是在两次锻炼之间的休息期间变得粗壮的，而并非是在锻炼期间。懂得休息和懂得锻炼同样重要。

但问题是所有的肌肉并不一定以同样的速度恢复。一些肌肉恢复得相当快；另一些肌肉则恢复得相对较慢。你很快就能意识到这点，因为一些肌肉群比另一些肌肉群表现出了更为突出的锻炼效果，这就需要你根据肌肉群的不同合理安排肌肉训练和休息的时间。

每天应该训练1～2次吗？

只有优秀的运动员才每天训练好几次，并且他们也只是在为比赛做准备时才如此。对于其余人来说，一天锻炼1次更为可取。

如果你的锻炼时间表每周只允许锻炼1次，可以考虑将1天的锻炼分为2次进行，在开始训练的几周后这样实施，能够让你的肌肉得到持续锻炼。

一天中应该何时进行锻炼？

一些人喜欢早上锻炼，另一些人喜欢下午或晚上锻炼，训练的效果也会根据一天中不同的训练时间而产生变化。一些人在早上锻炼能取得较大的成效，在下午成效相对小一些；另一些人却恰恰相反，而这样的差别完全是正常的神经反应所致。很少有运动者在一天中任何时间段都能达到相同的运动效果。

最好的锻炼时间是肌肉状态最佳的时刻。大部分运动者锻炼效果最好的时间是18～19点。

锻炼时间表是根据生活需要制订的，并不是根据身体状况制订的。即使不能够在最理想的时间段进行锻炼，也要遵循在一个固定时段进行锻炼的准则。

每次应该锻炼几块肌肉？

身体由六大肌肉群组成：
> 臂部肌肉
> 肩部肌肉
> 胸肌
> 背部肌肉
> 腹肌
> 腿部肌肉

应该让每组肌群在每次运动中都得到锻炼呢？还是每次锻炼只练习一组肌群呢？

这个问题的答案在很大程度上取决于每周锻炼的次数。开始时应以每周1～3次的模式训练，每天活动全身的肌肉是可取的，虽然每组肌肉群被相对少量的运动所刺激，但运动的总量却是相当可观的。随着时间的推移，当需要单独训练一组肌肉群时，对于那些1周只能训练1次的人，训练总量则变得尤为重要。在这种情况下，你会感到1天内锻炼所有的肌肉实在太枯燥无味了。

因此，将一周一天的训练分化成几次训练将变得很有必要，也就是我们所谓的"分化训练"。一次分化相当于降低一周内刺激每块肌肉的频率，这样可以增强运动强度和运动量。因为在每次分化训练中特定的肌肉群会得以运动，所以建议你在采取分化训练前要有规律地锻炼2～3个月。

当你每周至少进行2次锻炼时，上述的分化训练就变得不必要了。你可以在一天中锻炼四大肌肉群，而在剩下的另一天中锻炼另外两大肌肉群，而不是在一次锻炼中就锻炼六大肌肉群。

以下是两次的分化训练范例：

第一次
上身运动（肩部、胸部、背部、臂部）
第二次
下身运动+腹肌运动

下面将解释为什么会根据训练次数调整锻炼的顺序。

3次的分化训练范例：

> 第一次
> 上身运动（肩部、胸部、背部、臂部）
> 第二次
> 下身运动+腹肌运动
> 第三次
> 上身运动（胸部、背部、肩部、臂部）

这种分化训练强调了上身肌肉训练而弱化了腿部肌肉训练，适合于腿部肌肉不需要优先锻炼的运动者。

> **注 意**
> 腹肌和腿部肌肉一起锻炼是为了减轻上身运动的负担。

每周4次的分化训练是我们最提倡的，这是最有利于制订上身肌肉和下身肌肉平衡发展的分化训练计划。

4次的分化训练范例：

> 第一次
> 上身运动（背部、肩部、胸部、臂部）
> 第二次
> 下身运动（大腿前部、大腿后部、臀部、小腿）
> 第三次
> 上身运动（胸部、肩部、背部、臂部）
> 第四次
> 下身运动（大腿后部、臀部、大腿前部、小腿）

如果腿部肌肉不需要优先锻炼，可以设计如下的分化训练方案：

> 第一次　　　　　　第三次
> 胸部、背部、臂部　胸部、背部
> 第二次　　　　　　第四次
> 肩部、腿部　　　　肩部、臀部

要尽量依据运动量、运动持续时间和运动强度制订分化训练计划，并据此进行所有的分化训练。

应该以何种顺序锻炼肌肉？

肌肉群锻炼的顺序有二十余种，但不是所有的顺序都可以。这就是为什么要讲解如何减少那些可能不合适锻炼的排列顺序，以便获得一种最有效的肌肉训练方案。

一个良好有序的肌肉训练方案将取决于四个因素：

- 必须遵守的简单规则。
- 明确优先锻炼的肌肉。
- 针对薄弱点的优化锻炼。
- 循环锻炼的原则。

规则

下面这些规则适合大部分有增加肌肉需求的人：

- 不要在锻炼胸肌、肩肌和背肌前锻炼臂部肌肉，因为这三组肌肉的锻炼需要竭尽臂力。当要进行胸肌、肩肌和背肌的锻炼时，如果臂部肌肉已经精疲力竭，将无法达到训练的目标。

- 腿部肌肉锻炼也是一样的道理。通常将腓肠肌的锻炼置于最后。腓肠肌疲惫后，再开展繁重的大腿训练时小腿肌肉可能会颤抖。这样的颤抖不仅会降低训练效果，还会引起危险（如跌倒的危险）。

- 如果你想拥有一副匀称的身材，上身肌肉先于下身肌肉的锻炼方式是更为可取的。先锻炼大腿的弊端是它会影响到整体的锻炼效果，当着手上身锻炼时会感到疲惫不堪，除非大腿是要优先锻炼的。为了不妨碍上身肌肉锻炼效果，请遵守这条规则。

- 不要交替锻炼上下身肌肉，例如：胸肌、股四头肌、肩肌、大腿后部肌肉、背部肌肉……这样的安排在运动中有好处，但是不适合追求肌肉发展的人。应尽量依次锻炼相连的肌肉群，例如：先是胸肌、肩肌，然后是背部肌肉。

! 这些规则对于大部分的训练计划是有用的，但对于那些以最大限度锻炼为目的，以收效很小较难锻炼的肌肉为基础而制订的体育锻炼计划收效甚微。

优化锻炼

第二个决定肌肉锻炼顺序的因素是要明确优先锻炼的肌肉。

不同的健身爱好者对于追求肌肉发展的目标都不相同，例如：许多人优先发展上身肌肉群，而放弃大腿肌肉锻炼，这样的区别对待可以使肌肉在更有美感的训练方案下进展更快。

每次锻炼中，如果都寻求发展腹部肌肉，可以先以腹部运动作为热身。如果它们不是要优先发展的，可以留到训练的最后，并且根据剩下的精力和时间酌情进行安排。

运动者应该根据自己的实际锻炼情况，根据肌肉群的重要性来排列训练等级。例如：对投掷运动员来说，肩肌、肱三头肌、大腿肌肉和腹肌占重要的地位。对足球运动员来说，大腿肌肉应该放在所有肌肉锻炼之前，而并非优先锻炼上身肌肉；对游泳运动员来说，上身肌肉拥有优先锻炼权，当然并不是大腿肌肉锻炼就因此而被忽略。

! 优先锻炼应该在训练计划结构中有所体现。一些肌肉群被优先锻炼，另一些被忽略，这是因为身体对于高强度训练的承受能力是有限的，所以不得不如此。

薄弱点

通常应该优先锻炼肌肉的薄弱点，因为所有的肌肉以相同速度发展的情况是极少存在的。为了寻求肌肉体积的增长，如果胸部肌肉比肩部肌肉发达，那么应该在锻炼胸部肌肉前先锻炼肩部肌肉。

以铅球运动员为例，正常情况下应该由大腿训练开始，然后锻炼肩部肌肉，以锻炼肱三头肌结束训练。但是，这会妨碍他投掷的远度，因为这样的训练会使臂部缺乏力气。因此，为了优先训练肱三头肌，肌肉群的训练顺序应该颠倒过来。为了表现出训练的灵活性，可以每周第1次训练以臂部肌肉锻炼开始，每周第2次训练以大腿肌肉锻炼开始，这也是我们所要遵守的循环原则。

循环原则

循环原则是指在每次训练中经常轮换锻炼的肌肉组的顺序，这样循环的优点是可以避免在常规锻炼中让人产生的厌倦感。经常变化能使人保持较高的锻炼动力，也可以对想暂时优先锻炼的肌肉安排一个循环计划。例如：一个月里专注于胸部肌肉的锻炼，为了避免损伤肩关节，可稍稍放松三角肌的锻炼。下个月反之。

以下是一系列肌肉群锻炼的范例，你可以根据需要选用，并且请参照本书的第三部分制订更合理的训练方案。

计划安排

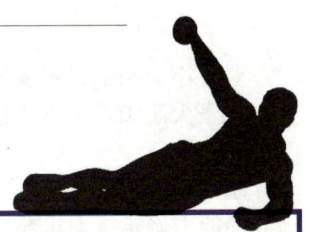

每周训练1次

在所有的训练方案中，选择优先锻炼哪些肌肉非常重要。因为随着锻炼任务的加重，人会感到疲惫，所以对于安排在最后锻炼的项目你往往会气力不足。因此，安排计划最重要的是要牢记哪些肌肉群是要优先锻炼的。

如果你想锻炼胸部肌肉，每次训练就以锻炼胸部肌肉开始。如果你想发展胸部肌肉和肩部肌肉，锻炼应以胸部肌肉运动开始与肩部肌肉运动开始交替进行。如果你想优先加强臂部肌肉，训练计划将更为复杂一些。在这种情况下，应以臂部肌肉运动开始并且为接下来的上身肌肉锻炼选择隔离练习。

每周训练2次

这种情况下，训练方案更加灵活，每次训练可以选择优先锻炼不同的肌肉群。对于上半身肌肉，开放式的交替练习胸部、背部和肩部。对于下半身的大腿前侧和大腿后侧肌肉进行交替练习，也可以从臀肌开始锻炼。但是，练习臀部肌肉，不利于大腿肌肉的练习。如果臀部是要优先进行锻炼的，那么仅仅做少量练习就可以了。

每周训练3次

可以采用与每周训练2次时一致的方法。优点是训练的天数越多，循环锻炼可能就越重要。

每周训练4次

这种训练方案的结构更为先进，更容易合理安排上身训练和下身训练。你可能会做2次上身和下身锻炼，也可以根据优先锻炼方法和原则做3次上身和1次下身锻炼。这种训练形式使肌肉锻炼更加频繁。

每块肌肉应该做几组练习？

每块肌肉的运动量可以遵循以下两个原则：
- 每次练习的组数。
- 每组肌肉群练习的组数。

> **特别提示**
>
> 每块肌肉实际执行的练习组数是肌肉增长的一个重要因素。如果进行过多组练习，那就是在过度锻炼肌肉，这会妨碍肌肉增长；如果没有做足够的练习，肌肉因没有充分锻炼也不会快速增长。

实际的训练水平决定了应该执行的练习组数：

新手

对于小肌肉群，不要超过2~3组。
对于大肌肉群，不要超过3~4组。

锻炼一个月之后

对于小肌肉群，不要超过2~4组。
对于大肌肉群，不要超过3~5组。

锻炼两个月之后

对于小肌肉群，不要超过3~5组。
对于大肌肉群，不要超过4~6组。

锻炼三个月之后

对于小肌肉群，不要超过5~6组。
对于大肌肉群，不要超过6~7组。

超过三个月后，根据每块肌肉的需要和恢复的能力确定练习组数。

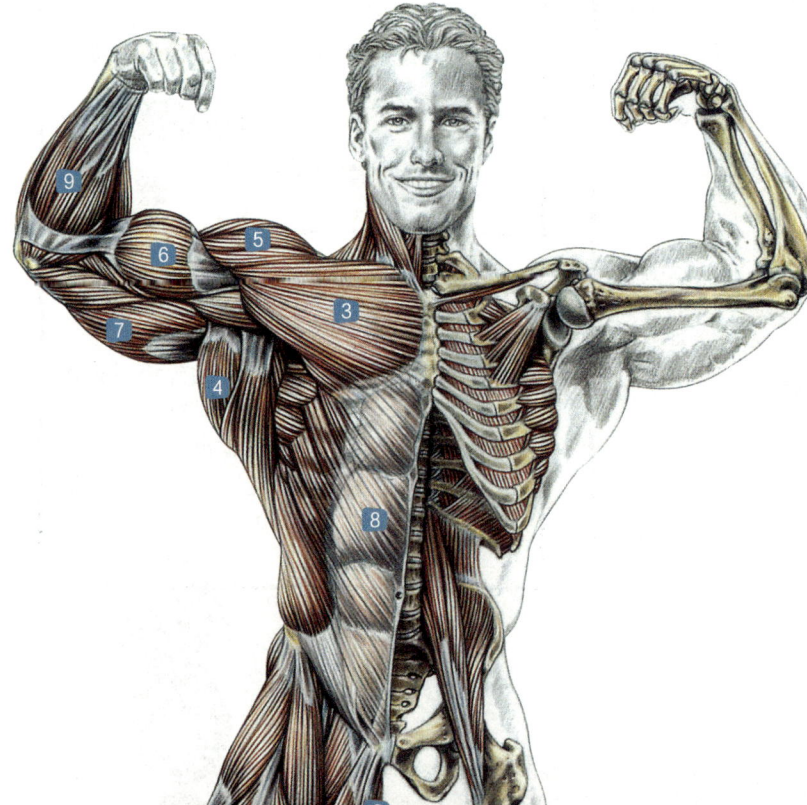

肌肉通常被分为两大类：

大块肌肉群：
- 股外侧肌 1
- 股内侧肌 2
- 胸大肌 3
- 背部肌肉 4
- 肩部肌肉 5

小肌肉群：
- 肱二头肌 6
- 肱三头肌 7
- 腹肌 8
- 腓肠肌
- 前臂肌 9

> **特别提示**
> 通常在开始繁重的肌肉锻炼之前，应该进行2～3组缓和的运动作为热身（见第30页），这些热身运动的强度不宜过大。

! 如果不费力就能做完训练计划的组数，这意味着练习强度不够。但任何人都不可能通过一组运动的训练就达到身体的极限，或者训练一两天就可以获得成效。因此，在训练期间切忌急功近利。

灵活变动

运动组数对于肌肉运动量的调整来说应处于首要地位，这比增加练习项目更好。在运动组数上，首先应该灵活变动而不是对同一块肌肉直接增加实际练习量。随着肌肉的进一步强化，当感觉适应该强度的时候，可以增加一组训练而不是增加对某块肌肉的单独练习。

最好是让肌肉告诉你应该进行多少组训练，这个指标是很明显的。当你发现训练中运动力量突然下降了，这就表明已经做了太多组的训练了。

当然，锻炼组数也应随着每次的训练而变化。在状态良好的情况下，可以增加锻炼组数。相反，你感到疲惫的时候，减少训练组数可以避免筋疲力尽。

你也要考虑训练的连续性。如果已经增加负重和组数，应该想到体力恢复所需时间会增加。一次成功的训练之后有时候会紧接着一次效果不佳的训练，因此锻炼组数还要随着身体状况作适当调整。如果身体没有获得充足的时间进行良好恢复，总是重复训练，会导致效果不佳。因此，在每天的训练中增加休息时间是很重要的。

单组和多组训练的争论

对于每块肌肉训练的组数问题存在很大的争议：有人认为，每次练习一组强度很大的动作就足够了，这对于某些坚持对所有部位都要进行一组锻炼的运动者来说的确如此。他们做完所有的练习后精疲力竭，没有能力再重复一次，在这种情况下，再进行一组这样的训练会起到相反的作用。因此，这种单组训练的方式只适合于小部分运动者。科学研究证明，有70%的运动者更适合于多组数的训练方式，只有剩余30%的运动者适合于单组训练方式。大部分运动者需要逐步增加训练强度，每次练习只做一组，肌肉不能完全释放出力量，肌肉还有做下一组的力量。在这种情况下，每次只进行一组训练会产生相反的效果。因此，连续做几组训练，才能使肌肉得到充分锻炼。

多组训练更适合于运动者。一项练习可以做2～3次：
- 第一组针对还未运动的肌肉进行。
- 第二组针对有点疲惫的肌肉进行。
- 第三组针对已经疲惫的肌肉进行。

这样的运动方式更适合职业运动员。很少有在比赛中仅做一次高强度运动的运动员，即使是短跑运动员，在比赛前也应该形成习惯，使刚刚被刺激的肌肉再次运动。如果仅进行一组高强度运动，即便在决赛前表现出色，但由于肌肉力量在剧烈运动中已经有所消耗，因此在接下来的决赛中将会发挥失误。

每块肌肉应该做几种练习？

刚刚开始锻炼时，应该每次每组肌肉群仅选择一种练习（后面将进行详细解释），这个原则尤其适合每次都需要训练所有肌肉的人。练习的种类可以在开始分化练习时变得更丰富。

随后，你可以增加练习以便加强大肌群的锻炼。很显然，因为肌肉体积大，大肌肉群比小肌肉群更需要运动量，小肌肉群在大肌肉群锻炼时常常已经参与到锻炼中了。每次肌肉锻炼的种类应该反映出与锻炼组数的不同。

一些人有经常变换练习的需求，但是，大部分人墨守成规并不喜欢变换练习，重复同一练习更适合新手，这样可以提高练习的技巧。

事实上，肌肉也不能马上适应一种新的锻炼，它需要经过一个最初的学习期，以便更好地学会在这一动作上发挥全部的力量。如果经常变换练习，就不能够给肌肉充足的时间进行全面锻炼。把所有的时间致力于学习新的动作，就意味着减少通过训练增强肌肉力量以及使运动成绩提高的时间。经常变换不需要的练习也会使初学期时间增加。

每组练习应该重复多少次？

重复次数不是对训练成效影响最大的因素，比重复次数更重要的是肌肉收缩强度，每组肌肉训练一般重复做6～12次是比较合适的。即使你能够重复做15次，也要坚持做12次，你可以在接下来的一组训练中相应增加重复次数或负重，训练要循序渐进。

若不想增加太多肌肉而是提高力量，可进行1～4次的重复训练。为了提高耐力，应该进行至少2～5次的重复训练，并且在后续训练组中持续增加，直到可以达到重复100次。

金字塔训练计划

肌肉训练计划是模仿金字塔图形制订的。为了更好地刺激肌肉，应该以轻重量和高重复（如20次）开始第一组训练。除了热身，还能够锻炼肌肉的耐力。

第二组，增加足够的重量，确保能重复12次。要根据自己的能力增加重量，绝对不要中断一组训练（除热身以外），确保完成计划的重复数。在一定重量上重复得越多，肌肉会收缩得更强和发展得更快。

第三组，再增加重量，确保能重复8次。这对于小肌肉群是一个很好的金字塔式锻炼方案。

对于大肌肉群，第四组中也增加负重，确保能重复6次。

对于第五组和最后一组训练来说，可以选择继续增加重量（如果特别注重提高力量），或者减轻负重重复15～20次（寻求整体发展或是提高耐力）。

针对最后一组训练，也可以增加重量与减少重量交替进行。在两次训练间多休息几天，这样更有利于肌肉的恢复。

应该以什么速度进行重复练习？

正如我们上面讲的那样，重复训练包括三个不同的阶段。为了更好地学会控制肌肉收缩，最好以相对缓慢的动作开始重复练习。

对于初学者，运动时身体往往会有惯

特别提示

重复次数指的是在某一组练习中做某个既定动作的总次数，重复分三个阶段进行：
› 积极性阶段，如肌肉发力抬起重物。
› 经历性阶段，保持这种肌肉收缩状态1秒。
› 消极性阶段，如缓慢地放下重物。

虽然熟悉一组新的练习应该重复的练习，但要知道，重复练习次数因人、因地而异，并不存在固定的次数。

性，这样会养成不好的习惯而且很难改掉。长此以往，会影响进步速度，甚至可能导致锻炼者在运动中受伤。因此，在无法决定重复练习的速度时，应该减轻负重而非增加负重。

! **不能急于求成。**

很多肌肉应该稍微增加负重，但是不要增加得过于迅速。
- 用1~2秒提起重物。
- 保持紧张收缩状态1秒，尽可能地绷紧肌肉。
- 缓缓放松，用2秒放下重物。

一次重复的过程共4~5秒。假如进行的更快，即使提起的东西更重，也不是完全用目标肌肉的力量。

在进行不同训练方案前，应该全面掌握这些基础训练的技巧。在能够良好控制肌肉收缩之后，运动者可以提高运动速率以便增加爆发力；在爆发力训练和其他训练之间有一个明确的界限，正是由于这个原因，在进行爆发力训练之前应该先控制好肌肉的收缩。

爆发力的重复训练要与运动的种类相对应，不同体育运动的要求不同，很多运动必须要求缓慢移动并且尽可能地控制肌肉。有些运动要求运动者尽快完成动作，爆发力训练能帮助运动者达到指定目标。

爆发力训练的积极性重复阶段用时0.5~1秒，肌肉没有静止的收缩阶段；消极性阶段在1~2秒内进行。

爆发力的重复训练更适合于追求成绩的运动员，对于想发展肌肉的人，应坚持缓慢、有控制地实施动作。要记住，爆发力控制不好和过度增加负重，不仅不能提高运动成绩，还会使运动者受伤。改变重复速度的技巧相对灵活，你可以根据自身情况自由选择使用，这在后面强化训练的段落中会提及（见第34页）。

每次训练应该持续多长时间？

良好的训练目标是在尽可能短的时间内刺激最多的肌肉，要更加注重运动强度而并非训练持续时间。

决定训练持续时间的首要标准是你的时间表和空闲时间。如果没有很多时间，要尽可能地让每一次训练占一小段时间，例如：采用循环训练，15~20分钟就足够了。如果时间允许，每次应保证至少锻炼30分钟。

最理想的是每次锻炼持续45分钟，最多可达到1小时。如果训练超过1小时，这是训练强度不够的信号。因为在强度合适的情况下训练1个小时，肌肉应该已经相当疲惫了。

! **所有热身运动都可以从容安排时间，但应该在45~60分钟训练中去除热身时间。**

一次训练持续的时间取决于两个因素：
- 运动量（练习动作数与组数）。
- 每组训练之间休息的时间。

尽管没有相当多的时间用来训练，但是后一个因素一定要做到。不建议总训练时间超过1小时，如果你有足够的时间来锻炼，要注意以下这些禁忌：
- 每次锻炼过多的肌肉。
- 进行太多种类的练习。
- 做太多组的练习。
- 每组之间休息过长的时间。

两组训练间最佳的休息时间是多少？

两组训练间应该有休息时间（根据动作的难度和负重），休息时间可以在5秒到2分钟之间：
- 在深蹲、挺举、俯卧撑、引体向上这样高难度的动作上，两组训练间休息较长时间。
- 在臂部、小腿、腹部的独立练习中，两组训练间休息较短时间。
- 当负重较重时，用更多的时间休息。

> 当负重较轻时，用较少的时间休息。

锻炼目标决定休息时间：

1 对于想强健肌肉的锻炼者，两组训练间休息1分钟较佳。

2 对于想提高力量的锻炼者，过于缩短休息时间是无益的。应该给予肌肉必要的休息时间，以便能够充分恢复力量。使没有获得良好恢复的肌肉再次进行沉重的训练是无益处的，但也不应该以休息作为懈怠和在训练中偷懒的借口。当负重接近最大值时，锻炼得太急促是不利的。在这种情况下，两组训练间隔不要超过2分钟。

3 对于寻求肌肉耐力的锻炼者，每组间的间隔周期应该相对短些。一个好办法是随着每次锻炼，逐步减少休息时间同时尽量保持（甚至是增加）负重。例如：如果在训练中每组间休息20秒，尝试以每组间休息15秒重复同样的训练。如果在训练几组之后感觉无法坚持这种快速的运动了，再将休息时间延长至20秒。在接下来的训练中再以15秒的休息时间尝试做更多组练习（甚至是整个训练过程）。当获得很大进步时，就是循环训练开始的时候了。

4 对于为了提高耐力的锻炼者，要循环锻炼。在没有休息的情况下做一系列不同的练习是最佳选择。

一般情况下，紧接着做另一组训练的时间是：

> 当呼吸恢复正常时。
> 当感觉热情重新超过疲惫时。

然而，在重新开始一组训练前要确保集中精力。要清楚地知道应该重复多少次并且进行这组练习的理由（如在两个月里使臂部肌肉增长1厘米和增加力量）。开始阶段，要测定时间，以便在自己预定的时间内完成训练。测定时间可以帮助你在时间上保持精确，避免懈怠和休息过度。在保持时间的同时，最好控制好训练的总时间。

! 如果在训练组间感到筋疲力尽，可能是因为已经做了太多组训练或者休息时间过短。如果是后者，请稍微延长休息时间，看看是否能解决问题。如果不能，则休息时间不是训练效果下降的原因。

确定每个动作最适宜的负荷

比起重复的次数和组数，每次练习中使用的抗力（或负重）更能决定训练的效果，使用一个与你力量相符的负重是很重要的。

开始时，你很难寻找到合适的重量，需要一点点摸索，这种摸索并非是浪费时间，它可以帮助你发展"肌肉感"。在通常情况下，我们要为肌肉训练选择合适的负重，而不是反过来。例如：当行走时，我们的步伐会自动适应地面的阻碍。而在肌肉锻炼中，此逻辑被颠倒了，这就好像是让地面的阻碍去适应我们的步伐。为了使进程更快速，应该把意志加入其中，要专心操纵过重的重量以期得到跳跃式的提高。为了寻找到每种练习的合适抗力，可以缓慢地开始，然后逐步增加重量。以下是如何做：

可划分三大负重区间：

> 负重区间一：只用一点力量就可以控制此重量。
> 负重区间二：此重量既可以使肌肉锻炼感觉良好，也能严格执行锻炼动作。
> 负重区间三：使用此重量比较吃力，肌肉锻炼感觉也不舒服。

所有选择抗力练习的过程都应以热身运动开始，一次好的热身运动可以确定肌肉抗力的水平范围，通常应该缓慢开始。第一组热身运动应该使负重位于区间一的中限，第二组练习应该使负重位于区间一的上限。第三、四组练习应该将重量控制在区间二内，并在每组练习中逐渐提升负重。提升负重应该控制在区间二的下限和上限之间。

每块肌肉进行1~2组负重位于区间三下限重量的练习。这是为了准备以后紧张的训练体系（见第34页"强化训练技巧"）。

> ⚠ 应该注意每个练习者的负重是不同的。当为一个动作找到了合适的负重时，请把它与重复次数一起记在本子上。在随后的训练中，试着在同一重量上多进行1~2次的重复次数。

应该在何时增加负重？

在每次运动中，能够承受的负重是不断变化的，最好的情况是力量增加重量也增加。但是，这种正常的发展趋势经常导致运动者超越力量极限，从而使负重增加过快导致锻炼成效下降，结果是锻炼的肌肉越来越少，最后会丧失动力，使训练变得越来越艰苦。

了解什么时候增加重量并且增加多少重量，对于强化肌肉是个关键因素。为了确定肌肉是否准备好提高其抗力，可以用以下两个标准来衡量：

重复次数

当达到目标重复次数时（如针对肌肉训练可以连续进行12次重复动作，针对耐力训练可以连续进行25次重复动作），应该考虑是否增加负重。

操作此重量的难易度

在当前重量下训练动作标准并且自我感觉轻松，一般出现这种情况，表示要增加重量了。

> ⚠ 不要增加重量太快。最好适度地增加重量，而不是突然地增加重量，增加重量后通常需要通过几次训练重新找到感觉。

如果不顾警告而激进地增加重量，将不利于增加肌肉的力量。因为过度的负重会影响动作的姿势和效果，还有可能使你在运动中受伤。

人为地达到目标数字：

如果在训练中达到了目标中的重量，但是动作并不规范，在这种情况下，应该在1~2次训练中尽力改正动作的姿势，而不是盲目增加重量。

过轻的负重使你感到轻松。

在这种情况下不要犹豫，应该增加重量。增加的重量应该与超过计划的负重数成正比，注意要适度增加重量。通常情况下，哑铃一次可以增加1千克，增加重量太快是没有用的，除非确实可以打破目标数字。

> ⚠ 第一组练习负重越大，热身运动就越重要。身体不是很健壮时，训练使肌肉承受的压力不是很大，关节与肌腱也不需要很多的热身运动。但是，随着力量的提高，应该延长热身时间，因为训练使肌肉承受的压力超过了肌肉所能承受的压力。

两组肌肉训练之间应该休息吗？

在同一次训练中，两个肌肉训练之间并不一定要休息，可以利用两组间隔的时间休息，如果感到疲惫可以延长间隔时间。但是，在接近训练尾声的时候，仍然需要足够快速地练习以便保持肌肉热度，此时应该集中精力避免训练不断被拖延下去。

学习选择适合自己的练习

依据此项准则，你可以精心选择最有效的肌肉训练方法，基本上不需要任何设施，也不需要有危险或不稳固的设备。并不是所有上述提到的训练一定都适合你，每个人形体各异，有的人身材高大，有的人身材矮小；有的人肩膀宽，有的人肩膀很窄。每个人的上半身、腿部和肩膀的尺寸都有不同。

每个人独特的形体应该与个人选择的练习相符合，要是有人说，所有的练习都能适合各种不同形体的人，那一定是骗人的。有的形体非常适合于某些练习，而不适合另一些练习。以下例子很好地阐明了这一观点。

难度不同

每个人的身体条件不同，在有些情况

下某些运动者会比其他人更有优势。例如：胳膊短的人做起俯卧撑来更容易些，因为其动作幅度减小了；相反，胳膊长的人会更困难，因为其动作幅度要比胳膊短的人大得多。在体重相等的情况下，要撑起同等的重量，胳膊长的人要移动的距离更远，就像在百米赛跑中一个人要在另一个人跑出20米的情况下追上他。

两个选择动作的补充方法：

排除法：有一些练习不适合你的体型，按规定应该将其排除；还有一些练习不符合你的锻炼目标，也应排除。这两个因素将限制你的选择，而使选择变得容易。然而，简单的排除不是选择的唯一标准，应该积极找到合适你的练习。

选择法：为了根据体型选择与之相适合的练习，通常唯一的方法就是尝试。你会发现当你练习某一些动作，会马上喜欢上这些动作。但是，大部分时候你可能会觉得这些动作有点奇怪，完成它们也有些困难，因为它们激活了平时很少使用的肌肉。随着时间的推移，这些感觉会逐渐淡化，做这些练习也会变得越来越舒适。

危险不同

根据人的不同体型，有些运动存在着或多或少的危险。例如：当下蹲时，大腿长的人较大腿短的人要更大幅度弯身。这不是做好或做不好动作的技术性问题，大腿短一些的人能相对容易地保持平衡；大腿长一些的人如果想要保持平衡必然上身要前俯更大幅度。向前俯身的幅度越大，对背部造成伤害的几率就越高。

如果形体因素不得不被考虑在练习选择的因素之内，我们将会在与之伴随的特殊练习中注明。

学会区分练习

如果能够了解不同练习之间的区别，选择会很容易。你要学会利用这些练习，以便获得最佳的训练效果。同样，每种练习都有其优点和缺点，训练时只要控制好每个练习的优缺点就可以了，尽量使动作的优点与你的需要相符；避免其缺点对你的目标产生不良影响。

▸ 本书第二部分特别描述了每个动作的优缺点，可以以此作为理论基础作出选择。

▸ 在详细地列举出每项练习的优缺点之前，首先应该遵守区分练习的几个基本原则。

肌肉练习通常被分为两大类，每类都有其优缺点。根据需要选用其中一类练习，将有助于简化选择练习的过程。

肌肉练习分为两大类：

复合训练

复合训练可同时活动几个关节。例如：深蹲（弯腿）运动使膝关节、踝关节、髋关节都运动。当决定要练习哪几块肌肉以后，接下来要注意的就是这项练习是否属于复合训练动作。

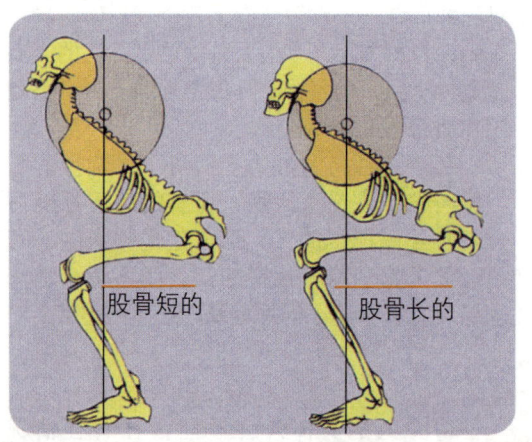

第一部分 制订肌肉健美训练计划

◀ 负重深蹲

▲ 俯卧撑

| 优点 | 复合训练比孤立训练更自然、更有效。事实上,肌肉训练是整体性练习,而不是单独的运动。
复合训练可以:
在最短的时间内最大限度地刺激肌肉群;
操控后续力量;
使肌肉能很容易地在一定幅度中发挥最大力量。 |

孤立训练

孤立训练集合的所有动作仅仅活动一个关节。例如:哑铃弯举(弯曲前臂)仅仅是活动肘关节,这个练习经常被描述为训练臂部的复合训练,这是错误的。

▲ 哑铃弯举

| 缺点 | 复合训练虽然很受欢迎,但是也有其缺点:
▸ 由于全部肌肉在复合训练中都会运动,因此这是最费力的练习,也是许多人躲避复合训练的原因。
▸ 由于大量的肌肉一起运动,不可能很好的确定哪一些是我们试图强化的肌肉。例如:俯卧撑使肘关节和肩关节投入到运动中,这个动作锻炼胸部肌肉、肩部肌肉和肱三头肌,你很难区分这三块肌肉中的哪一块得到了强化锻炼。对于一些人,胸部肌肉得到最多的锻炼;一些人仅仅感到肱三头肌收缩了;另一些人则是肩部肌肉得到了强化锻炼。所以,为了发展胸部肌肉而做俯卧撑的建议是好是坏要依据个人的情况而定。
▸ 复合训练的动作强度可以降低,这样能够保护肌肉。另一方面,如果复合训练中存在薄弱点,那是因为其刺激肌肉的强度降低了,在这种情况下,只有通过孤立训练才能得到需要的训练强度。 |

25

优点	▶ 因为一次运动的肌肉组较少，孤立训练需要花费的力量就较少，所以明显没有复合训练那么费力。 ▶ 可以更好地确定要锻炼的肌肉，一般很容易在孤立训练中感觉出集中训练的是哪块肌肉。 ▶ 孤立训练对于发展肌肉控制力是最有效的。 ▶ 如果肌肉在复合训练时没有发展好，几周的孤立训练可以将肌肉"唤醒"。再进行复合训练时，就会感觉锻炼得更好了
缺点	▶ 总的来说，孤立训练不如复合训练有效。 ▶ 单独练习某块肌肉是人为的，因为肌肉天生就是整体运动的。 ▶ 如果用一组复合训练配合孤立训练一起进行，将浪费很多时间。 ▶ 孤立训练的负重承受程度不允许其与复合训练一样。

▲ 哑铃飞鸟

▲ 哑铃前半举　　▲ 颈后哑铃臂屈伸

总结

为新手安排的训练方案应该以复合训练为主，这样可以让肌肉群在最短的时间内获得最大强度的锻炼。孤立训练随后应被加入其中，以确保强化落后的部位或运动者想优先锻炼的肌肉。

孤立训练是处于第二位的，是为追求肌肉完美的人而准备的。就像前面讲的那样，复合训练不是以同样的方式与程度刺激所有肌肉的，会产生肌肉发展不均衡的问题；孤立训练是为了使肌肉获得平衡发展，解决了这个问题。

情况是在不断变化的

练习的选择不是固定不变的，随着时间的推移，你可能会开始爱好一些以前并不喜欢的练习。面对这种变化，第一反应就是后悔没有早一点意识到，会觉得浪费了时间。其实，对肌肉的感觉是不断发展变化的。

1～2个月前，肌肉可能还没对这项练习做好准备，通过这段时间的训练，是进步让你觉得需要新的练习了，所以进行这项新练习也不需要后悔。

相反的情况也可能产生，你会感觉特别钟爱的练习越来越少。一些动作在起初阶段保证了肌肉的快速发展，但是慢慢地好像变得没有效果了，这仅仅是一种感觉。

每个动作使用的肌肉的神经接收系统结构都很特殊，如果过度练习某种动作便会以肌肉僵硬而告终。丧失了感觉，练习就会变得不再那么有效了，如果效果减弱，就意味着这个动作在训练方案中持续时间太久了。完全停止此动作几周后，神经接收系统将再生，然后可以在训练方案中恢复这个动作，因为它将带来新的进步。

你应该不断地适应肌肉的变化，而不是面对变化仍然顽固不化，当遇到这种情况时就应该考虑改变训练计划了。

知道应该何时改变训练计划

一些人喜欢重复同一训练方案，而另一些人喜欢新的事物，这是可以理解的。当找到一个合适的训练方案时，为何要改变呢？一般，自我感觉会真实反映出肌肉的需要。这里有两个客观的标准表明了变更训练计划的必要性。

力量的停滞或倒退

当进步突然中断时，说明有的训练不再起作用了。此处说的不是一次或两次的训练，而是这种趋势至少出现了两周。这时，彻底改变训练方案就很有必要了。

厌倦

如果对锻炼肌肉群或者简单的训练失去兴趣，是因为训练方案太单调，改变就必不可少了。然而理论上却存在不同情况的厌倦，要学会区分。

▸ **非常严重的厌倦**，甚至是对训练完全失去兴趣，这通常说明是锻炼过度了，应该休息一下或者减少锻炼的时间了。因此，重新安排训练计划是有益于身体健康的。

▸ **对于某天的训练厌倦**。这意味着应该修改这一天的训练方案，修改前一定要考虑清楚对这天训练感到厌倦是否来自于这天的肌肉锻炼。你所做的练习、使用的加强训练的技巧等都会影响训练态度，对于其他几天的训练也应该提出相同的问题。为什么对这几天的锻炼有积极性呢？换句话说，有办法将这几天的热情转移到缺乏训练劲头的日子里去吗？

▸ **对于某块肌肉的练习厌倦**。对于一块从前喜欢锻炼的肌肉失去了兴趣，这是需要为这块肌肉改变锻炼方案的征兆。这并不是必须要改变身体其他部分的训练方案，只要针对这块肌肉在训练方案中做小小的变化就可以了。

▸ **对某项练习的厌倦**。正如上一点中提到的，对过去喜欢的练习丧失了兴趣，这说明特殊神经接收系统已经对这项运动感到疲乏了。仅仅把有问题的这个练习替换掉就可以了，没必要重新更换其他练习方案。

总结

并不存在固定的准则帮助你确定训练方案的调整周期。只要训练能获得像增加负重、增加重复次数这样有规律的效果，为什么要改变它呢？通常是当身体以极端的方式减缓训练发展速度时，才需要修改训练方案。但是，这在新手和有经验的运动者身上的体现有所不同，为了更加迅速地确定训练方案，应随时记录训练情况。

锻炼计划周期化的作用

将锻炼计划周期化是特别适合职业运动员的训练方法，运动员应该意识到身体的准备状况要与赛期保持一致。由于体育赛季很少会持续一年，所以运动员应该在比赛时期做最充分的准备，而在一年中剩下的时间里（没有比赛的时期）进行基础练习或身体恢复。这是给处于比赛淡季的运动员的三个建议：

1 恢复体力减少运动量。

2 趁这个机会加倍努力地进行薄弱肌肉的锻炼，以提高运动成绩。这是很多运动员在比赛准备期也会到训练场进行锻炼的原因。

3 选择不分期训练，在比赛淡季同样锻炼肌肉以等待比赛的到来。但是，这是一个有风险性的策略。

训练策略的选择是由个人决定的，应该根据自己的恢复能力、训练目标以及关节、肌腱和肌肉的状况作出选择。

对于寻求强化肌肉的健身爱好者，这里可以提供3个策略：

总体周期

以周期性的方式选择休息期。整体休息期可以每年重复1～4次。例如：可以在3个月的连续训练后休息1周。

优点　肌肉尤其是关节可以得以恢复。在心理上可以自我放松并且以饱满的热情开始新的训练。

缺点　有时休息几周会变成休息几个月或几年。休息一段时间再重新开始训练需要一定的毅力，一些人宁愿不停止训练，因为这样就不需要再重新开始训练了。停止训练的时间越长，重新开始训练就越困难。同时，休息期间也应该非常注意饮食，否则会有肥胖的可能。

特定周期

人体包括六大肌肉群，休息期并非要停止所有的肌肉锻炼。为何不重点锻炼1～2个肌肉群，同时放松另外的1～2个肌肉群呢？例如：在一个月中努力地锻炼大腿肌肉，同时减轻胸部肌肉锻炼的负荷。这样，可以使肩关节和肘关节得以恢复；下一个月再重点锻炼胸部肌肉，从而减少大腿肌肉的运动量。

优点　这种肌肉群之间的循环训练可以帮助关节得以恢复，同时不需要承受整体停止训练而带来的不适，也不需要再做任何努力即可恢复训练，并且脂肪堆积的风险也很小。就算休息时间多点，也没有问题。

缺点　总是在坚持不懈地训练，心理上没有得到调整的机会。

无周期

这是最简单也是最受欢迎的策略。不停地努力，只要没有锻炼过度就不需要停止锻炼。

优点　如果能合理地进行训练，就会不停地进步，不会浪费时间或因休息而退步。

缺点　关节没有时间得到休息和恢复，我们意识到这一点时往往都太迟了。

总结

应根据自己的恢复能力选择一个适合自己的训练策略。训练计划周期要根据锻炼中已经达到的效果来制订。同时，未来可能出现的错误也应是制订锻炼计划周期时需要考虑的重要因素之一。

锻炼计划假期的作用

整年的训练对于长期的进步并非是一件好事。除去有计划的分期练习外，休息几个星期是非常有用的，这可以让你的身体休息一下，当重新再开始训练时，骨骼将处于更好的状态。当然，这的确会让你在力量和耐力上有一点退步，但稍做练习将很快恢复到原来的水平，就像希望跳得更远一样，适当的退步是有益的。休息一段时间可以帮助你战胜更多的困难。

了解肌肉的习惯性特点。如果神经系统首先对训练产生反应，或者因为2~3周的休息而更为迅速地丧失某些习惯和一些力量，但这并不意味着肌肉会弱化。你不需要担心，你的神经系统将在重新开始的几次训练中很快恢复效力。

如何掌握训练进步的节奏

肌肉训练的最初效果似乎是令人失望的，因为肌肉会产生疲劳和酸痛的感觉。

肌纤维的这些创伤有些类似于肌肉的"觉醒"，而肌肉的"觉醒"会根据运动水平或多或少让人感到有点突然。为了更快消除疲劳，不要犹豫，重新开始轻松的训练，不要强迫自己在训练中过度用力。

经过训练的疲惫期后，力量、耐力会迅速得到增强。这是因为神经系统适应了新的环境，并学会了更好地协调肌肉用力的方法，同时使不同的肌肉能更好地进行共同锻炼。接下来是肌肉的适应力，肌肉的力量和耐力比肌肉体积增长快。大家每天都想见到肌肉体积的增长，但这是不可能的。我们感觉不到它们的变化，但是忽然有一天你会发现衣服的某些部位变紧了。为了更容易地发觉肌肉变化，建议至少每月拍一次照片，照片比称重和测量更为可靠。在测量尺寸时，脂肪很容易被误认为是肌肉。从美学的角度上来看，脂肪和想要寻求的肌肉正相反，脂肪层的增加是锻炼退步的表现。只要进行有规律的练习，肌肉一般都会得到发展。另一方面，明确肌肉发展的速度几乎是不可能的，因为一些肌肉总会比另一些肌肉发展得更快些。

何为肌肉酸痛？

1.乳酸反应

训练后你肯定会感到肌肉疲劳和酸痛，这是因为肌肉充满了乳酸。最差的情况是，过度用力1小时后需要再用1小时来消除疲劳和酸痛，但这种情况很少出现。一般乳酸反应在运动后的20分钟内便会在肌肉和血液里消失，不过其导致的疲劳和酸痛则在24～48小时后才会出现。由乳酸造成的酸痛有强烈的、如同灼烧般的感觉，这和由疲劳和酸痛引起的感觉一点也不同。

2.微创反应

科学实验证明，疲劳和酸痛是由肌纤维的微创反应引起的，感觉到的疼痛事实上是因为大量的肌肉受到了小创伤。为什么这些创伤会在用力后那么久才感觉得到呢？因为这些微创有很多不是在用力期间引起的，而是在这之后造成的。延迟性疼痛的原因说法有很多，尚不明确。但一般认为是机械损伤，也有钙离子学说，但不是钙结晶。

饮食的作用

饮食在肌肉能力的提升和体育成绩的进步中担当着重要角色。

与那种非常普遍的想法相反，积蓄脂肪来锻炼肌肉和增加力量并非是必不可少的。

热身训练的技巧

身体可以被看成是一辆汽车，当发动机处于冷却状态时，如果强制加速不仅不会大幅度地提高速度，还会损坏机械装置。相反，当发动机运转升温时，轻微加油就能大幅度地提高速度。像汽车一样，当人体的肌肉和关节已经达到一定温度时，才会以最佳的状态运行。因此，在进行所有大强度运动之前，热身都是绝对必须的。

热身的作用

防止受伤

取两根相同的橡皮筋，一根置于冷冻柜中十几分钟，另一根置于热水中十几分钟，然后尽量拉伸它们，置于冷柜中的皮筋会断裂的非常快，而置于热水中的皮筋则不易断裂。肌肉反应就像皮筋一样，热量能够增加肌肉的柔韧性，而遇冷则会产生相反的效果。由此可以看出，在运动之前提高肌肉温度的必要性，适当的热身很重要。

> **特别提示**
>
> 当开始给关节施加压力时，关节就会像海绵一样吸水，软骨膨胀，将使关节的缓冲作用达到理想的状态，并且还能够减少摩擦。为了使软骨的厚度能够达到最佳，需要肌肉工作10分钟。因此，得留一点时间让关节吸水。进行1个小时的锻炼之后，软骨将重新恢复到原来的状态。

! 有很多新手认为他们不需要热身。他们想带着"满身的"力气进场，而不想在热身上"浪费时间"。这种对于热身的疏忽很快会在训练中限制他们的发挥，并会造成肌肉酸痛。适当的热身会防止日后产生疼痛，热身运动还是立即改善竞技表现的一个因素。

提高竞技状态

就像发动机的例子一样，温度控制着肌肉，在肌肉的表现中起着非常重要的作用。调查显示，由于短期热身运动产生的热量，使得体温每升高1℃（由37℃升到38℃）就会增加约7%的肌肉最大力量。这是因为使肌肉获得能量的酶在最适宜的温度中缓慢地起着作用，比在人体本身正常温度下起的作用要高效一些。

众所周知，当开始出汗的时候身体就会变得很热。也像发动机一样，过度剩余的热量会降低其性能。因此，在运动期间，应该让身体保持适当的热度，而不要有太多的热量。

! 清晨时身体温度通常比下午的温度要低，这种生理现象在一定程度上能够解释为什么一般我们下午要比清晨觉得更有力量。如果想在清晨进行锻炼，热身运动就要比下午做得稍长一些。

集中注意力

应该集中精力准备即将进行的训练。如果没有事先做好这种心理调节，热身运动将是最后机会。因此，热身运动不仅是生理上的，还是心理上的一场准备活动。

热身训练中的问题

热身训练的最大问题就是找到增加负荷的正确节奏。重量增加过快，肌肉和神经系统不够"热"，容易受伤。重量增加太慢，则缺乏应对重量增加的力量，影响后面的训练。

应该以较轻的重量开始新的练习，此重量以能较容易的重复动作20～25次为最佳。应该至少做二组热身运动，第二组重量以能较容易的重复动作12～15次为最佳。如果你感觉肌肉可以承受，还可以进行第三组稍微重一点的热身练习。

! 在开始运动之前应该做些拉伸练习。在本书中（见第6页）已经讲述了拉伸练习的要领。注意，有些伸展运动可以改善竞技成绩，有些伸展运动则可能会削弱竞技成绩。

放松运动

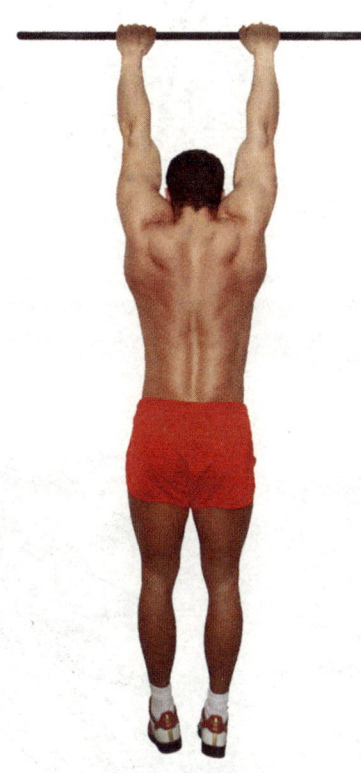

就像训练刚开始的热身运动一样,在训练期间使肌肉得到放松是非常重要的,尤其应该延伸背部肌肉。

肌肉锻炼会挤压脊柱,为了加快腰部肌肉的恢复,要让背部肌肉放松。至少要保持吊在固定的杠杆上30秒钟,这样才能够感觉到脊柱被拉伸了。否则,就会感觉到脊柱还处于压缩状态,这是由于腰部肌肉紧张缩合的缘故。

为了简化放松运动,可以做一些腹肌锻炼,并且在固定的杠杆上做一些即兴的悬挂和吊起的动作,这样有利于支撑脊柱肌肉的放松。

即使在不锻炼的日子里,睡觉之前也要坚持30秒钟的悬挂放松。白天的时候,不论是站着还是坐着,重量都会压缩脊柱,压迫着每个椎间盘有体液的部位。因此,我们晚上总是会比清晨矮一些。椎间盘中的体液对脊柱健康是必不可少的,因为它充当着人体的缓冲器,这种体液的流失是引起脊柱受伤的最常见原因。在进行悬挂放松的同时,再做一些伸展运动,使一部分椎间盘可以减压。脊柱恢复好,睡眠也会越来越好。

会遇到的最糟糕的情况是,早晨醒来的时候,脊柱有被压迫了整个夜晚的感觉,这表明腰部的肌肉没有较好较快的得以放松。从这种夜间的紧张度来看,睡得不好也会觉得背脊有持久性的不适。

在休息之前要提前放松腰部和脊柱,这样做可以较好地避免上述问题。

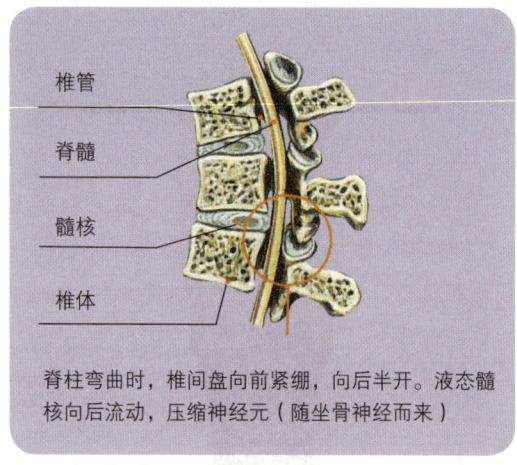

脊柱弯曲时，椎间盘向前紧绷，向后半开。液态髓核向后流动，压缩神经元（随坐骨神经而来）

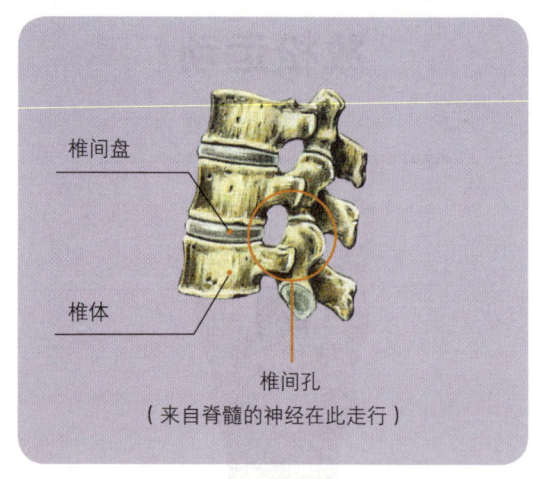

（来自脊髓的神经在此走行）

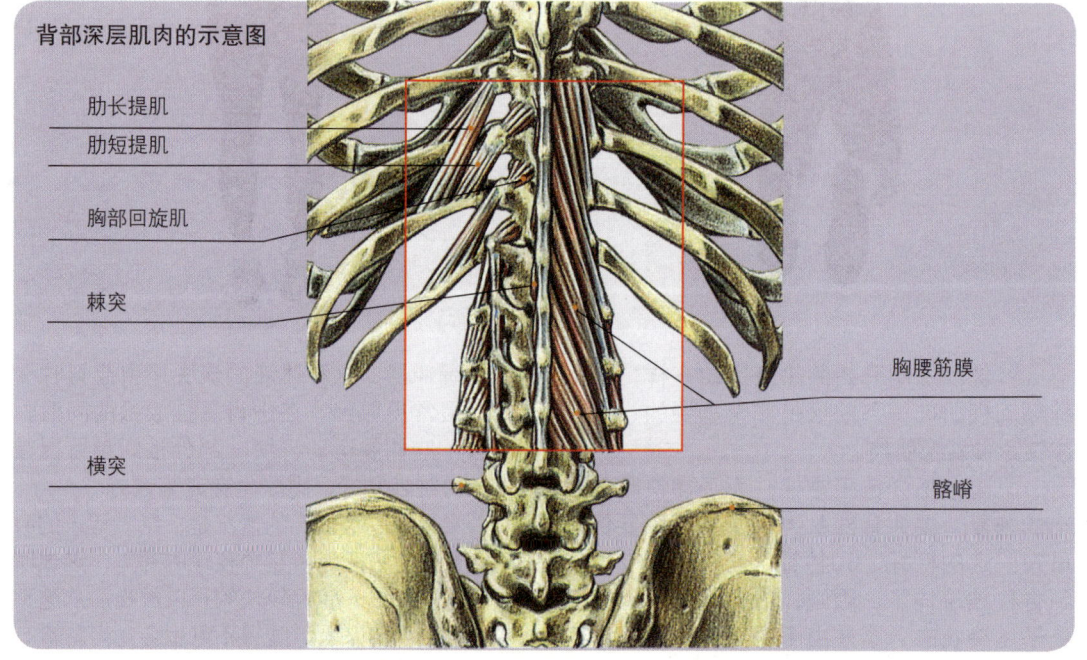

制订训练计划

制订训练计划是非常重要的。训练计划应该落实到锻炼的每一天当中。

比如：如果想每周进行3次锻炼，计划就要被分成3部分。这样会看到在最近锻炼中自己的表现，也可以使休息过的肌肉群重新投入到训练中。

在开始进行锻炼时，要注意结束的时间，应该确切知道锻炼了多长时间。时间安排是一个重要的因素，因此在这一系列的运动中休息的时间越长，运动表现就会越好，但是这样并非就一定能获得力量的进步。为了更好地对照锻炼效果，应该在固定的时期进行观察。

用小册子记录可能是最精确的观察方

式。请看下面这个例子：

你可以记下哪组肌肉进行了哪种锻炼，也要记录它们所能承受的负荷。可以根据习惯记录下用单手举起哑铃的重量，也可以记下双手举起的哑铃重量，自己决定自己的记录习惯。重要的是一定要按照固定的规则进行记录，而不是一天记录单手、另一天记录双手。

再来看一下练习的次数。第一次系列练习中练习次数是15次，然后训练强度一次比一次大，训练次数逐次递减。在这种情况下，为了知道下一次的情况，要详细记录。

以这种方式记录肱二头肌的运动过程，是为了更准确比较一周中的运动状态。通常，使用较大的负重，就会带着不情愿的情绪延长休息时间。

参与各种不同种类的锻炼，是为了让身体上的各类肌肉适应各种运动形式。因此，应该明确接下来锻炼的目标是什么。

分析训练情况

每一项训练之后，都应该自我分析和总结一下运动过程：

▸ 如何更好地进行锻炼呢？
▸ 什么地方出了问题呢？
▸ 为什么会出问题呢？
▸ 为了能够在接下来的运动中表现更好，应该如何做呢？

从第一个例子的分析中你应该知道，在进行下列运动前要让每一块肌肉放松，做好准备：

▸ 刚开始的时候重复次数最多，因为第一组训练比较轻松（一般要重复锻炼超过15次）。
▸ 在第二组和第三组的锻炼中也增加了同样的负荷量。
▸ 在第三组的锻炼中肌肉开始疲劳，为了增加2千克的负重，重复次数减少了3、4次。所以，为了能够克服这种疲劳，要坚持，不放弃。
▸ 在最后一组的锻炼中，又增加2千克的负重，重复次数减少5次。因此，要减慢增加负重的节奏，以便能够做更多次的重复锻炼，保持每一次锻炼的负重都不会比上一次少。

新的锻炼过程显示如下：

肱二头肌：
哑铃
10千克：15次；12千克：12次；
14千克：8次；16千克：3次；
时间：8分钟

10千克：
（右手）15次；
（左手）14次。

肱二头肌：
哑铃：
11千克：重复14次；
13千克：重复11次；
15千克：重复9次；
16千克：重复6次；
时间：8分钟。

调整下一次的锻炼计划，每次负重增加1千克，重复次数每组递减3次。经过3次锻炼，评测进步的工作就会变得简单易行。

为了获得更多的力量，咬紧牙关坚持

一些人建议，要在肌肉的练习过程中使非目标肌肉群做到最大限度的放松。这种放松并不可取，因为已经证实所有的肌肉都是一起工作的，而不是分开工作的，练习时并不能做到一些肌肉放松，一些肌肉收缩发力。当练习变得困难的时候，我们会不自觉地产生厌倦。科学研究表明，当咬紧牙关时，肌肉力量大概会增加5%；同样，当握紧拳头时也会如此。应该避免的是，这种肌肉收缩过多会阻碍正常呼吸。

! 这种肌肉收缩情况在肌肉锻炼中时常发生，而在其他的体育运动中却未必会出现。

肱二头肌：
哑铃：
10千克：重复15次；
12千克：重复12次；
14千克：重复8次；
16千克：重复3次；
时间：8分钟。

肱二头肌：
哑铃：
11千克：重复15次；
13千克：重复12次；
15千克：重复10次；
17千克：重复6次；
时间：8分钟。

肱二头肌：
哑铃：
11千克：重复14次；
13千克：重复11次；
15千克：重复9次；
16千克：重复6次；
时间：8分钟。

坚持执行训练计划1个月，同时坚持做训练记录，这将帮助你调整运动计划。如果训练的次数是有规律地增加，一切就会很顺利；如果这种增加速度放慢了，就应该采取以下行动：
▸ 改变练习的策略。
▸ 在锻炼过程中多加休息。
在肌肉力量持续下降的状态下，减少训练负荷与增加休息都很重要。
坚持做运动锻炼的记录，就能非常精确量化锻炼的进展情况。不要一味相信记忆，你能够回忆起过去一周在运动锻炼过程中的表现，但怎么能够回想起一个月前的锻炼表现如何呢？除此之外，如果改变了练习方案，又怎么能精确地记起2～3个月之前的锻炼表现呢？锻炼记录是证实进步的最好方法，对未来运动计划的调整也非常重要。

记录训练情况

为了能够更好地了解训练进行情况，要仔细记录自己的训练过程，不要犹豫！
尽量从不同的角度记录自己的训练情况。当审视自己的训练过程时，我们通常都会比较好奇，因为在运动过程中，结果常常不像想象的那样。由于有了这种反馈，我们很快就能自动改正错误并逐渐进行自我改善。

强化训练的技巧

训练超负荷的原因

所有肌肉锻炼的基础都取决于超负荷训练的技巧。为了能够强化肌肉的反应力并使之强化，应该以一种特殊的运动方式增加肌肉负荷。如果你能够轻松做10个俯卧撑，那就不要每天只做10个，因为这样将会使肌肉增长停滞不前。

可以试着每天做11个或12个俯卧撑，这样肌肉会不由自主地给自己施加压力。由于超负荷训练的作用，使肌肉增加了自身的力量和储量，在接下来的日子里，做11个或12个俯卧撑就变得很简单了。为了继续获得这种进步，应该不断地提高训练强度。最简单的超负荷方法是，带着更重的负荷进行重复训练。当然，还有其他增加强度的训练技巧，但一般都需要通过增加重量和重复次数来提高。下面我们会展示其他的训练技巧。

数量还是强度？

很多人都会混淆训练容量和训练强度这两个概念。应该明白，肌肉训练容量和训练强度是两个相互矛盾的概念。在每个系列的训练过程中，想完成的动作越多，在完成过程中实施的训练强度就会越小。

增加训练强度的目的是要尽可能地增加肌肉质量，减少无用功。相反，训练强度越小，能做的动作就越多。如果一味地追求训练强度，会增加动作的危险性。因此，要合理规划训练的强度与容量。

! 提高运动强度的技巧有很多，但不要同时把它们应用于每一项运动中，因为所有的技巧都有其优缺点。提高运动强度的核心问题无非是，运动强度越大恢复体力所需时间就越多。根据锻炼目标和优先原则，应该合理地选择强化训练的技巧，而不是滥用。

递减理论

在每一个运动过程中都应该充分利用肌肉力量。

关于如何实施这种理论，我们用下面的例子来说明：如果一块肌肉最多可以举起100千克的重量，负重30千克，意味着还有70千克的力量在肌肉里没有发挥出来。如果继续锻炼，以70千克的负重进行训练，这已经很接近把100千克的肌肉力量都发挥出来了。很多的肌肉强化训练技巧都是为了在锻炼结束阶段达到预期的效果，也就是说耗尽肌肉力量（当然，只是暂时性的）。

! 对于同一块肌肉，在多次锻炼结束的时候是最接近训练极限的时候，恢复体力所需的时间就应该越长。相反，锻炼次数越少，所必需的休息时间就越短。

因此，没有必要在每次运动过程中都达到极限力量，某些运动过程可能本来就比其他运动过程强度大。按一般的规律你会在运动的过程中找到一个比较稳定的极限强度，而并非是每次都耗尽肌肉力量来应对接下来的锻炼。

绝对力量的理论

这个理论在某种程度上与侵占理论是相对的，其主旨是合理配制和安排训练的重量。

如果比较锻炼中的肌肉负荷与运动强度，你会发现侵占理论与绝对力量理论之间的矛盾是显而易见的。如果减轻运动强度，可以帮助你节省力量做更多的运动，这样就能够在运动"金字塔"中爬得更高，并且当达到最高值时状态能够保持相对稳定。相反，如果第一次锻炼时就使肌肉负荷强度很大，那么将会很快感到疲劳，并且不能够达到承重的最大值。

在每一组锻炼中减少强度（更少的负荷），经常会被认为是训练的怠慢或懒散，但是这样做往往能帮助你完成更多的运动。如果锻炼中的承重接近于最大值，关节会受损并过多消耗体力。因此，不应该在每一次训练中都这样做。寻找肌肉力量极限可以让你尽量远离承重最大值，这对关节很有利。

应该把负荷和强度结合起来进行锻炼，这样既能够减少对关节的损伤，也能够减轻对肌肉的压力。一个更为合理的锻炼计划可能需要的时间会长一些，但压力却相对也少一些。下面介绍的是一组循环锻炼的方法：

第一个阶段锻炼：负重很高，几乎接近最大值且不进行重复锻炼。

第二个阶段锻炼：施加在同一块肌肉上的重量轻一些，锻炼时间长一些。这是一种有助于恢复体力的运动方式。

第三个阶段锻炼：用很重但未达到极限值的重量来寻找肌肉力量极限。

第四个阶段锻炼：重新进行第二个阶段的练习。

第五个阶段锻炼：重新回到第一阶段的练习……

这种循环锻炼利于肌肉力量的发挥，并激发了肌肉力量的增长。

有两种方法来实现这些循环。

同步循环：一天中所有的肌肉都按照同样的强度锻炼——训练繁重的一天或者训练轻松的一天。

非同步循环：一天中某些肌肉运动强度非常大，其他肌肉却进行轻微或者极限性锻炼，这种方法的优势是简化了运动过程。在循环锻炼中，繁重或者极限性的运动都会使人疲劳；轻微的运动却相对比较简单。因此，可以采用繁重锻炼和轻微锻炼交替的方式进行训练。采取这种策略可以避免运动过程的繁冗，坚定持续锻炼的信念。在一次训练过程中，只有一块或两块肌肉得到繁重锻炼，其他肌肉则进行轻微锻炼，这样可以稍微休息一下。

下面是锻炼过程中一个非同步循环的例子：
- 胸肌：很繁重
- 肩部：接近极限值
- 背部：轻松
- 肱二头肌：很繁重
- 肱三头肌：轻松

在下面的运动过程中，计划却是相反的：
- 背部：很繁重
- 肩部：轻松
- 胸肌：轻松
- 肱三头肌：接近极限值
- 肱二头肌：轻松

是否应锻炼到力竭了才结束训练

在一组锻炼中，当肌肉再也没有能力承受负荷时，就是人们通常说的"力竭了"。

有些人更喜欢在接近力竭前的1~2次重复动作时结束锻炼，这种方法使肌肉更不易疲倦，也能使人进行更多练习。这样的锻炼方法更理想化，可以承担更多重量。一些运动员不想持续地使肌肉处于疲劳状态，为了能够在肌肉承受范围之内紧张地进行训练，通常采取这种策略。

另一个策略是每次锻炼到最大限度，直到力竭才结束训练。这种方式会很快耗尽肌肉力量，使要做的运动也相对减少。运动强度越大，运动就变得越简化，运动容量就越少。但是，在这种策略下的锻炼，要求同一块肌肉在两次训练之间，应该延长休息时间。

超越力竭

超越力竭有以下四个方法：
- 屡败屡战。
- 借力练习。
- 递减练习。
- 劳逸结合。

> **从肌肉力量极限上说**
> - 在力竭之前就停止，获得较弱的肌肉力量极限。
> - 直到力竭，获得较强的肌肉力量极限。
> - 超越力竭，获得很强的肌肉力量极限。

屡败屡战

即使锻炼最终力竭了，也不意味着肌肉没有任何力气，肌肉只是刚好处于提升力量的状态。

如果用肱二头肌做10千克的循环练习，第一个循环做起来可能比较轻松，因为肱二头肌能够承受比这更重的重量。但是，随着重复锻炼，肌肉由于疲劳降低了收缩能力。当肱二头肌仅仅只能承受10千克的重量时，可以移动胳膊，但只是恰好能够移动；当只能够承受9千克的重量时，继续训练似乎就很吃力了。这时，如果保持上半身向后倾斜，身体的冲力在增加力量的同时，可以帮助完成看起来不可能完成的重复动作。

! 应该坚持到最后。我们的目标是在经过更多锻炼之后使练习难度变得更大（超越极限）。注意，一是不应该在肌肉不需要时利用身体冲力使锻炼变得更容易；二是不应该为了举起最大重量随意扭动身体。坚持达到锻炼的最大重量可能有受伤的危险，因此在这样的锻炼过程中应该谨慎和小心。

借力练习
搭档支撑
着哑铃 ▶

难度递减的俯卧撑运动

失败了，
用膝盖支撑住 ▲

借力练习

当肌肉疲劳的时候，借力练习可以帮助你继续对既定重量进行训练。

比如：当循环练习集中在肱二头肌上的时候，为了能够支撑起哑铃，会依靠另只臂膀帮助肱二头肌获得力量，以便重新支撑起负荷。当肌肉仅仅能够承受9千克的重量，而哑铃重量为10千克时，另一只臂膀将会支撑约1千克的重量。在下一次的锻炼中，如果肱二头肌仅仅能承受7千克的重量，就需要用另一只臂膀支撑起3千克的重量。

以后会谈到训练的超越技巧，因为高强度的反复练习是为了在以后的锻炼中能够让自己做一些额外运动。同时，这也显示了肌肉应对各类压力时应该产生的反应。

这种高强度的练习有两个优势：

1 运动执行起来不会失去目标，压力依旧在目标肌肉上。

2 运动受伤的风险少了。虽然为了做这项高强度练习似乎需要有一个搭档，但是，就像刚看到的那样，如果想进行单侧训练，依靠自己就可以了。

递减练习

当达到力量极限不需要反复强化锻炼的时候，可以降低重量进行递减练习。

例如：你在弯举运动中应该举起10千克的哑铃，但是力竭了。你在重新迅速举起时，应该减掉2千克的重量；当又一次失败时，还应该再减掉2千克，然后继续进行下一组的练习。

还可以用其他方式来做这种递减练习，比如：俯卧撑失败了，用膝盖支撑住，这将简化练习使练习继续下去。在做引体向上时，为了减轻体重带来的负荷，可以把一条腿（然后两条腿）踩在石头上或者椅子上。在一个空旷的场地或者地面上练习深蹲，开始时用两个哑铃做练习，失败了可以只使用一个哑铃；再次失败时，可以空手结束练习。在每次锻炼中，还可以用其他方式来做这种递减练习。递减的程度取决于极限值。有的人在一系列运动后仍有能力达到非常高的极限值，他们不需要减轻负荷，这对个人是个好消息，因为达到非常高的极限值后，可以减少很多为帮助超越极限而采用的训练技巧。

第一部分 制订肌肉健美训练计划

递减练习
▲ 开始时用两个哑铃。

劳逸结合
停止运动歇息10～15秒。

◀ 力竭了，下次用一个哑铃。

相反，之所以减轻负重而继续运动，是因为极限值通常都是比较低的，尤其在刚开始的时候；极限值会随着锻炼经验的增加而增加。在这种情况下，超越力竭，进行持续锻炼是很重要的。

特别提示

在训练中通过递减达到重复锻炼20次（10次重复→力竭→减少负重；加5次重复→又力竭→再减少负重；加5次重复→再次失败）和正常的重复锻炼20次是不同的。如果最后的总重复次数在这两种情况下是一样的，这种递减训练可以：
> 以一个很重的重量开始训练。
> 有3次失败，而不是仅1次。

另外，通过调整重量和对弱势肌肉进行锻炼，可以使肌肉的力量快速提高。从这个方面看，递减练习不失为一个很有效的方法。

劳逸结合

锻炼力竭的时候，停下来休息10～15秒是为了给予肌肉一个缓冲，短暂的休息之后，重新进行锻炼。

休息的目的是为了增加1～2个额外的重复练习。中场休息经常被用于非常繁重的锻炼。为了休息，在练习结束前应该进行一个最大值的锻炼或者进行一下双倍的锻炼。然后，尝试重复一下直到中场休息也不能让你恢复足够体力进行额外锻炼。

对于那些不擅长提拉哑铃的新手，也应该运用训练技巧。如果只能够做1～2次提拉就力竭了，那么，中场休息10～20秒，然后再试一次。这样很快能够进行连续锻炼。

长时间锻炼时，常常会自觉用到劳逸结合，而不用再去考虑何时应该喘口气或是应该重复锻炼了。

劳逸结合似乎有点像"停停走走"（见第42页），但是目标和"停停走走"完全不同。劳逸结合运动的停歇更长一些，不会正好发生在肌肉疲惫之前，而是之后。

被动运动

被动运动也可称为离心的运动。主要是指在锻炼中降低重量或体重。被动运动与主动运动相反，主动运动是提高重量与体重的。

例如：在上楼时，腿部肌肉必然处于主动运动状态中。相反，在下楼时，肌肉却处于被动状态。设想一下，有两个人同时站在很高的台阶前，一个人要下楼；另一个则要上楼，一般认为上楼会让人感觉更累。其实不然，下楼的危险性更大，因为下楼的过程中下降速度加快了。肌肉在被动运动，防止身体由于速度过快而跌倒。

一段时间后，下楼的那个人需要忍受更多，并且承受了更大的痛苦。虽然肌肉进行被动运动看似更简单，但却会对肌纤维造成较大的损伤；多次的肌肉拉伸也会对肌纤维产生损害。人体可以通过增强自身力量或锻炼体质来控制创伤的蔓延。科学研究表明，当承受相同的重量和力量时，被动运动比主动运动锻炼效果更好。依旧看上楼这个例子，一个月内每天只下楼的人与每天只上楼的人相比，下楼的人的肌肉会更发达。

总结

针对被动运动的训练，想取得进步就要有专门的计划；想获得最佳的肌肉训练效果要对此特别重视。

为了展开合适的肌肉训练，有以下五种不同却互为补充的方法：

每次重复训练时怎样阻止肌肉力量下降？

运动者当面临着被动运动的肌肉锻炼时，选择有：
- 降低重量但不减速。
- 可以靠肌肉的力量来抗衡负重。

第一种情况的典型例子就是举重。举重运动中几乎不存在被动运动。举重运动就是举杠铃，一旦举起或放下时也不会减慢速度。

大部分运动中都有被动运动的一面，典型的例子就是滑雪下降运动。与想像不同，滑雪运动员的肌肉并非静止不动的，他们的腿经常用来缓冲粗糙的雪地。在这种情况下，被动运动则更为明显。

运动员应该从他们的训练过程中分析被动力量的影响，被动力量对于运动成绩越重要，越要加强肌肉训练。

在大块肌肉训练中的作用

对于想要锻炼大块肌肉的人，被动运动比主动运动更重要，在被动运动过程中可以自主控制。例如：对于一项8次循环的成套训练，不能只记得每次动作前半程主动运动的步骤，也要牢记后半程被动运动的步骤，因为抗衡负荷比战胜负荷容易，不要把被动运动会做得过快、过于轻松。在重复训练过程中肌肉越疲惫，越要注重减缓被动运动，特别是在最后几组重复训练中，要尽可能慢地完成被动运动。

特别提示

应该以被动方式而不是主动方式结束运动。例如：在俯卧撑中很自然地想赶快放下胳膊，训练中只有在地上平躺，再也起不来时才能停下来。被动运动会让你慢慢地贴在地板上，并积聚你全部的力量。

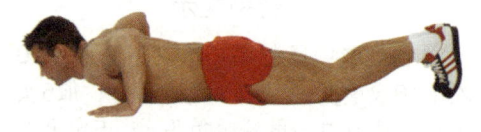

! 将重量在动作的高处支撑5~10秒，然后因力量不足而猛然放下，像这种错误一定要避免。抗衡负荷不等于停止负荷，在重复训练中要通过负荷拉伸肌肉。

肌肉力量下降时加强耐力

肌肉的被动力量比主动力量更有用处。如果用一只胳膊可以举起20千克的重量，则可能有30千克的力量被保留下来。所以，要想获得最佳成果，最好让被动运动承受比主动运动更多的锻炼。有三种方式使被动运动的负荷与主动运动的负荷相比发生改变，请你至少使用它们中的一种或两种来进行训练。

找个合作者。最简单的方式就是找个合作者，做往复运动时他可以通过推重物或你的身体来增加负荷。

腾出一只手。单侧训练（见第44页）可以腾出一只手来，这只手常可以用来增加胳膊的负荷，从而进行被动训练。例如：用力弯曲肱二头肌，可以正常地举哑铃。当加大负荷时，就要在哑铃上加相等的5~10千克重量。

一段弹力带。在肌肉训练所需装备中已经做过介绍，成段的弹力带对于单纯训练耐力相当合适。当拉弹力带时，弹力就变大了；当松开弹力带时，它会猛地缩回去。在肌肉锻炼时，弹力带带来的被动训练与其他器材相比是不可匹敌的，弹力带的最大优势就是加快产生力量，在被动训练中力量会突然释放出来。为了抗衡弹力带的弹力，肌肉将会产生一种比惯用的负荷强度更大的能量，无论是对力量、强度还是肌肉的质量，这种挑战都比惯用的负荷训练使人进步更快。正是由于这个原因，10年前，美国越来越多的运动团队（特别是美国足球运动员）在负重训练中都使用弹力带，可惜这种技术在欧洲并未普及。

纯被动运动

为了最大限度利用被动运动，应该尽量避免主动运动。这种运动要求战胜自身重

◀ 哑铃弯举

▲ 集中弯举

◀ 负重深蹲

特别提示

肌肉的内部组织（作用原理与弹力带相似）在被动运动中得到锻炼，弹力带的一部分力量也加快了肌肉锻炼。这种来自外部的力量，被肌肉积累起来用以增加负重。不仅被动运动，后面的这几个锻炼原则，都可以借助弹力带的作用使肌肉快速变得更加发达。这种双赢方式在美国的体育界相当流行。

力，尽量增加负荷。例如：当没有力量举杠铃时，我们仍会有力量阻止重物下降，目标就是尽量多次地减慢重物下降速度。理想的纯被动运动能快速聚集力量来对抗重物，一般通过两个星期的纯被动运动训练，某些力量较弱的人也可以单独举起杠铃一两次。

另一种方法就是用双臂举起负荷，但是只用一只手使其下降。例如：在做俯卧撑运动时，通常会用两只胳膊撑起身体。一旦撑起身体，就把身体重量移到一只胳膊上，从而使用纯被动运动方式。在进行这项训练前要确保已经达到了一定的运动水平。如果无法撑住自己的身体，尤其是在训练结尾时，就只能进行部分被动运动了，也就是用两只胳膊重新撑起身体，重心只下降10～20厘米，很快纯被动运动的力量，会让你的身体重心毫不费力地下降到底。

大多数动作都可用于纯被动运动锻炼，你最好每月至少使用一次这种方法。

力竭后的被动运动

为了坚持到底，这个方法有点与众不同。例如：尽量多做俯卧撑，当肌肉失去力量时再用膝盖支撑，以便调整手臂支撑的位置，然后减慢下降速度，一旦身体重心降到底，再用双腿撑起，重新开始纯被动运动。这种类似的方法也可以用在引体向上中，你的脚可以踩在地上或椅子上，以便减轻负重。

停停走走

这种方法就是在做肌肉收缩的被动运动时停留几秒。

例如：做俯卧撑时，在地板上伸直身体，让肌肉休息数秒。这种停顿的目的，就是在做被动运动时防止弹力性能量堆积。

这种方法有三种合理解释：

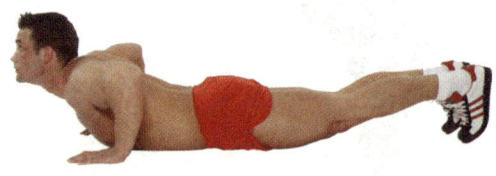

1 这种方法可以运用在某些要求爆发力的运动项目中，如冲刺等。在这种情况下，肌肉最大限度的收缩且没有进行事先的伸展运动。因此，对于肌肉相对较弱却被强制要求迅速变强者，可以通过停停走走的运动方式让肌肉得到发展。

2 这种方法改变了肌肉发力感。例如：在做俯卧撑时，可以感受到胸肌的运动，但是对肱三头肌的感觉却不明显，在肌肉收缩前刚好有个停顿，因此就有机会打乱这种状态。许多人觉得肌肉锻炼有针对性，如果在家中的训练没能定位在目标肌肉上，用停停走走的方式训练能给目标肌肉第二次锻炼的机会。

3 无论是偏离中心的还是同心的翻转运动，一些脆弱的关节可能会承受不了这些运动的压力，你可通过间歇性的、停停走走的运动方式来减轻压力。当然，所有训练通过停停走走的运动方式都会起到作用。这种运动方式的改变对有些动作会产生有利的影响和效果，但并不是对所有的动作都可行，你可以通过练习，自己来判断哪些训练用间歇性运动方式更好。

损伤

在一整套训练中，当乳酸在肌肉内积聚过多时，可能会造成损伤。

这种损伤表明，肌肉很难承受所要求的力量强度，这是肌肉的超负荷信号。损伤对于肌肉锻炼是一种阻碍。"损伤"的目标是阻碍肌肉运动，这时就不应该再考虑如何避免这种损伤，而是要去面对它，因为损伤恰恰证明这种刺激对肌肉是有效的。这时，应尝试着坚持训练而不是放弃训练。

一般，损伤会在高强度循环训练一两次左右后产生。对于损伤的忍受是我们在锻炼初期所运用的策略。

持续紧张

增加训练难度而不增加负荷的方法之一，就是掌握存在于肌肉中的持续性压力。也就是说在运动的任何阶段，不让肌肉有喘息或放松的机会。

例如：做俯卧撑时，保持手臂的支撑，用骨干而不是用肌肉支持身体的重量。这种情况下，可以恢复一点体力。持续性压力的作用是忽略胳膊（腿）的支撑，无论什么时候做俯卧撑，都要让胳膊略微弯曲。强烈的损伤会很快在肌肉内蔓延，使肌肉细胞缺氧窒息。实际上，经常让肌肉保持压力，会阻碍血液流动；当它们合成能量时，不正确的肌肉呼吸方式会使肌肉产生破坏物（乳酸）。增加训练难度的方法适用于肩部、背部、肱二头肌和肱三头肌，在训练过程中，不要绷紧手臂，也不要把腿完全绷直。最好结合使用持续性压力、休息或暂停，并且从持续性压力开始锻炼。当无法忍受疼痛时，需要暂停一下（撑着的胳膊或腿）以便一部分乳酸能够被肌肉吸收。你可以进行1~2次的额外重复训练。

▲开始做成套训练时不要完全放下手臂

▲在一套训练结束时，放下手臂以便做额外的重复训练

单侧训练

大部分肌肉训练都是双侧的，当右侧肌肉动作时，左侧与右侧一样也在进行着相对应的动作。

这种动作的同一性在日常生活中几乎找不到。例如：散步或跑步时大部分的动作都是单侧的，也就是说，肌肉收缩每次只能作用于一侧。人是单侧性动物，因此人在单侧性肌肉训练时，一次只能前进一条腿。但兔子却是反例，兔子前进时动作同时发生于两只脚掌。

人身体的自然性更倾向于单侧性运动，这也说明了为什么单侧动作时力量比双侧动作时多出约10%。事实上，如果双臂同时弯曲，肱二头肌能抬起最多约50千克的重量。如果单侧弯曲，则两臂总和（可以先弯曲右臂再弯曲左臂）可抬起接近55千克的重量。

双侧动作时会有神经效能的损耗，用哑铃做弯曲动作时即可证明这一点。开始训练时同时收缩两臂，肌肉疲劳时如果收缩右臂的肱二头肌而让左臂保持拉伸状态，就可以做1~2次的额外重复训练。当一次只收缩一侧肌肉时，另一侧可以恢复力量。

实际做起来，单侧训练并没有那么简单。例如：很难每次只用单臂做俯卧撑或引体向上。然而，对于每一块肌肉，都可以找到使其进行单侧运动的训练方式。本书的第二部分将列举针对每项训练的特殊要求。

单侧训练有两种不同方式：

单侧交替

在哑铃手臂弯举的训练中，收缩右臂的肱二头肌，当右臂恢复初始位置时左臂则开始动作。

这种方法的优点是右臂在左臂运动时得到休息；不足之处是神经信号需要不停地穿梭于左臂与右臂之间，这会使人感到不太舒服。然而，一些运动却需要这种两侧交替的动作（如跑步或游泳项目中的自由泳）。如果训练过程中出现这种情况，就需要在肌肉训练中找出其特点，以便使神经系统能够应对困难。当然，也可以选择另一种不同的训练方法。

▲ 双侧 ▲

▲ 单侧交替 ▲

纯单侧训练

在此情况下,只有身体的一侧在运作。整套动作只针对右侧或左侧的肌肉。

超级组训练

超级组训练包括两种不同的训练,并且训练期间没有休息。

纯单侧训练 ▶

休息的手臂 ▲

超级组:
肱三头肌 ▶

◀ 肱二头肌

进行左侧肌肉的成套训练前可稍作休息;在换到右侧训练前,又可以再小憩一下。进行这种训练时,神经系统便可释放全部能量,无论是肌肉收缩还是拉伸都将达到最大限度,需要这种训练的运动员(如射击运动员)应该主要使用此方法。纯单侧训练独特的优点就是空闲手臂加强了被动训练,并使力量得到了恢复。

此方法的缺陷是延长了训练时间,实际上这加倍了训练的数量。

针对肌肉对抗的超级组训练

用一种运动训练一块肌肉,然后用另一种运动针对对抗肌肉进行锻炼。最常用的超级组训练是:将针对肱二头肌和肱三头肌的锻炼结合起来进行训练。

其他的对抗超级组训练:
> 胸部/背部。
> 肩前/肩后。
> 腹肌/腰肌。
> 腿前/腿后。

此训练方法的主要优点就是能够节省时间。事实上,在成套训练间隙无需休息。肱三头肌运动时肱二头肌得以恢复;肱二头肌要运动时肱三头肌得到休息……不仅仅是力量,耐力也会得到改善。

针对同一块肌肉的超级组训练

此处用训练肱二头肌的两组超级组训练作为例子，目标都是增加力量强度。这些超级组训练与递减训练有些类似，但是需要变化训练方式。第二组动作比第一组动作承受的重量略轻，以便克服失败直到训练完成。

对于同一块肌肉有三种形式的超级组训练：

传统方式：

超级组训练包括复合训练和孤立训练，目的是超越力竭。

其他两种超级组训练比较复杂，但比传统的超级组训练更加通用。

预疲劳的超级组训练：

此种训练很特别，做复合训练前先做孤立训练，目的是通过单项训练使目标肌肉疲惫。在做复合训练时，因为有其他肌肉群的支撑，所以即使很疲惫，目标肌肉也可以继续运作。

预疲劳：腿曲伸+深蹲

传统超级组训练：哑铃卧推+俯卧撑

预疲劳训练的结果证实，在大部分复合训练中，首先疲惫的不是目标肌肉，而是其他附属的小块肌肉。因此，在做俯卧撑时，阻碍训练的不是胸肌疲惫而是因为肱三头肌缺乏力量。由于手臂缺乏力量，胸肌没有得到充分训练。手臂无力，肱三头肌就会限制胸肌得到的刺激。因此，在做俯卧撑前，要用孤立训练的方式使胸肌提前疲惫。

第一部分 制订肌肉健美训练计划

其他预疲劳的超级组训练的例子：

| 背部（内侧与厚度）：俯身哑铃侧平举 + 哑铃划船 |
| P98 — P128 |

| 背部（宽度）：仰卧曲臂上拉 + 窄握引体向上 |
| P130 — P126 |

| 扩胸：哑铃飞鸟 + 俯卧撑 |
| P112 — P107 |

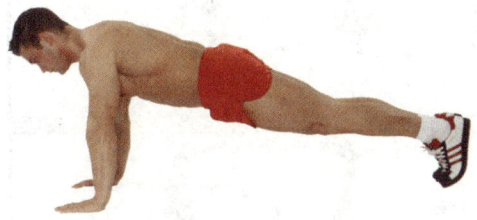

预疲劳：哑铃飞鸟+俯卧撑

| 肩部：坐姿侧平举 + 坐姿哑铃推举 |
| P94 — P88 |

| 肱二头肌：正握弯举 + 反握引体向上 |
| P58 — P66 |

此训练方式不只适用于胸肌，也适用于所有的肌肉群。例如：对于肩部来说，在做哑铃推举前先进行哑铃侧平举，这样会使三角肌疲惫；在复合动作中，三角肌会得到胸大肌和肱三头肌的支撑。

预先疲劳训练能够帮助运动者更好地感受到目标肌肉。在做俯卧撑时，想要感受到胸肌的运动有点困难，提前做单项训练可以激活部分胸肌，以便更好地做俯卧撑。

| 肱三头肌：俯身臂屈伸 + 弹力带俯卧撑 |
| P76 — P70 |

! 这仅仅是理论，预疲劳训练也容易产生相反的效果。在肩部运动的实例中，往往是肱三头肌支撑着压力，而三角肌因疲惫已没有力量再加入到基础练习中了。因此，感受不到肩部的力量，因为预疲劳训练将所有负荷推给了肱三头肌。

| 腿前侧：腿屈伸 + 哑铃深蹲 |
| P158 — P143 |

| 腿后侧：俯卧腿弯举 + 直腿硬拉 |
| P168 — P165 |

后疲劳超级组训练：

理论上讲，后疲劳训练与预疲劳训练是相对的。复合训练的目的是使目标肌肉得到最大限度的训练；力竭后，转向一个比较容易的孤立训练，可以保证目标肌肉释放所有剩余能量。

在肩部训练的例子中，我们用尽力量来支撑哑铃，由于肱三头肌疲惫只得停止动作，因此不能在三角肌训练中坚持到底。

后疲劳训练能够保证训练目标肌肉。预疲劳训练是与后疲劳训练相对立的。

后疲劳：推举+侧正举

| 背部（内侧与厚度）：哑铃划船 | + | 俯身哑铃侧平举 |
| P128 | | P98 |

| 背部（宽度）：窄握引体向上 | + | 仰卧曲臂上拉 |
| P126 | | P130 |

| 扩胸：俯卧撑 | + | 哑铃飞鸟 |
| P107 | | P112 |

| 肩部：坐姿哑铃推举 | + | 坐姿侧平举 |
| P88 | | P94 |

| 肱二头肌：反握引体向上 | + | 正握弯举 |
| P66 | | P58 |

| 肱三头肌：弹力带俯卧撑 | + | 俯身臂屈伸 |
| P70 | | P76 |

| 腿前侧：哑铃深蹲 | + | 腿屈伸 |
| P143 | | P158 |

| 腿后侧：直腿硬拉 | + | 俯卧腿弯举 |
| P165 | | P168 |

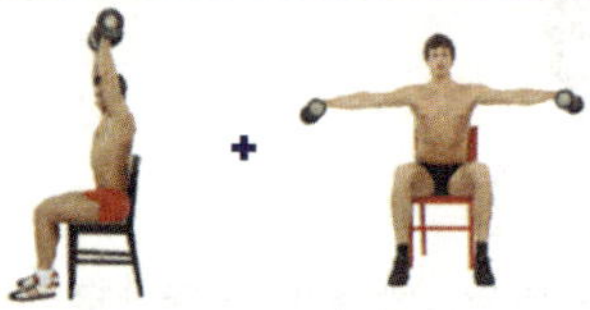

第一部分 制订肌肉健美训练计划

1 部分挺举　2 反向仰卧起坐（腿部上抬）　3 深蹲　4 侧仰卧起坐　5 蛙蹲

循环训练

　　此项训练主要针对进行专项训练的运动员，或者是想锻炼肌肉和心血管功能的人。

　　此项运动因为中间没有休息时间，故耗时较短。

　　传统的肌肉训练方式是人为划分的，一组肌肉的锻炼要通过几套训练完成（如胸肌）。身体不是天生就适应某项运动的，对于大多数运动项目而言，肌肉是一起运作的。因此，在一些训练中，会一直重复同一个动作（如跑步、游泳）；在其他训练中，则需要做不同的动作。

　　例如：打橄榄球时向前跑、向后面跑、向侧面跑并用手臂推其他人，像这样要求经常转变动作的运动就比较适合进行循环训练。事实上，循环训练所进行的持续转变动作的练习和传统肌肉训练很相近。

　　另外，循环训练所锻炼的耐力与成套训练所锻炼的力量是很相近的，循环训练是通过一些需要力量或耐力的动作来实现的。相反，当大块肌肉锻炼是首要目标时，循环训练则无真正优势（除了省时）。本书的第三部分会详细介绍循环训练。

锻炼过程中的呼吸技巧

呼吸会影响训练结果。

> 由于呼吸受阻，肌肉无法释放全部的力量。
> 呼气时，肌肉力度相对弱一些。
> 吸气时，肌肉力度处于最弱状态。

优秀运动员会合理运用这些生理反应，他们等着对手吸气时屏住自己的呼吸，以便释放全部力量来战胜对方。换句话说，运用一切力量在对手吸气并处于最弱状态时屏住自己的呼吸，以便释放全部能量，你在训练时应该尽量多发掘这些特性。一般肌肉锻炼的书中要求不可屏住呼吸，因为这些书都是由没有受过高强度训练的人编写的，所以并不真实和科学。力量、反应时间、标准姿势还有集中度，在屏住呼吸时会得到稍微的改善；当肌肉承受一定压力时，屏住呼吸会对背部起到保护作用。

调查结果显示，优秀的短跑运动员在起跑时都会屏住呼吸。当调查者向其提问时，其中91%的短跑运动员回答是有意识地屏住了呼吸。剩余9%的短跑运动员的实际行为是他们也屏住了呼吸，只是自己没有意识到。

屏住呼吸存在的问题

即使肌肉力量增强了，在屏住呼吸的过程中仍存在两个不可忽视的问题。

心脏病的危险

当屏住呼吸时，会进行Valsalva动作（深吸气后，在屏气状态下用力做呼气动作10~15秒）。呼吸暂停会对心脏产生一定压力，身体健康的人能承受这种压力，但心脏有问题的人，不要屏住呼吸，因为这样会有危险。

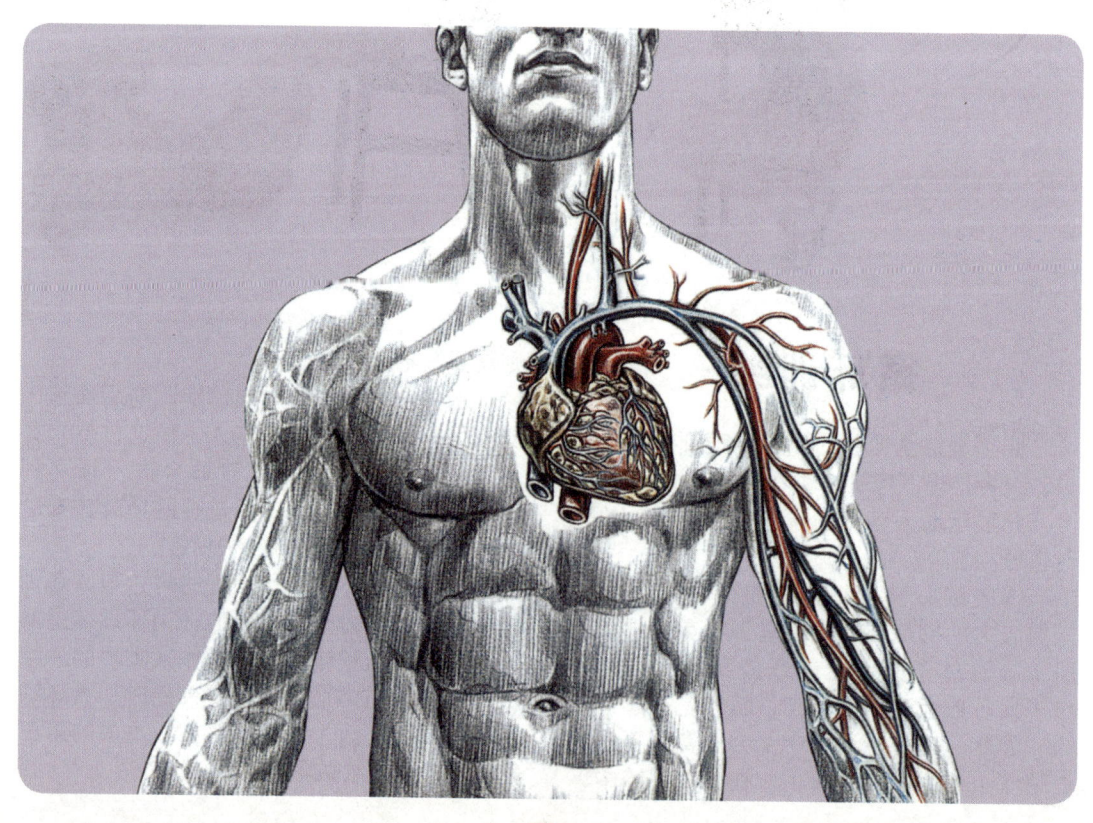

第一部分 制订肌肉健美训练计划

> **膈肌训练是很重要的**
>
> 强壮的膈肌能够：
> - 增加腹腔压力。
> - 阻碍腹腔压力转移至胸腔。胸腔内压力的上升可以解释前面描述过的由抑制呼吸带来的问题。
>
> 可以通过特殊的肌肉锻炼增强膈肌的能力（见第211页）。

因此，在开始肌肉训练前应该详询心脏科医生，医生会明确告诉你是否可以屏住呼吸做运动。

快速疲劳

当肌肉力量发挥到最大限度时，肌肉细胞会缺氧。每次循环训练时屏住呼吸的时间越长，就越容易疲劳。

负重运动期间的呼吸方式

为取得好成绩，进行负重练习越多，越要摸索出更适合自己的呼吸方式。为避免那些刚刚提到过的问题，应该尽量缩短屏住呼吸的时间，且应使短暂的屏住呼吸的时间与肌肉达到最大限度的时间相呼应。例如：利用哑铃弯举对肱二头肌进行锻炼，当前臂与地面平行时训练最费劲，这个角度之前或之后，动作都会相对轻松些。在整个举重过程中，抑制呼吸只会起到相反的效果。应该在前臂打破平衡的那一瞬间屏住呼吸。注意，此刻不要吸气，更不要呼气！

进行重复训练或最简单的动作时可以吸气。与吸气不同，呼气应该在动作最困难时进行。在负重训练中很难吸入氧气，这也是为什么在这类训练中总会出现呼吸困难的情况。

良好的呼吸方式是门学问，要想掌握好呼吸方式需要在较长时间的训练中摸索，这也证明了呼吸方式对取得进步的重要性。

轻微耐力运动时的呼吸方式

做轻松或很耗时间的运动时，为了不缺氧应该尽可能地呼吸。这时，虽然会不由自主地想抑制呼吸，但是最好不要这样做。在动作最困难时呼气（如举重），在最轻松时吸气（如负重下楼）。

爆发力训练期间的呼吸方式

应该在接触地面时屏住呼吸，以便动用更多力量而更好地跳跃。一般情况下，自身没有有意识地介入呼吸时，身体也会或多或少的抑制呼吸。此项训练带来的是短暂的抑制，不至于让人缺氧窒息，同时会最大限度地发挥肌肉的力度。

拉伸时的呼吸方式

拉伸时，呼吸方式是相反的。伸展时应放松肌肉，在伸展状态时抑制呼吸会使肌肉变得僵硬。此时应该用吸气来最大限度地消除肌肉的紧张。

组间休息时的呼吸方式

休息时应该顺畅地呼吸，不要过度地深呼吸否则会感到头晕，比较理想的方法是在窗前平静地呼吸。

总结

对于呼吸不应该循规蹈矩，能够保持力量是最重要的。

强壮手臂 —— 54	侧平举 —— 94
正握弯举 —— 58	侧卧哑铃侧平举 —— 96
锤式弯举 —— 60	俯身哑铃侧平举 —— 98
反握弯举 —— 62	肩部拉伸 —— 100
集中弯举 —— 64	侧卧哑铃外旋 —— 104
引体向上 —— 66	冈下肌拉伸 —— 104
弹力带弯举 —— 68	弹力带外旋 —— 105
肱二头肌拉伸 —— 68	强壮胸肌和颈部 —— 106
俯卧撑 —— 70	俯卧撑 —— 107
坐姿或站姿颈后哑铃臂屈伸 —— 72	哑铃卧推 —— 110
仰卧哑铃臂屈伸 —— 74	哑铃飞鸟 —— 112
俯身臂屈伸 —— 76	仰卧直臂上拉 —— 114
徒手臂屈伸 —— 78	弹力带夹胸 —— 116
弹力带臂屈伸 —— 80	爆发力俯卧撑 —— 118
增强式训练 —— 81	扩胸运动 —— 119
肱三头肌拉伸 —— 81	胸肌拉伸 —— 119
前臂 —— 82	颈屈伸 —— 121
腕弯举 —— 82	颈弯举 —— 121
腕屈伸 —— 84	颈部侧弯举 —— 122
前臂拉伸 —— 85	塑造完美的背部肌肉线条 —— 124
扩宽肩膀 —— 86	引体向上 —— 125
哑铃推举 —— 87	哑铃划船 —— 128
前平举 —— 90	仰卧曲臂上拉 —— 130
直立划船 —— 92	背部拉伸 —— 131

第二部分

练 习

哑铃耸肩 —————————— 134	站姿提踵 —————————— 172
哑铃硬拉 —————————— 137	驴式提踵 —————————— 175
脊柱拉伸 —————————— 139	半蹲提踵 —————————— 176
哑铃高翻 —————————— 140	坐姿提踵 —————————— 177
强健大腿前侧肌肉 ————— 142	脚尖跳 ——————————— 178
哑铃深蹲 —————————— 143	小腿拉伸 —————————— 178
单腿深蹲 —————————— 148	优化臀部曲线 ——————— 180
深蹲和借力推 ——————— 149	臀屈伸 ——————————— 182
挺髋蹲 ——————————— 150	髋外展 ——————————— 186
屈髋 ———————————— 152	臀桥 ———————————— 190
箭步蹲 ——————————— 154	臀部拉伸 —————————— 192
腿屈伸 ——————————— 158	髋关节肌群的重要性 ———— 194
跳深 ———————————— 159	髋关节的测试 ——————— 195
股四头肌拉伸 ——————— 160	髋关节拉伸 ————————— 195
强化大腿内侧肌肉 ————— 162	塑造腹部肌肉线条 ————— 196
坐姿大腿内收 ——————— 163	卷腹 ———————————— 200
内收肌拉伸 ————————— 163	仰卧举腿 —————————— 202
强健大腿后侧肌肉 ————— 164	上身侧抬运动 ——————— 206
直腿硬拉 —————————— 165	站姿转体 —————————— 208
坐姿腿弯举 ————————— 167	膈肌与呼吸肌 ——————— 211
俯卧腿弯举 ————————— 168	膈肌收缩 —————————— 212
腘绳肌拉伸 ————————— 170	呼吸练习 —————————— 212
强健小腿肌肉 ——————— 171	必须要拉伸腹肌吗？———— 213

强壮手臂

手臂分为三大肌肉群：肱二头肌、肱三头肌和前臂肌群。

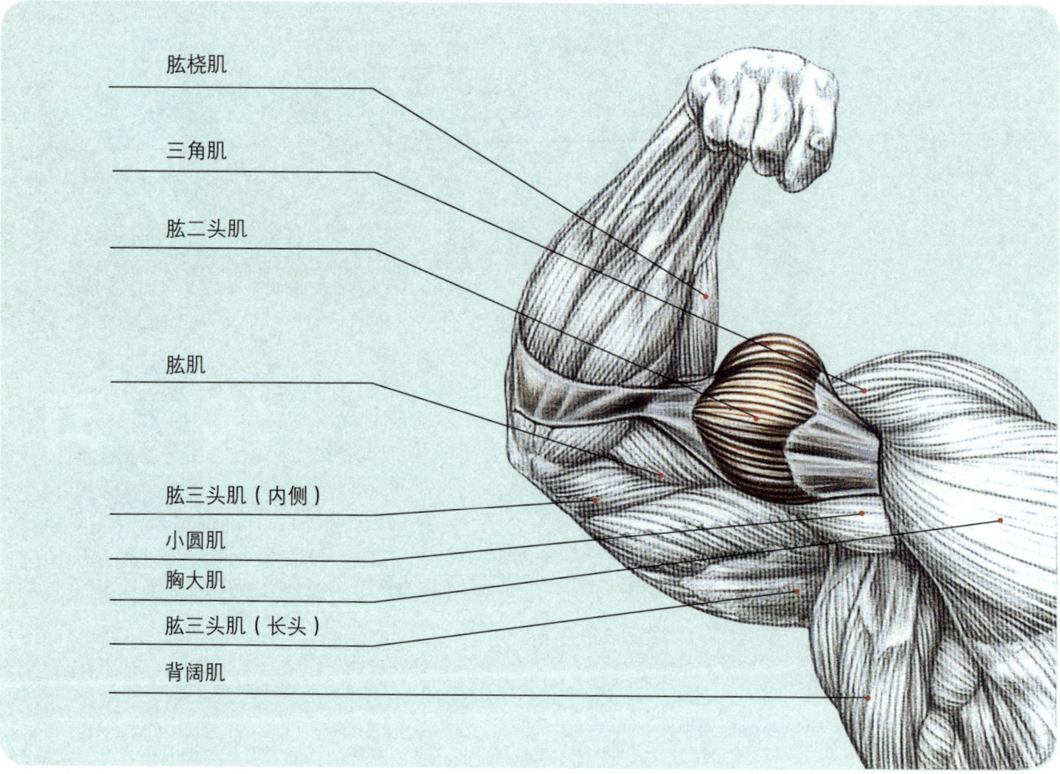

肱桡肌
三角肌
肱二头肌
肱肌
肱三头肌（内侧）
小圆肌
胸大肌
肱三头肌（长头）
背阔肌

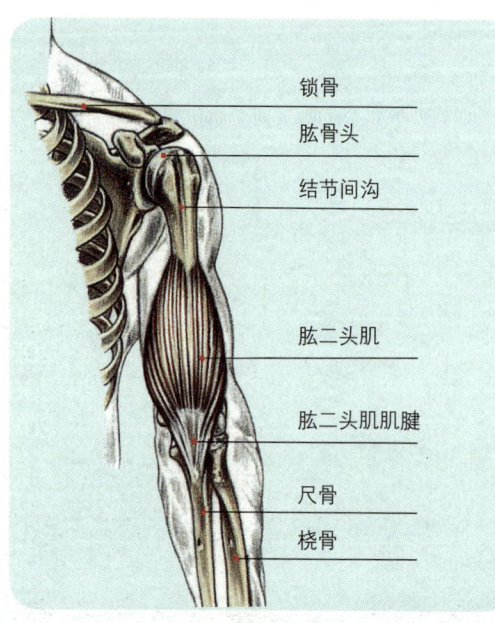

锁骨
肱骨头
结节间沟
肱二头肌
肱二头肌肌腱
尺骨
桡骨

肱二头肌

肱二头肌的作用

手臂肌群里肱二头肌是肌肉健美训练的先驱，这是首先要锻炼的肌肉。肱二头肌通过弯曲手臂就可以显现出来。

想要尽快把胳膊练得肌肉发达，不能只关注肱二头肌，也应注意另外两组肌肉：

> 肱肌：在肱二头肌下面。肱肌也和肱二头肌一样发达吗？答案是否定的。但这也是个好消息，因为这表示通过特定训练，肱肌增厚几厘米不是难题。肱肌发展不足，是由于在日常的肌肉锻炼中很少有针对它的单独训练。

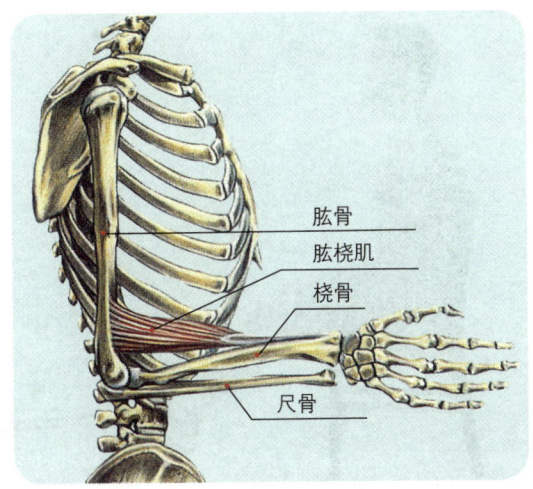

在组成肱二头肌的两个最主要部分中，长头（肱二头肌外侧）是最灵活的，短头（肱二头肌内侧）容易被胸肌所掩盖。因此，为了突出肱二头肌的肌肉线条，短头也要着重练习。

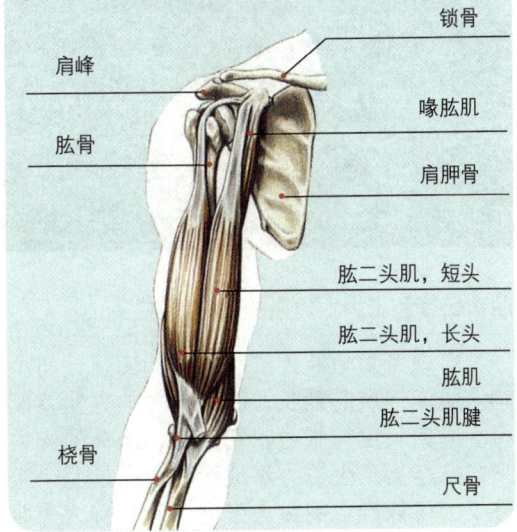

› 肱桡肌：从专业角度来讲，肱桡肌属于前臂肌肉。锻炼肱桡肌会使胳膊变得粗壮，没有它也可以锻炼成粗壮发达的手臂，但是效果不会很明显。通过对肱桡肌的锻炼，即使胳膊厚度没有增厚几厘米，也会看起来很有力量。

只有这三块肌肉协调起来训练，才能更好地锻炼肱二头肌的肌肉线条。

三种握法

1 对握

拇指在上，对握时手臂最有力。当想要积聚力量时最好保持肱二头肌不动，主要通过肱肌和肱桡肌给予手臂力量。

2 正握

小拇指在内侧，大拇指在外侧，对于训练肱二头肌这是最佳位置。

3 反握

大拇指在内侧，小拇指在外侧，此时手臂力量最弱。肱桡肌会介入到此动作中，但肱二头肌的参与较少。

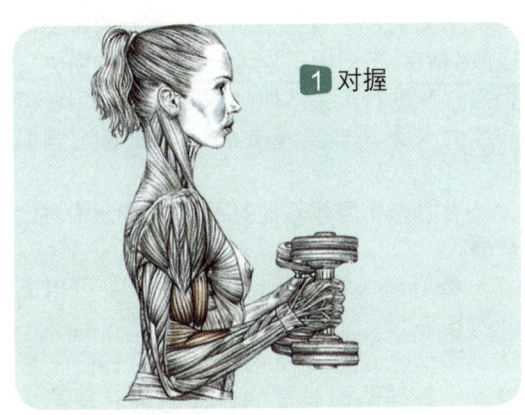

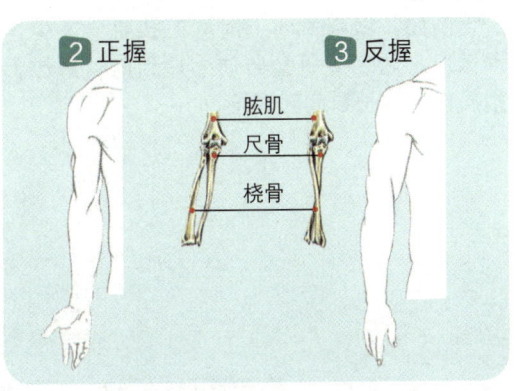

多关节肌的特点

肱二头肌、肱三头肌、腓肠肌、股二头肌和股四头肌都属于多关节肌，即这些肌肉同时附着在身体的两个关节上。胸肌、肩部肌肉和背肌都属于单关节肌，即这些肌肉只附着在身体的一个关节上。多关节肌的力量很强大，这种力量允许肌肉在运动的过程中长度不必改变太多。与单关节肌相比，多关节肌拥有长度和张力的优势。

肌肉长度和张力：力量的秘密所在

肌肉力量随着长度和张力的变化分布不均。肌肉伸展的越长，所能发挥的力量就越多。肌肉长度与张力密切相关，肌肉的张力又与它所能产生的力量成正比。在这两个条件下，可以产生的最大张力，我们称之为肌肉的最佳长度。

此关系对于单关节肌没有太大的意义。当收缩单关节肌时，它会自动再收缩回去。相反，在进行多关节肌的练习时，利用长度和张力关系是非常重要的。伴随着这些肌肉，可以实现：

▶ 当肌肉长度较短时，肌肉力量会相对比较弱。

▶ 当肌肉长度够长时，多关节肌可以充分发挥力量。当伸展一端的同时收缩另端，在这个过程中肌肉所达到的长度是最接近于最佳肌肉长度的，即肌肉获得最大力量的长度。

例如：做引体向上时肱二头肌会发生这种情况。肱二头肌会自动缩短到前臂部位，相反也会伸长到肩部部位。

维持最佳肌肉长度的练习：腿弯举，锻炼大腿后侧。

收缩肌肉的同时，身体前倾，伸展臀部肌肉。

身体继续向前倾的练习：将脚重新置于身体下面，同时胫骨肌肉的长度不要改变太多。

通常情况下，基础练习是用来开发多关节肌肉性能的练习。基于这个原因，此练习比那些只能缩短肌肉长度的单独练习效果要更好。当进行接近于"最佳肌肉长度"的练习时，肌肉会更容易得到增强。

在运动中的应用

跑步时，主要是多关节肌参加运动。如果是单关节肌在运动，那么既跑不快也跑不久，这都是由自然规律决定的。

例如：当大腿肌向前迈出时，腘绳肌会伸展臀部肌肉并且屈膝。当腿摆动到后侧部位时，腘绳肌会收缩牵连臀肌并会伸展膝关节。这一过程促使肌肉长度在接近于最佳长度的同时，还能让我们高效率运动。

肌肉的长度、张力是种性能，想要快速获得力量和大块肌肉就得对肌肉进行完全开发。对于每块肌肉，都应该去考虑它是不是多关节肌；对于所有肌肉，都应该知道它们是否需要基础练习（能更好开发利用这种关系），还是仅需要孤立练习。

肱二头肌是多关节肌中一个标志性例子。

我有比别人更强壮的手臂

不能获得完美对称的肌肉是很正常的，没有人是完美的。只要手臂肌肉强壮，就没有什么值得担心的。

关于手臂的尺寸

粗壮的手臂曲臂最大周长应该是40厘米以上；非常粗壮的手臂是45~47厘米。但是，去测量和规范这种尺寸是很困难的。

肱二头肌训练动作

正握弯举

此项训练主要针对肱二头肌，当然或多或少也会作用于肱肌和肱桡肌上。这是个孤立训练，只是针对肘关节周围肌肉的练习。如果首要目的是拥有大块的肱二头肌，那么单侧练习是更合适的。

! 如果在身体摇摆时，仍试图保持平衡以便举起更大的重量，则有可能会损伤到背部。为了以严格的方式练习，可以在开始锻炼时倚墙而立。

1 手握哑铃，握在中间位置。大拇指在外侧，同时转动肘关节，用肱二头肌的力量弯曲手臂，尽可能高地举起哑铃。为了更好地达到目标，可以慢慢地抬升肘关节，让肱二头肌长头充分收缩。尽量在收缩的位置坚持几秒进行顶峰收缩，再慢慢回到初始位置。

2 3 可以选择双手同时或者两只手交替举哑铃。后一种方法可以使你更有力量。

特别提示

每次重复练习时可以活动一下肘关节或者手向前旋转；热身时手臂放在最轻松的位置。如果选择正握状态，就不要把手举到头，尤其在负重练习时，因为这会损伤肱二头肌。

多样性选择

1 此项训练可以以坐姿进行，也可以以站姿进行。最好先由坐姿开始；觉得吃力时，为了继续也可以站起来练习。

三角肌（前部）
肱三头肌（外侧头）
肱肌
肱桡肌

肱二头肌
肱肌

三种不同的方法：
1. 锻炼肱二头肌
2. 集中刺激肱桡肌
3. 锻炼肱二头肌和肱桡肌

2 可以选择弹力带取代哑铃。既可以站着，也可以平躺在地面上（这样对背部压力小些，动作更规范）。

3 可以双臂弯曲，也可以单臂弯曲，最好是哑铃与弹力带结合使用。

优点　针对肱二头肌的训练是孤立训练，通常用哑铃进行练习，这可以带来更大的运动幅度。使用杠铃无法满足我们对运动幅度的要求，还容易产生伤病。

缺点　很多人会在练习中使用错误姿势作弊，这会严重影响训练效果

锤式弯举

此孤立训练目标针对肱肌和肱桡肌，对肱二头肌作用小。当首要目标是提高肌肉围度时，应尽可能做孤立训练。

当负重很大时要注意背部和手腕。

1 对握哑铃（顾名思义，大拇指在上，手握成拳状），弯曲手臂同时保持大拇指在上，尽量将哑铃举高。为达到目标，可以缓慢举起哑铃；尽量保持几秒的顶峰收缩，再慢慢下降到初始位置。

特别提示

是否选择这项训练取决于肱肌的大小。如果肱肌和肱二头肌的大小一样，这项训练则毫无意义。通常情况是，肱肌远远没有肱二头肌体积大，力量强。这时，锤式弯举才可以发挥其作用。锤式弯举可以代替传统的弯举训练直到肱肌达到应有的水平。

多样性选择

1 此项训练可以以坐姿进行，也可以以站姿进行。训练时最好先由坐姿开始，感觉吃力时，为了继续也可以站起来。

2 可以双臂同时举起哑铃，也可以交替举起哑铃。后一种方法会使你拥有更大的力量。

3 可以使用弹力带取代哑铃或把哑铃和弹力带结合使用。只用弹力带，训练是坐着还是站着就不是很重要了。用前一种方法背部受压会减小，动作更加规范。

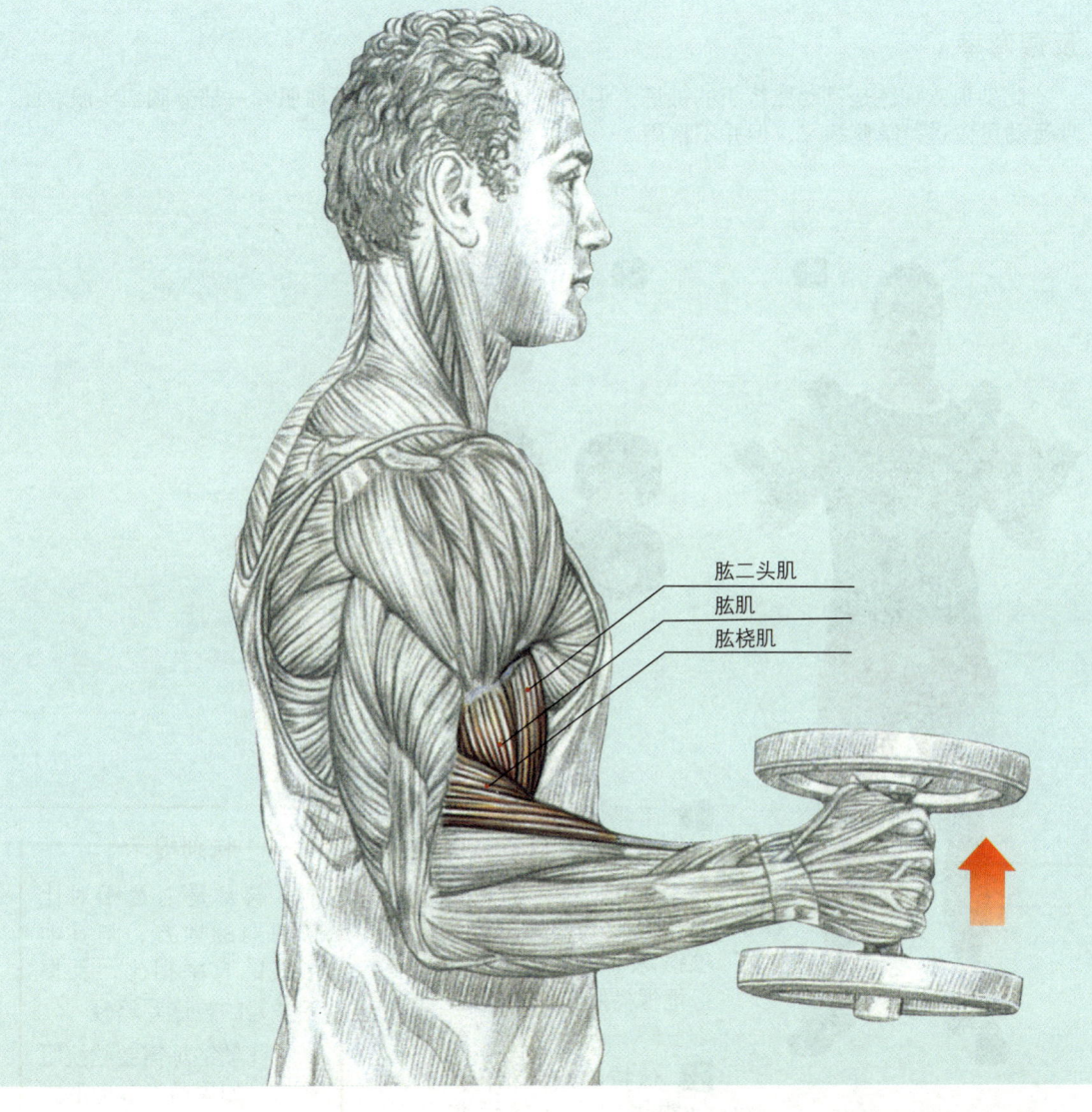

肱二头肌
肱肌
肱桡肌

特别提示
对握时手臂力量强度最大。比起传统弯举，锤式弯举能够举起更多的重量。

注意
初练者，可以做普通弯举或锤式弯举，但两种不能同时存在于同一组训练中。最好是两种方法交替进行。两者间的区别是：一个动作主要受肱二头肌支配；一个动作主要受肱肌支配。

优点　锤式弯举运动可以促进前臂的恢复，这有助于抵抗肌肉锻炼中频繁产生的疼痛。

缺点　锤式弯举并非训练计划中不可或缺的动作，传统的哑铃弯举和背部训练都会练到肱肌。

反握弯举

此项孤立训练是针对肱桡肌的锻炼，但同时也稍微锻炼了一下肱肌和一部分肱二头肌。此项运动可以进行单侧练习，但并不常用。

① 手持哑铃，双手反握，弯曲双臂，始终保持拇指略高于小指，将哑铃上举至最高处。与其他弯举相比，此项锻炼不用抬高肘部，能较好地保持肱桡肌的收缩。

② 保持收缩，稍停片刻，前臂用力尽量靠近肱二头肌，然后再慢慢还原至初始位置。

! 注意，手腕角度要始终保持拇指稍高于小指，从而避免造成前臂扭伤。

特别提示

前臂是力量相对比较薄弱的地方，与其他形式的弯举相比，反握弯举起的重量要略轻。

此项锻炼需要肱桡肌参与。如果通过其他形式的弯举肱桡肌已经非常发达了，那么，这项运动就没有什么用处了。

注意

可以从反握弯举开始练习，如果觉得有困难，稍稍转动手腕，继续练习锤式弯举。

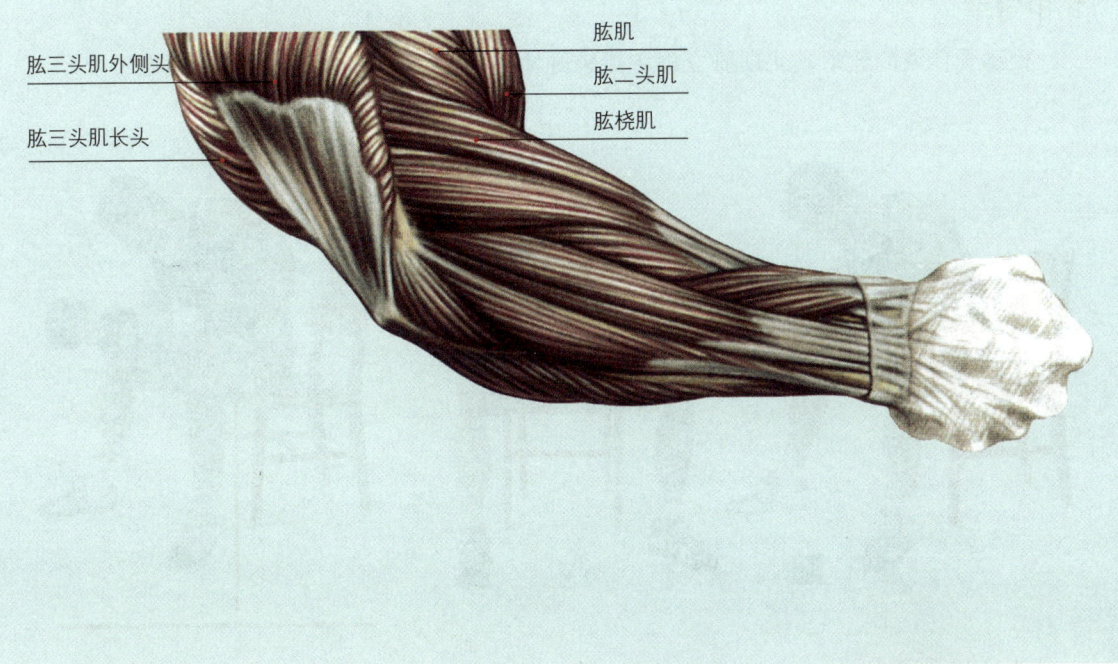

肱三头肌外侧头　　肱肌
肱三头肌长头　　　肱二头肌
　　　　　　　　　肱桡肌

多样性选择

V 坐姿、站姿都能完成反握弯举训练。从坐姿反握弯举开始练习，如果觉得有困难，就先多练习几组站姿弯举。还可以使用弹力带，相比哑铃，使用弹力带能减少手腕受伤的风险。利用弹力带，站立或是仰卧在地都能完成单侧或双侧的锻炼。

优点　和杠铃相比哑铃更能保护我们的手腕免受伤病影响。

缺点　通常我们没必要单独进行这个练习，从理论上说，肱二头肌和背部肌肉的锻炼足以获得发达的肱桡肌。

集中弯举

相比于传统的弯举,此项孤立训练能较好地锻炼肱肌,但对肱二头肌的锻炼较少。

1 坐在椅子上,正握单手持哑铃。肱三头肌紧靠大腿内侧,在肱二头肌的力量带动下弯曲胳膊,将哑铃上举至最高处,但不要抬高肘部。前臂用力尽量靠近肱二头肌,保持收缩,稍停片刻,然后再慢慢还原至初始位置。

多样性选择

V 可以采用反握方式或是锤式方式(拇指在上)锻炼。后者对肱肌的锻炼效果还是很明显的。

! 为使胳膊紧贴在大腿上,身体要尽量坐低,背部呈拱形,为了保护背部,将另一只手扶在大腿上,以此来缓冲脊柱受到的压力。

特别提示

此项训练被认为是锻炼肱肌的较为完整的方式,新手较为有力的肱肌很好地诠释了这一点。

注意

从集中弯举开始练习(正握或对握),当力竭时可以换成反握继续练习。

优点 与传统的弯举运动相比,此练习能更多地锻炼肱肌,更能平衡肱肌的发展。

缺点 这并非很好的增加肌肉量的训练动作,其之所以较为流行,是因为容易进行练习。但单侧练习比较浪费时间。

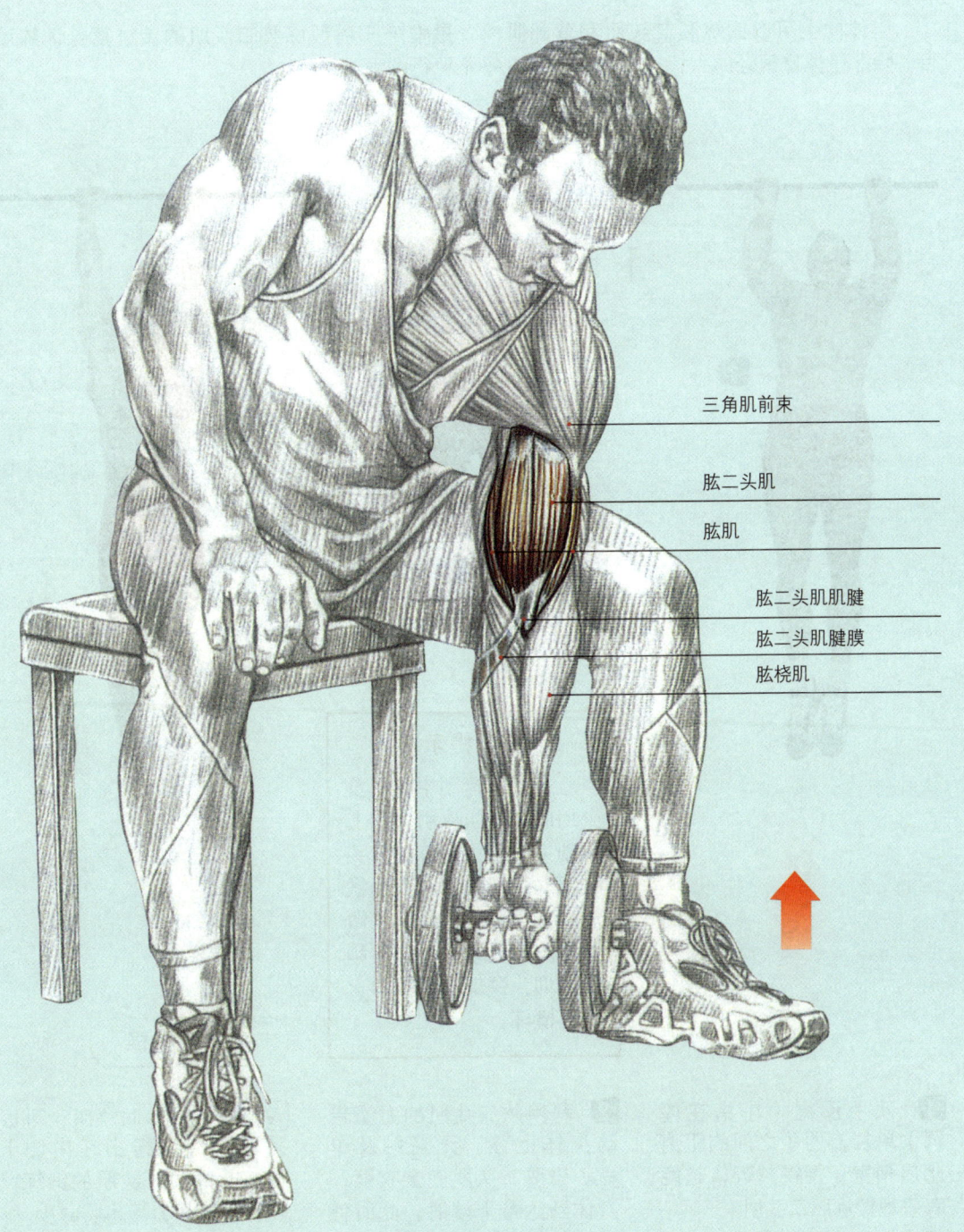

引体向上

引体向上可以锻炼肱二头肌和背部肌肉,是唯一一项锻炼肱二头肌的传统复合训练项目。除非是体重很轻的人,否则单侧练习几乎不可行的。

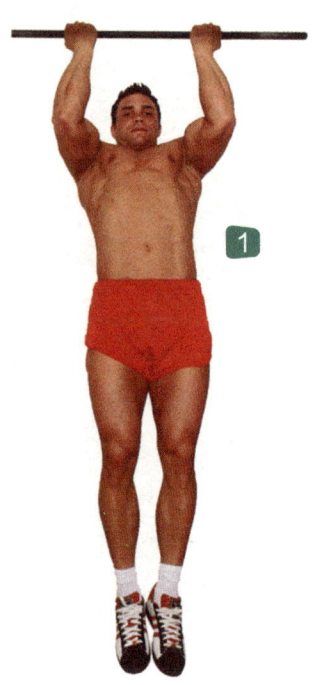

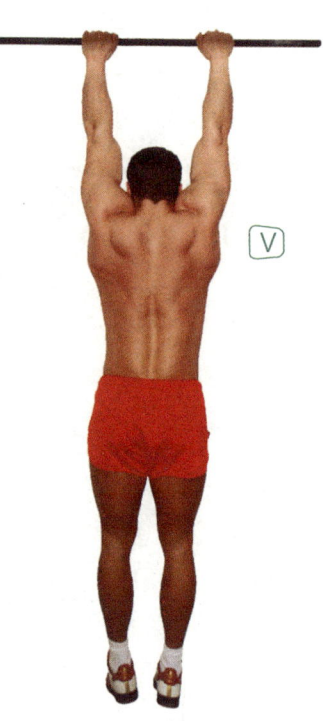

特别提示

在背部运动中要尽量少用肱二头肌,引体向上运动中则偏重锻炼肱二头肌,对背部肌肉收缩的锻炼少了很多。因此,在做引体向上运动时身体要稍微后仰,颈部应尽量向上靠近横杆。

多样性选择

1 双手反握(小指在内侧)单杠,两手之间的距离比肩稍宽。握得越近,越能有效地锻炼肱二头肌。

2 利用肱二头肌的力量带动身体上移,无需触及单杠。当肱二头肌完全收缩,身体到达最上端时,此时停止上移身体,保持该姿势1秒钟后将身体慢慢回落。

V 为了锻炼肱桡肌,可以采取正握(拇指在内侧)位,此时肱二头肌的锻炼减少,手臂的力量也将减少。

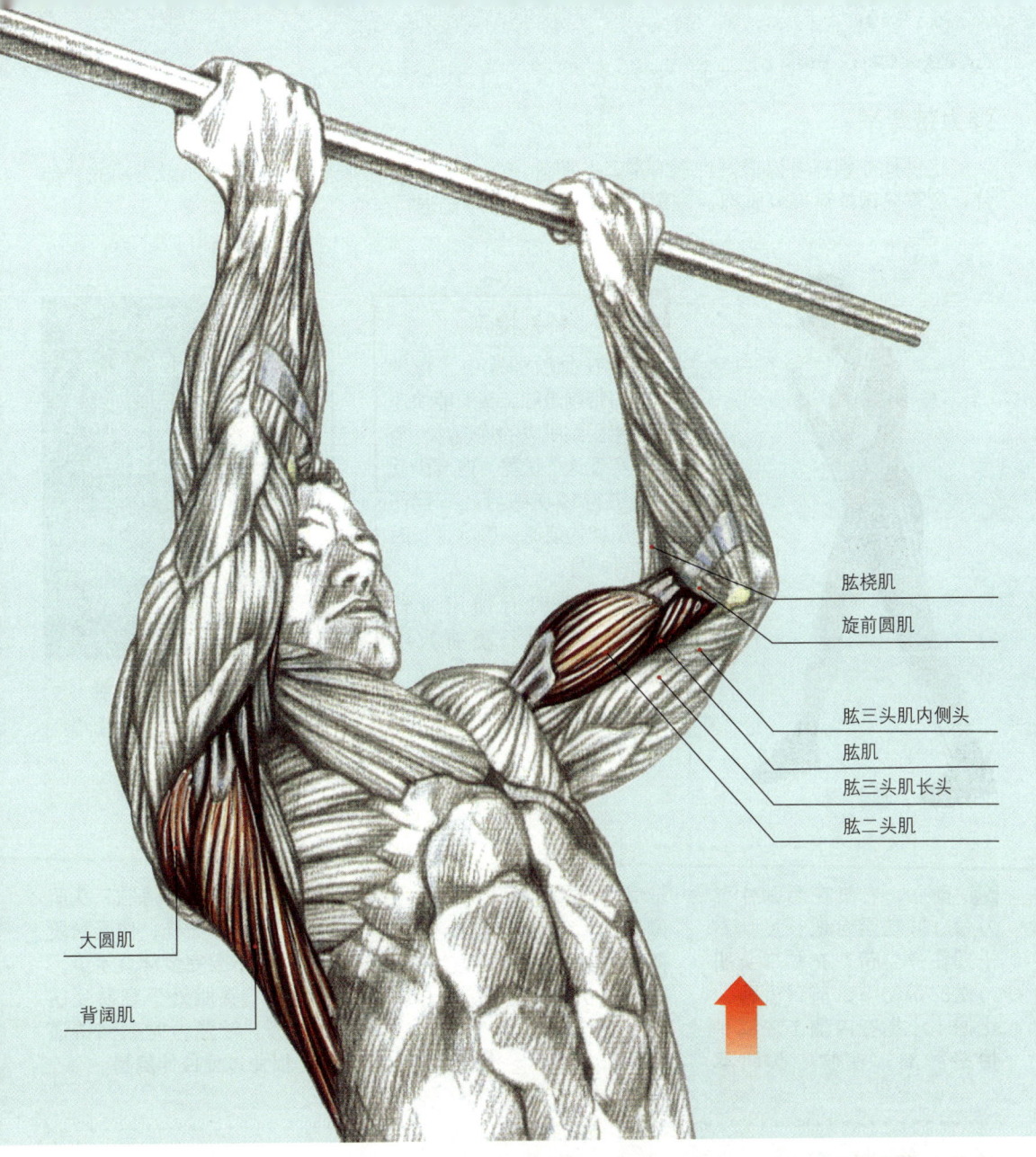

肱桡肌
旋前圆肌
肱三头肌内侧头
肱肌
肱三头肌长头
肱二头肌
大圆肌
背阔肌

特别提示

引体向上能够同时锻炼背部和双臂的肌肉，这样可以在训练中节约时间。

! 当双手呈反握（小指在内侧）时，不要完全拉伸双臂，否则很容易使肱二头肌受损伤。

优点　引体向上是唯一一项传统的锻炼肱二头肌的复合训练。肱二头肌在肩膀处拉伸，在肘部处收缩。拉伸运动完美地利用了肌肉长度与肌肉张力的关系，也成为快速锻炼手臂极有效的运动。

缺点　不是所有的人都能够完成这项训练，此时，可以双脚着地以减轻负重，或者只做该运动的下降部分，同时借助椅子以使身体重新上移。

弹力带弯举

这项孤立训练可以很好地锻炼肱二头肌外侧头。肱二头肌外侧头是肱二头肌最常用的一部分，应首先锻炼这部分肌肉。注意，此项运动只可单侧进行。

特别提示

在此项训练中，拉伸弹力带刺激肱二头肌能快速地感受到肌肉的灼烧感，为了实现这一优势，应至少反复进行12次练习。一旦产生肌肉灼烧感，应尽量长时间保持住。

也可同时使用哑铃和弹力带进行更有效地锻炼。

优点 此项运动还能够拉伸肩部，肱二头肌上部能得到充分拉伸，下部也得到了充分收缩，与其他形式的弯举动作相比，此动作更多利用了肌肉长度和肌肉张力的关系，这足以说明这项锻炼的有效性。

缺点 对于那些繁忙的人来说，单侧锻炼较浪费时间。

① 直立，右脚在后踩住弹力带，并拉至合适长度。右手握住弹力带，在肱二头肌力量的带动下，前臂上移，正握（小指在内侧）。稍稍抬高肘部，使肱二头肌尽量完全收缩，保持收缩，稍停片刻，然后再慢慢还原至初始位置。右臂的锻炼完成后，就立刻换左臂练习。

! 如同所有锻炼肱二头肌的动作一样，伸展阶段时不要完全伸直手臂，避免肱二头肌处于容易受伤的状态。注意，时刻保持谨慎，以免过度拉伸肩膀。

肱二头肌拉伸

① 为了较好地拉伸肱二头肌，将手放在椅背上，手扶椅子慢慢旋转背部。同时，从高到低、从低到高旋转手腕，可以更好地拉伸肱二头肌的两个头。注意，不要剧烈拉伸，否则很容易使肌肉受伤。

第二部分 练习

肱三头肌

肱三头肌的作用

肱三头肌是肱二头肌和肱肌的拮抗肌，在肱二头肌和肱肌收缩完成动作的过程中，肱三头肌会被拉长。理想的情况是，肱三头肌体积比肱二头肌和肱肌的总和还要稍大一点。然而，它通常并不发达，但是有规律地锻炼肱三头肌，很快就能增加手臂围度。

肱三头肌由三部分组成，最容易看到的是外侧头（它位于外侧），另外两部分被遮掩了。为了能较快锻炼出强健的臂膀，外侧头应该是最先得到锻炼的一部分。

! 出乎意料的是，肱三头肌的长头在所有背部运动中都能够得到锻炼，肱三头肌的三部分肌肉是多关节肌肉。肱三头肌长头不仅能伸展手臂，还能与背部肌肉协同合作使手臂靠近身体。注意，一定要在锻炼背部之前活动肘部，以避免肘部受到伤害。

多样性选择

V 为了能更多地锻炼到肱肌，可以采用对握（拇指在上）。也可以从正握开始锻炼，如果觉得有困难，就旋转一下手腕，恢复对握，继续练习。脚下稍微松开一点弹力带，适当减少阻力，以便能尽可能多的进行重复练习。

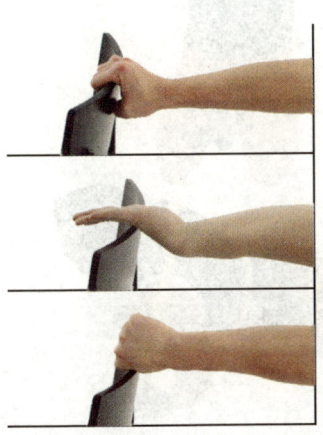

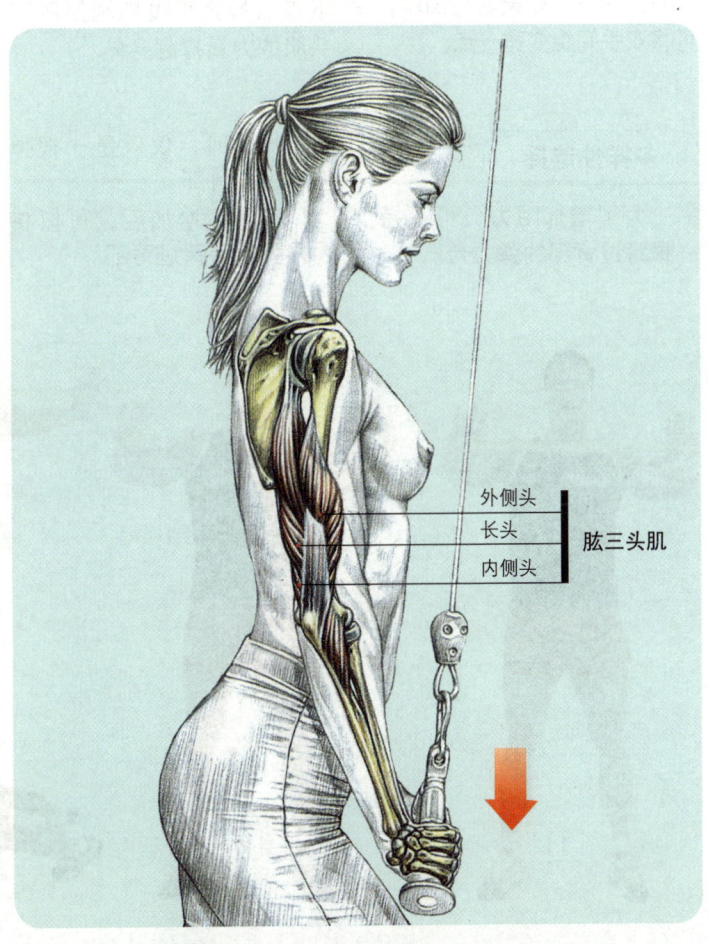

外侧头
长头 } 肱三头肌
内侧头

肱三头肌训练动作

俯卧撑

这项复合训练是针对锻炼肱三头肌、肩部肌肉和胸部肌肉的。只有体重很轻的人才可进行单侧锻炼。

1 双手撑地，双手之间的距离与肩同宽，如果觉得困难，可将双手间距变宽一点。

2 身体慢慢下落，落到最低点后最大限度地利用肱三头肌的力量撑起身体。

> **特别提示**
>
> 为了较好地锻炼肱三头肌外侧，可稍稍将双手相对放置，或者变化上半身和手臂之间的角度，将双手放在能最好地锻炼肱三头肌的位置，也就是放在介于肩部与胸部之间的位置。
>
> **注意**
>
> 双手之间距离越窄，肱三头肌越能得到锻炼。双手窄距做该动作时较少地用到胸肌，所以在双手间距较窄时会觉得力量较小。

多样性选择

为了增加阻力，可手持一根跨过背部的弹力带。

1 开始时，仅仅是一根弹力带跨过背部。

2 当力量增加后，可以将两根弹力带跨过背部。

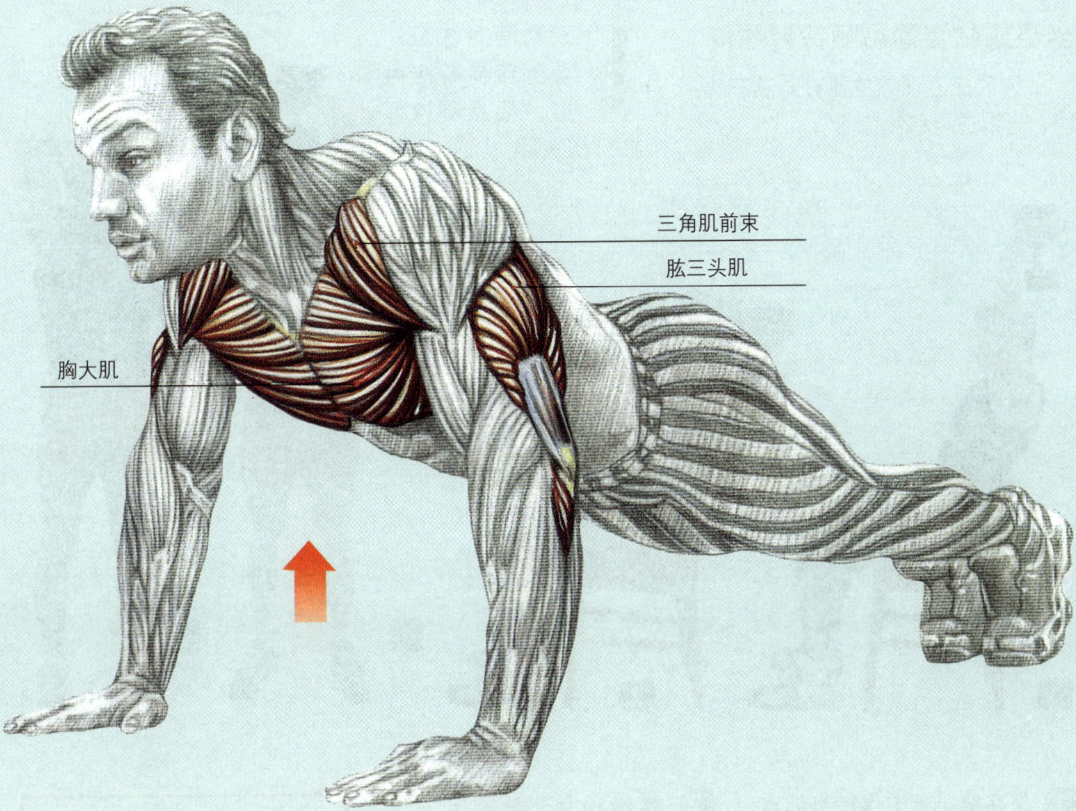

三角肌前束
肱三头肌
胸大肌

优点　此项训练很容易变换阻力。如果体重很重，应开始时练习曲膝俯卧撑。同样，在运动的最后，如果没有更多的力量来练习传统的俯卧撑，又想进行更多的重复锻炼，那就继续练习曲膝俯卧撑。俯卧撑是利用肱三头肌长头的长度和张力关系来锻炼肱三头肌的动作。

缺点　此动作不是专门针对肱三头肌的孤立练习，而且俯卧撑也并不是适合所有体型的人。如果手臂较长，不仅锻炼时比较痛苦，锻炼效果也不会太好。

! 不是所有人的手腕都适合做俯卧撑。为了使腕部不受太多的伤害，可以垫高手掌撑地处以降低训练难度。专门练习俯卧撑的特殊手柄可以在运动器材商店里买到，这种器材能增加运动幅度，同时可以降低手腕扭伤的风险。

坐姿或站姿颈后哑铃臂屈伸

这项孤立训练主要针对肱三头肌，可以进行单侧练习。

! 双侧同时练习，背部容易弯成弓形，而且哑铃容易打伤头部

① 坐在椅子上或保持身体直立，双手持哑铃（两侧练习）或单手持哑铃（单侧练习）。

② 将哑铃举至头部后方，肘部与小指向上。利用肱三头肌的力量伸直手臂，然后慢慢落下。

多样性选择

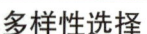
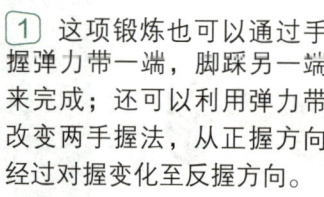

① 这项锻炼也可以通过手握弹力带一端，脚踩另一端来完成；还可以利用弹力带改变两手握法，从正握方向经过对握变化至反握方向。

② 双侧练习时，最好保持肌肉持续紧张，即不要完全伸直双臂。相反，单侧练习时，应伸直双臂以便较好地收缩肱三头肌。

特别提示

单侧练习的动作幅度要稍大于双侧练习时的动作幅度。

注意

双臂应基本与地面垂直。

优点　在锻炼肱三头肌的动作中，此动作的拉伸效果是最好的。

缺点　肘部被生硬地带动参与锻炼。为了保护肘部不受伤害，应控制好动作。此动作不能利用肱三头肌长度与肌张力的关系。

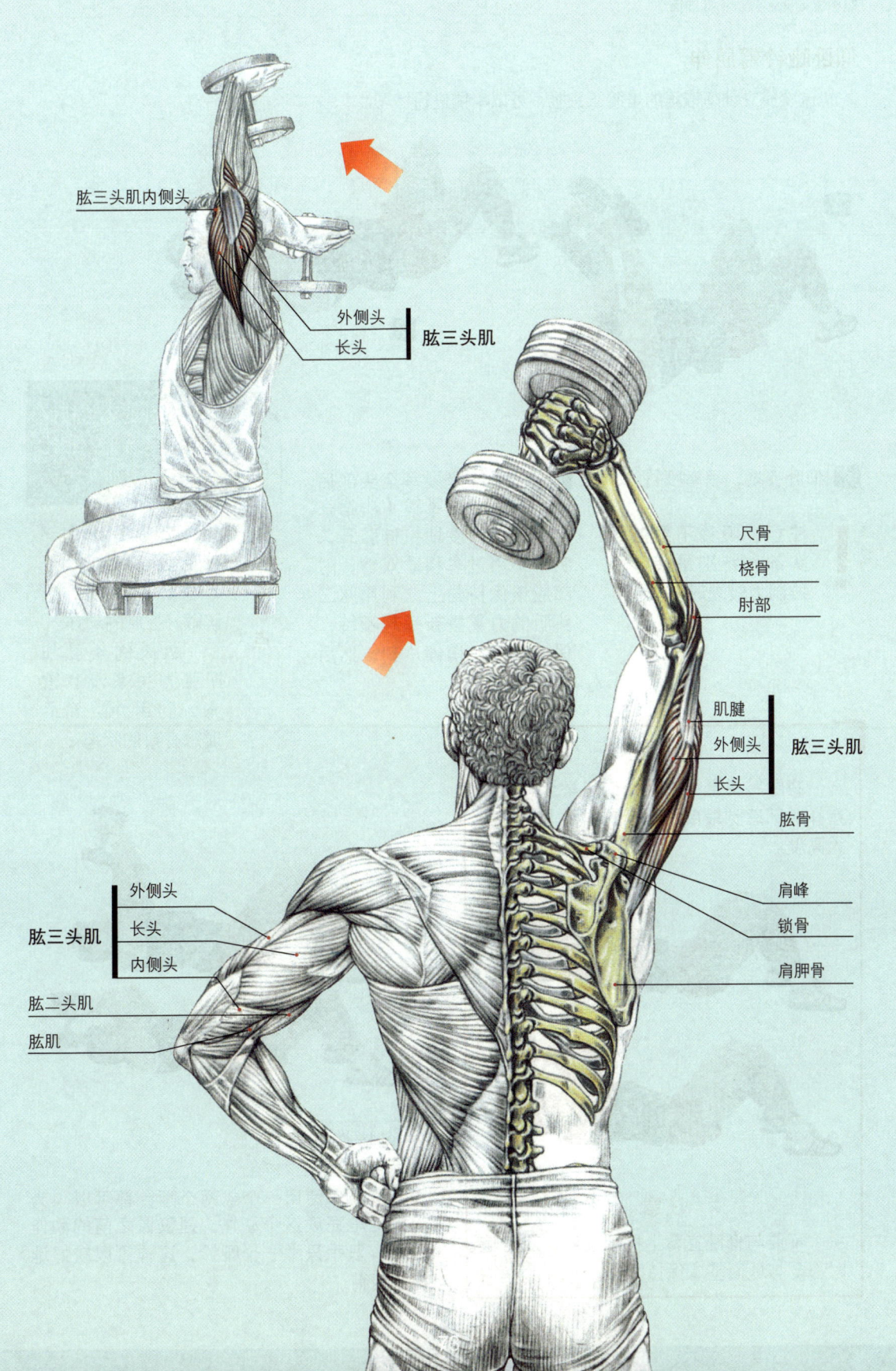

仰卧哑铃臂屈伸

这项孤立训练锻炼的是肱三头肌，可以单侧进行练习。

1 仰卧在地，手举哑铃。

! 注意，哑铃不要碰到头部，特别是疲劳、控制力较差时。

2 将哑铃慢慢举至头部后面，双手对握哑铃（小指在上）最大限度地拉伸肱三头肌，不用过多移动双臂，肘部应该保持向上，利用肱三头肌的力量重新举起哑铃，保持收缩，稍停片刻，然后再慢慢放下。

优点　仰卧的姿势较好地保护了背部，相比站姿练习更加安全。

缺点　此项训练对肘部刺激较大，因此为了不过度伤害肘部，应该做好控制的动作。
肌肉的长度和肌张力关系没有被充分利用并达到最理想有效的状态。

特别提示

将哑铃举至头部后面或是举至耳处，选择肘部感觉最自然的位置作为上举的最大高度。

注意

不要与仰卧直臂上拉相混淆，双臂随时都要与地面基本保持垂直。

多样性选择

V 该动作使用一个或两个哑铃都可以。为了更好地完成这个动作，建议像之前的动作一样，双手只举一个哑铃，这样可以较好地控制负荷。

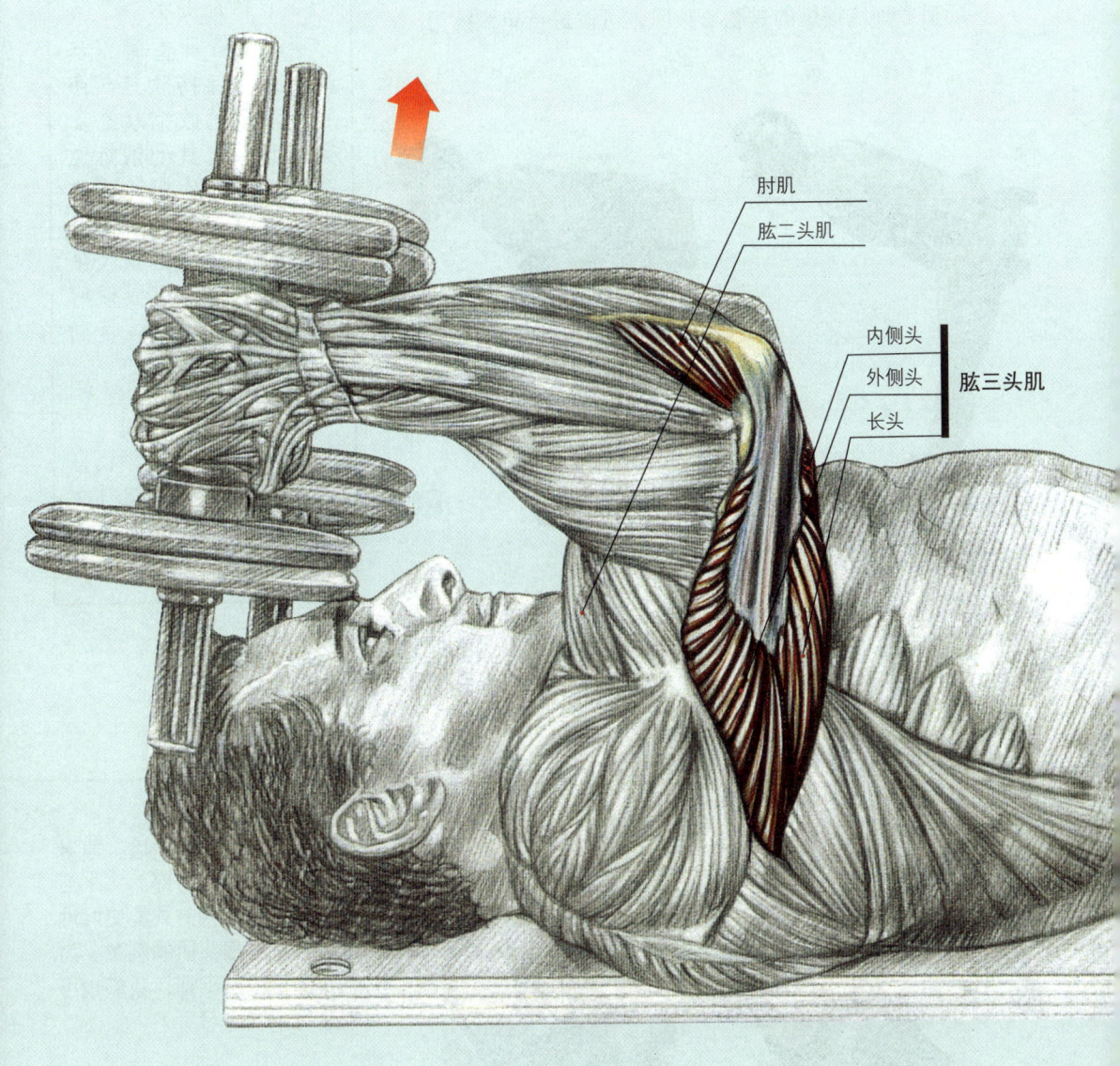

俯身臂屈伸

这项孤立训练锻炼的是肱三头肌，可以进行单侧练习。

特别提示

当双臂伸直时，尽量长时间保持肱三头肌最大限度的收缩状态。实际上，与其他锻炼肱三头肌的动作相比，在此动作中为保持双臂伸直，肌肉会产生很大张力。这个动作可以很好地刺激肱三头肌，达到很好的训练效果。

注意

肌肉收缩时，稍稍将小指向外侧转动，这样能更有针对性地锻炼肱三头肌外侧。

1 上身前倾，双手对握哑铃（拇指在下）。双臂紧贴体侧，与地面平行。

2 放低哑铃使前臂与地面垂直，利用肱三头肌的力量伸直双臂，保持双臂肌肉收缩紧绷，片刻后慢慢放下。

多样性选择

Ⅴ 可以保持肘部向后，或者是稍稍向上抬高肘部。对某些人而言，后一种方式能更好地感受到对肱三头肌的刺激。为了身体更稳定平衡，我们也可以进行单侧练习。

! 两侧同时锻炼时，会刺激背部下方；单侧锻炼时，可将另一侧手臂压在大腿上，这样能够支撑脊柱。

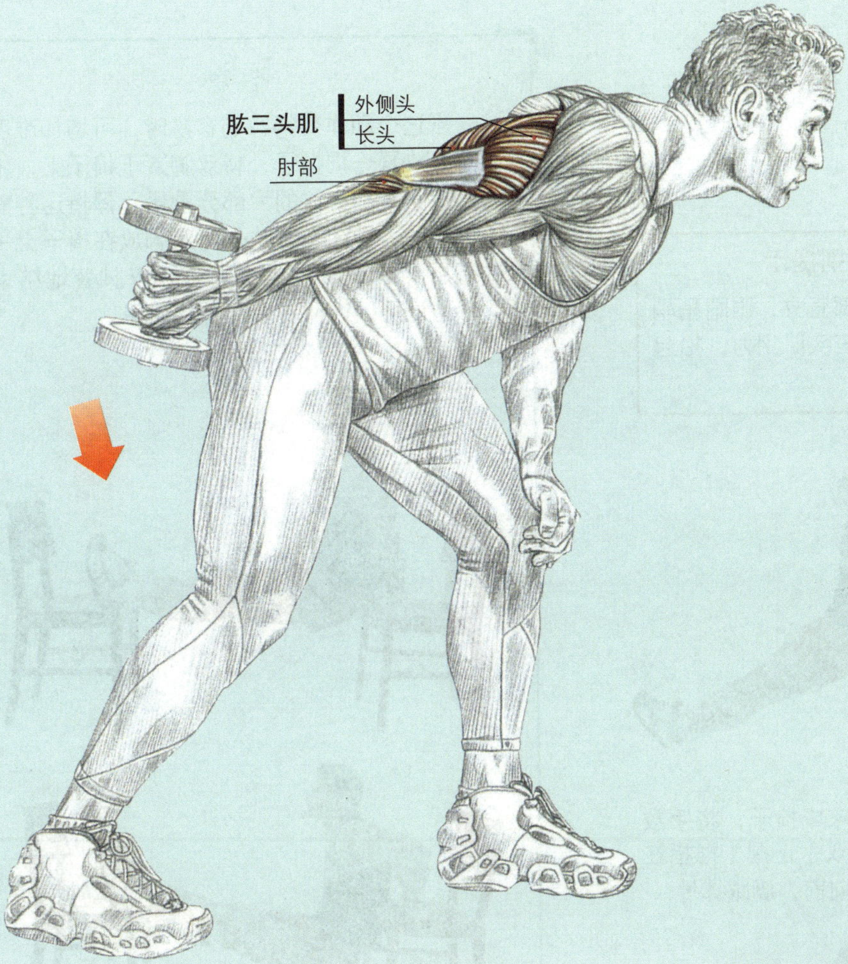

肱三头肌 外侧头
长头
肘部

优点	这项锻炼肱三头肌的动作，对肘部的刺激较小。其他运动虽然能够锻炼肱三头肌，但稍不留神便会损伤肘部，肘部会感到疼痛。
缺点	这个动作伸展幅度小，有些人很难感受到锻炼效果，可以借助弹力带解决这一问题。此动作无法利用肌肉长度与肌张力关系。

徒手臂屈伸

这项复合训练锻炼的是肱三头肌、胸肌和肩部肌肉,无法进行单侧练习。

> **特别提示**
>
> 保持头部直立,眼睛稍稍向上看,肱三头肌用力,抬起身体。

1 背部朝向床或椅子,将手放在其边缘上,双手正握(拇指在内侧),双腿向前,脚跟撑地。

2 弯曲双臂,降低重心,然后利用肱三头肌的力量重新抬起身体。动作幅度无需太大,身体离地50厘米左右就足够了。

! 注意,身体一定要保持平稳,尤其是双脚也抬高时。动作过程中如果松手,极有可能受伤。

> **注意**
>
> 当这个动作变得特别容易时,可增加难度。在前方放置一把椅子,将双脚置于椅子上,依靠肱三头肌支撑身体的大部分重量,保持这种静态练习。另一种练习方法是将双脚放在椅子上手臂进行屈伸运动,一旦失败,以双脚着地结束练习,这样可以进行更多次重复练习。

为了得到更大的阻力,可将双脚放在高于臀部的地方,或在大腿上加上负重。

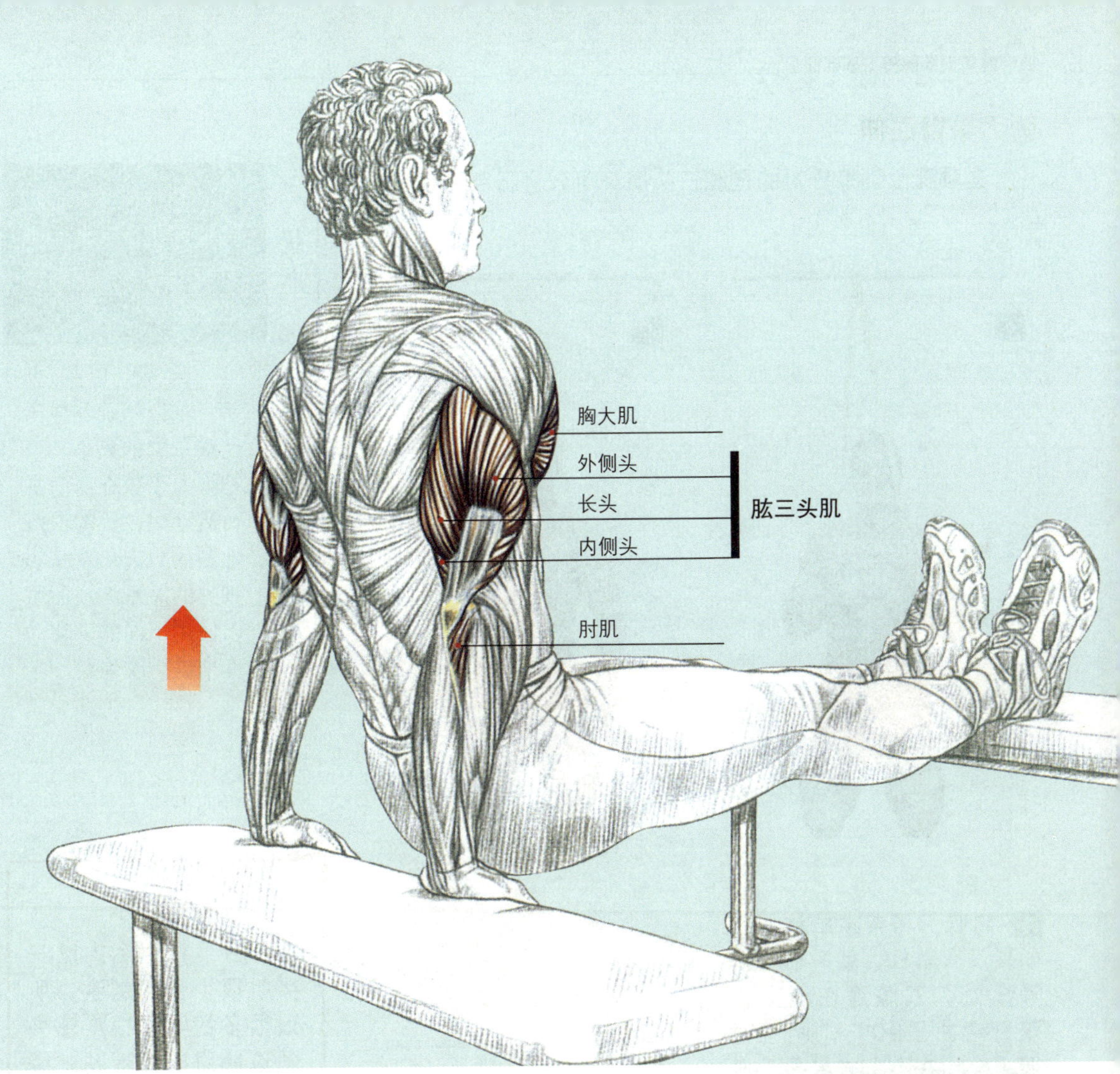

胸大肌
外侧头
长头 — 肱三头肌
内侧头
肘肌

多样性选择

[V] 可改变两手间距以找出最适合锻炼肱三头肌的位置。保持腿部弯曲能够比较容易地完成这个动作。对于初学者，可以在开始练习时伸直腿部，觉得有困难之后再使之弯曲，以便进行多次重复练习。

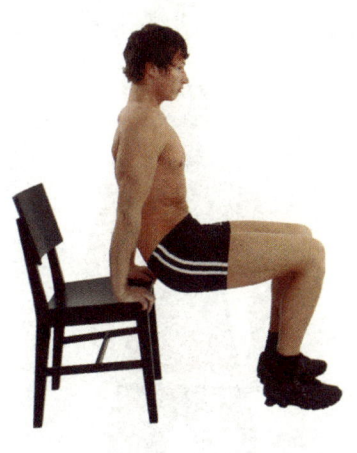

[V]

优点 尽管徒手臂屈伸类似于俯卧撑，但因在这一动作中肱三头肌承担的负重较轻，所以更容易完成。

此项运动能较好地利用肱三头肌的长度和肌张力的关系。

缺点 由于受到肩部和胸部的限制，这个动作很难孤立锻炼肱三头肌。

弹力带臂屈伸

这项孤立训练针对的是肱三头肌，可以进行单侧练习。

对握 ▶

▲ 正握

优点　与徒手练习或哑铃练习相比，使用弹力带进行练习对肘部的伤害较小。

缺点　只使用弹力带，难以精确测量出运动抗力的大小。当把弹力带放在身前进行运动时，不能很好地利用肌肉长度和肌张力的关系。我们可以使用下面的变化动作来进行改善。

① 将弹力带系在单杠上，如果没有单杠，就系在门框等高处。双膝跪在地上，双臂弯曲呈90°，两手对握（拇指在上）或者是正握（拇指在内侧）；也可以采用这两种方式的中间方式，选择能够最好收缩肱三头肌的握法。

② 下压弹力带，伸直双臂，保持肌肉收缩片刻后回到初始位置。

多样性选择

[V] 把弹力带系在单杠上，在肱二头肌的带动下，身体稍微前倾。这样，肱三头肌的伸展效果会比较好。

特别提示

由于在生活中肱三头肌很少受到刺激，所以很多初学者很难感受到这块肌肉的运动。缓慢的动作能更好感受到肱三头肌的运动。

注意

肌肉收缩时，可以将双手稍微分开，不需要时刻都改变两手位置，能找到最适合的锻炼位置即可，像这种所有的握法都同样有效的情况是很少见的。

增强式训练

1. 针对肱三头肌的增强式训练是面向墙壁或地面做爆发力俯卧撑。为了能习惯和适应这种训练，可以从站姿朝向墙壁做俯卧撑这种方式开始练习。站在墙壁前，双手间距与肩同宽。

2. 身体靠墙，利用手臂力量重新撑起身体，应避免身体碰到墙壁。

   身体离墙壁越远，练习难度越大。

优点：通过这个动作的练习，可以提高推开物体或对手的能力，如橄榄球、武术、投掷运动等。

缺点：在地面做俯卧撑时，力量不要过大，以免碰伤头部。

! 此动作对肘关节和肩关节的损伤较重。

特别提示

手臂弯曲越大，这个动作的难度就越大。双臂伸直进行练习会比较容易，但是这样的训练没有效果，同时也很危险。所以，双臂应至少保持一点点弯曲。

注意

像所有的增强式训练一样，双手接触墙壁或地面的时间应该尽量短。因此，双手一旦触及墙壁或地面，身体就要立刻弹回原位。

多样性选择

从靠墙壁较近的位置开始练习，然后逐渐远离墙壁。当感觉准备充分后，变换到俯卧姿势，可以先用膝盖撑地开始练习，掌握后再过渡到脚撑地练习。

肱三头肌拉伸

1. 抬起右臂，肱二头肌贴近头部。右手握住弹力带一端，左手拉紧弹力带，最大限度地弯曲右臂。理想的状态是右手能够在背部触及右肩。

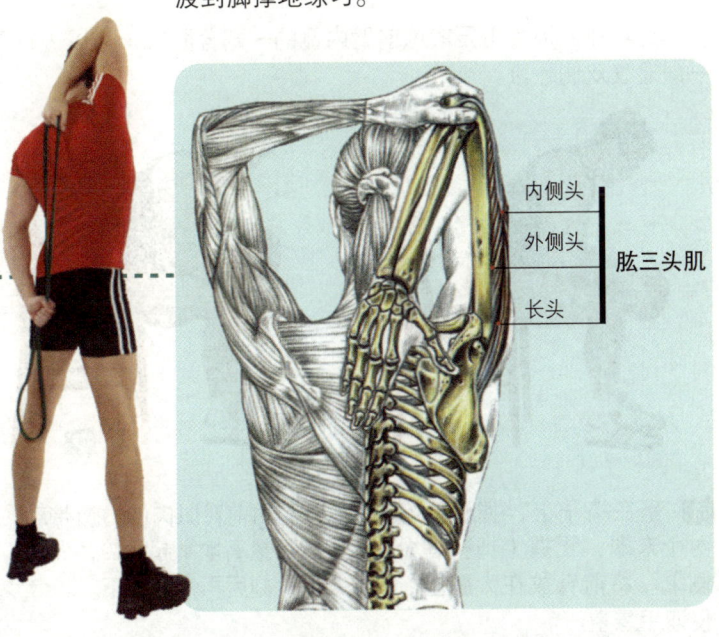

内侧头 / 外侧头 / 长头 — 肱三头肌

前臂

前臂的作用

前臂的肌肉与很多肌肉相关联，所以能同时参与以下动作：
- 攥拳和松开手。
- 抬起和放下手腕。
- 抬起和放下前臂。

前臂参与手臂和上半身肌肉锻炼的所有动作（除了腹肌训练）。在许多锻炼中，前臂肌肉的力量是个制约因素。如果前臂肌肉力量不足，应加强锻炼。与肌肉健美训练不同，在许多体育项目中，前臂作用不大，因此应根据自身需要进行安排。

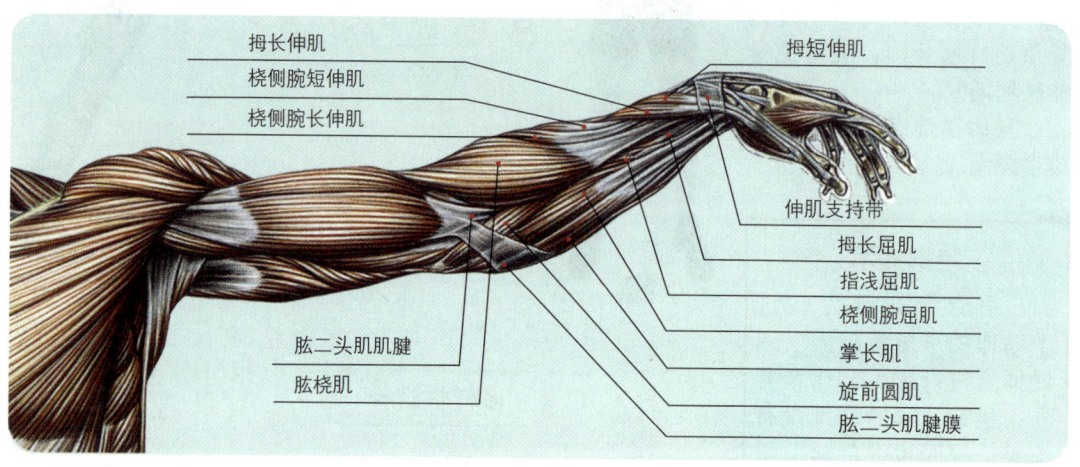

前臂训练动作

腕弯举

这项孤立训练主要锻炼前臂内侧的一部分肌肉，可以进行单侧练习，但为了不浪费时间，一般建议双侧练习。

① 坐在椅子上，握住哑铃两个末端，正握（拇指在外侧）。将前臂放在大腿上，使双手悬空。

② 利用前臂肌肉的力量带动手腕尽量高地举起哑铃，保持收缩片刻后再慢慢放下。

③ 双臂越弯曲，受力就会越大。

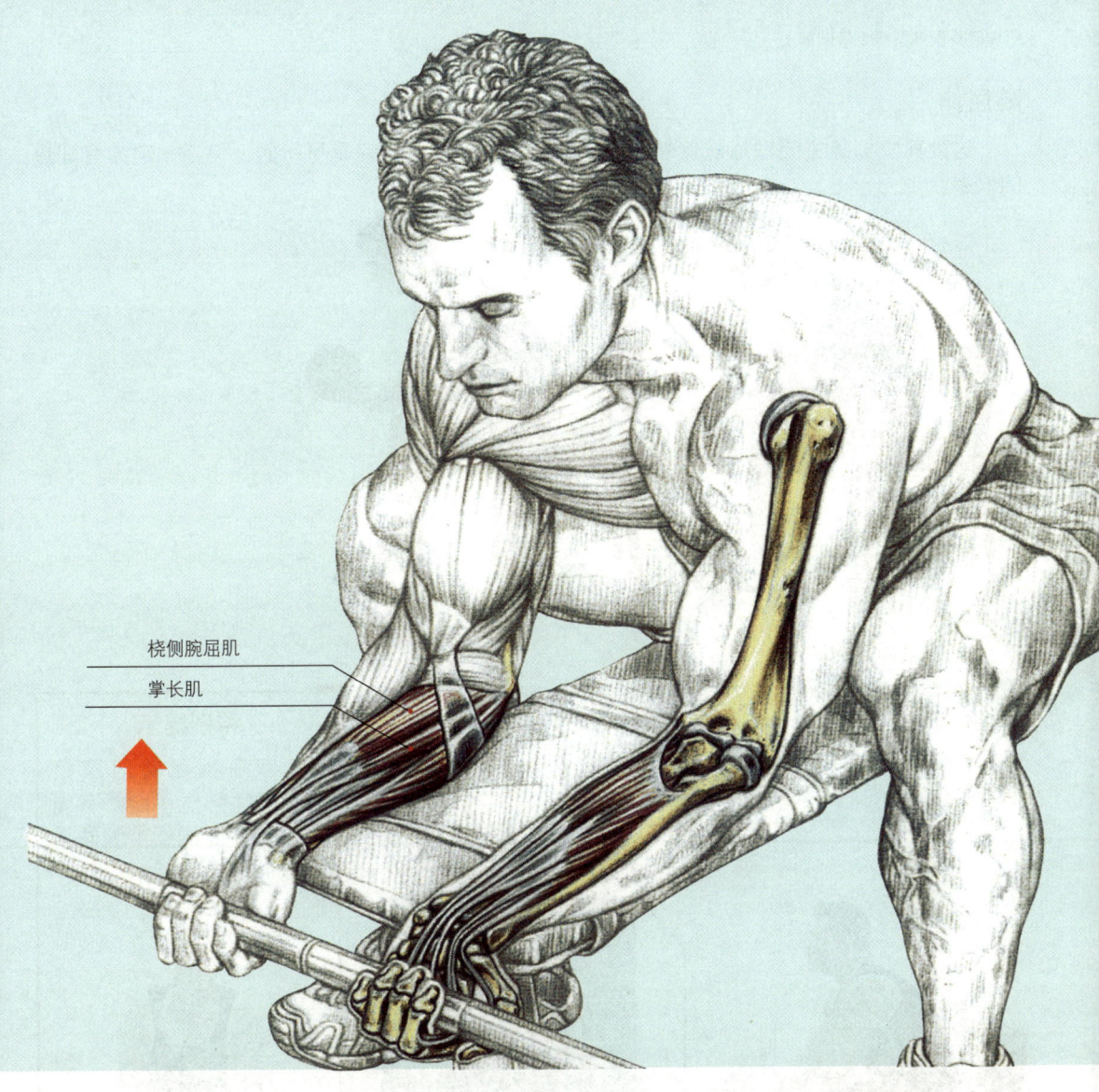

桡侧腕屈肌
掌长肌

! 手腕关节是脆弱却又经常被刺激到的部位。因此更适合利用重量轻的杠铃或哑铃做15~20次重复练习，不宜使用重量重的杠铃或哑铃做次数少的重复练习。

特别提示

这不是爆发式动作，要慢慢地进行这项练习。

注意

如果运动项目不需要健壮的前臂或者前臂的力量不是太弱，就不需要专门进行腕弯举练习。

多样性选择

进行单侧练习是可行的，但是比较危险。单侧手腕比较柔软。握住哑铃时，处于不稳定的状态，所以单侧练习时，运动幅度不要太大。

优点：腕弯举可以为日后进行肱二头肌和背部训练提供更多的力量。

缺点：容易造成过度训练。

腕屈伸

这项孤立训练主要锻炼前臂外侧的一部分肌肉，单侧练习是可行的，但不一定会有理想的效果。

1 坐在椅子上，握住哑铃两个末端，反握（拇指在内侧），前臂放在大腿上，双手悬空。

2 利用前臂肌肉的力量带动手腕尽量高地抬起哑铃。保持收缩片刻后再慢慢放下。

特别提示

双手握哑铃时应自然，如果感觉手腕处有痛感，应立即调整手腕倾斜角度进行练习。

多样性选择

双臂弯曲90°开始练习。力竭后，可伸直手臂练习，因为手臂伸得越直，力量就会越大。

优点

针对肱二头肌、肱三头肌和背部肌肉的练习，能很好地促进腕屈肌的发展，但腕伸肌没有得到较好的发展。因此，在屈肌和伸肌间就会形成一种不平衡性，这种肌肉间的不平衡性可能引起运动伤害。如此看来，腕屈伸比腕弯举更能平衡发展前臂肌肉。

缺点

对于初学者而言有点浪费时间。

注意

我们可以进行超级组练习，开始时先进行腕弯举练习；然后再使用腕屈伸充分刺激肌肉。

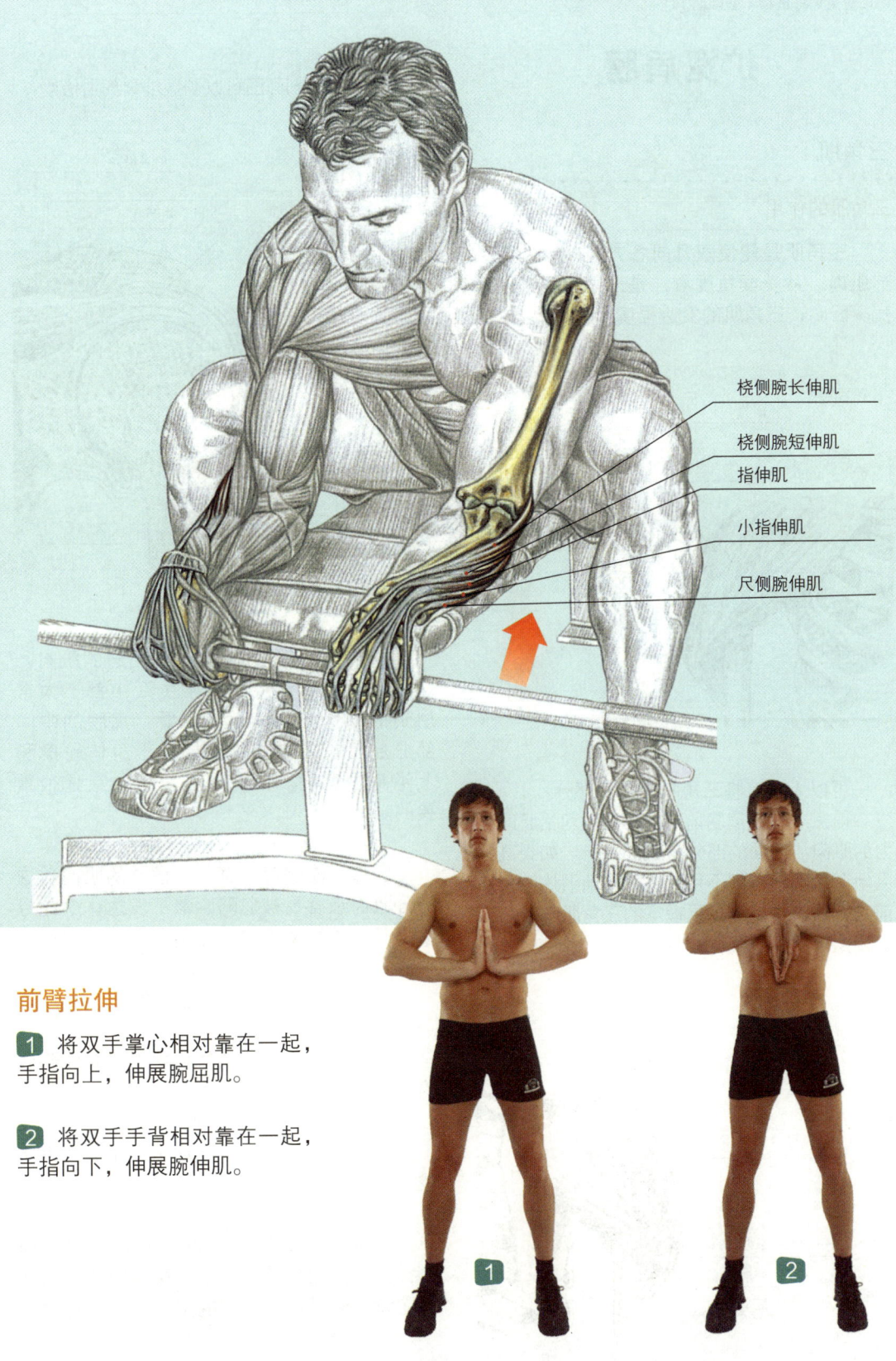

桡侧腕长伸肌
桡侧腕短伸肌
指伸肌
小指伸肌
尺侧腕伸肌

前臂拉伸

1️⃣ 将双手掌心相对靠在一起，手指向上，伸展腕屈肌。

2️⃣ 将双手手背相对靠在一起，手指向下，伸展腕伸肌。

扩宽肩膀

三角肌

三角肌的作用

三角肌是能使双臂向各方向转动的单关节肌肉。从美学角度看，是三角肌限定了肩宽。因此，三角肌的发达程度尤为重要。

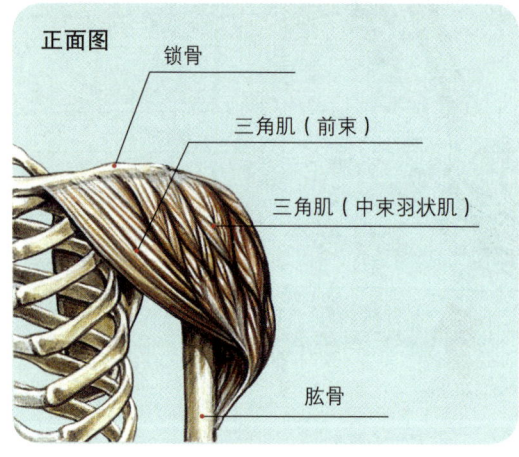

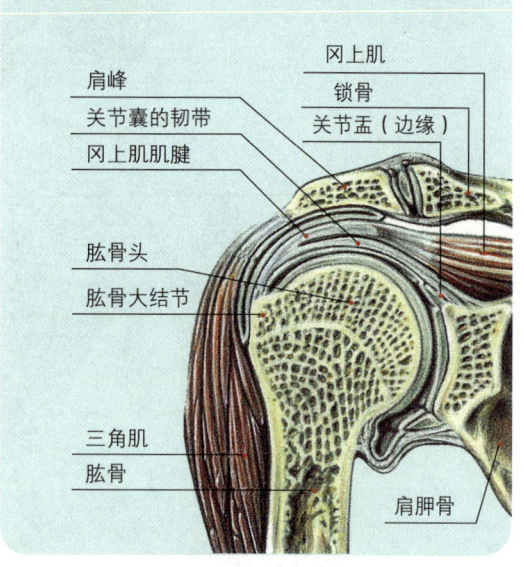

从肩关节的剖面图可以明显地看到滑液囊

可以人为地将三角肌分为三部分：

前束。位于肩膀前部，手臂向前抬起时发力的肌肉。前面的部分与胸部平行。如果高强度地锻炼胸部，则不用太过刻意地锻炼三角肌前束，因为这是最容易锻炼的三角肌部分，还能减少对肩关节及肘关节的损伤。

中束。能够将手臂向侧面抬起的肌肉，这是在体育运动或者日常生活中都不太常用到的动作。从美学角度看，肩膀的中间部分起着重要作用，能展现出身体轮廓和上半身的宽度。因此，三角肌中束是很重要的。

后束。能够使手臂向后摆动的肌肉。这部分肌肉最容易被忽略、最不发达，由此导致了三角肌前束（过度锻炼）和三角肌后束（锻炼不足）之间的不平衡。

科学研究显示高水平运动员：

▸ 三角肌前束肌肉的体积平均比其他部分的三角肌大250%。

▸ 中束肌肉的体积比其他肌肉大150%。

▸ 仅有10%～15%的运动员三角肌后束比较发达。

如果肩部关节被三角肌前束用力向前拉，而不能被足够的后束力量平衡掉，人就会驼背。除了美学方面的重要性，肩部也是

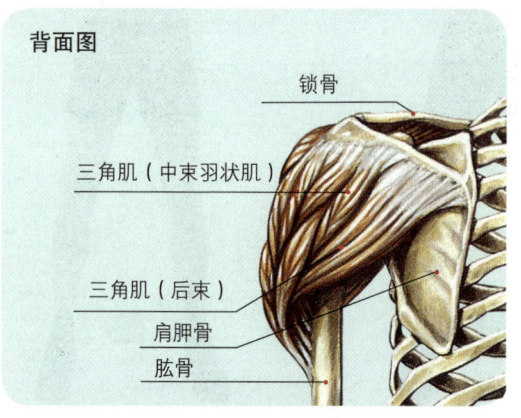

极其容易受伤的部位。

我们要尽量避免产生以下这几种常见的不平衡：

▸ 过度锻炼前束。
▸ 过度重视后束的锻炼。

三角肌训练动作

哑铃推举

这项复合训练特别针对三角肌前束、肱三头肌和胸肌上部，可以进行单侧练习。

对握 ▸

1 坐在凳子上或保持站立，将哑铃上举至头部，双手保持最自然的状态。通常拇指朝向头部，也可以向后或向外。

2 将两个哑铃举起并靠近。不要完全伸直手臂，然后放下还原至初始位置。

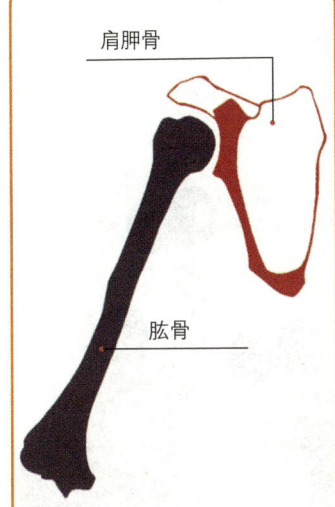

肩胛骨

肱骨

! 由于双臂可以自由活动，肩关节相对不太稳定，容易受到严重损伤。在所有的肩部锻炼中，肩关节都是一个限制性因素。不可否认，胸部锻炼、背部锻炼和双臂锻炼已经强烈地刺激了这个关节。

▴ 正握

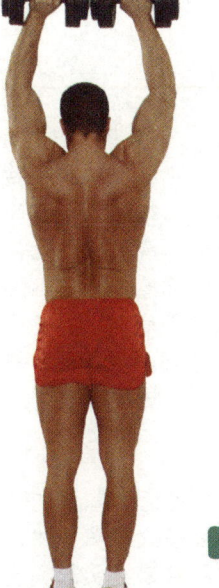

◀ 中立握法
◀ 旋前握法

多样性选择

⓵ 坐姿或站姿都能完成这个动作。就肌肉健美的目的而言，坐着锻炼更有效、更稳定，但是在许多运动中，肩膀、手臂和大腿应该习惯同时进行锻炼。在这种情况下，应该站立完成肩部锻炼。

! 当手臂在头顶上方举起重物时伸直并绷紧，会处于一个容易受伤的姿势。如果负荷迫使手臂弯向后方，可能会导致严重的伤害。任何时候都要确保身体稳定，控制负重。

在此项练习中，你会有自然弯腰的趋向，尤其是直立练习时。利用胸部上部的力量将上半身向后仰，这样能够增加力量。但是，这也使背部有受伤的危险。

◀ 单侧交替练习　　◀ 单侧练习

特别提示

不必非要将哑铃下落至最低处，很多人更喜欢下落至与耳朵等高处，不然，肩关节处会有痛感。双臂下降的高度将取决于肩关节的灵活性和锁骨的宽度。灵活性越差，宽度越小，下降的距离就越小。

注意

举起大重量的哑铃时，可能要使之远离身体，以保证哑铃不会碰到头部。这时要将力量尽量集中在哑铃的内侧。

⓶ 对于投掷类运动员而言，单侧练习更可取。在其他的情况下，建议两侧同时练习。

优点	这项训练可以用到很多肌肉，尤其是采用站立姿势锻炼的时候。
缺点	除非觉得肩部力量较弱，三角肌前束的锻炼不是必须的，尤其是已经对胸部做了很多练习的情况下。集中锻炼三角肌中束和后束更有效果。

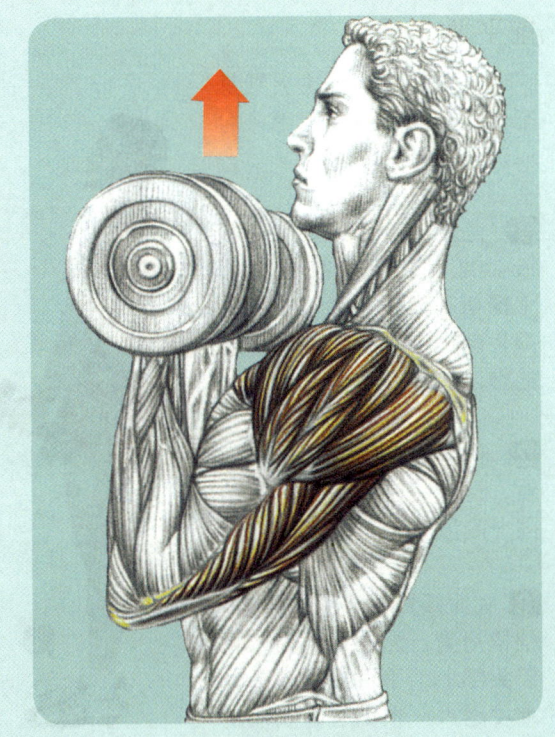

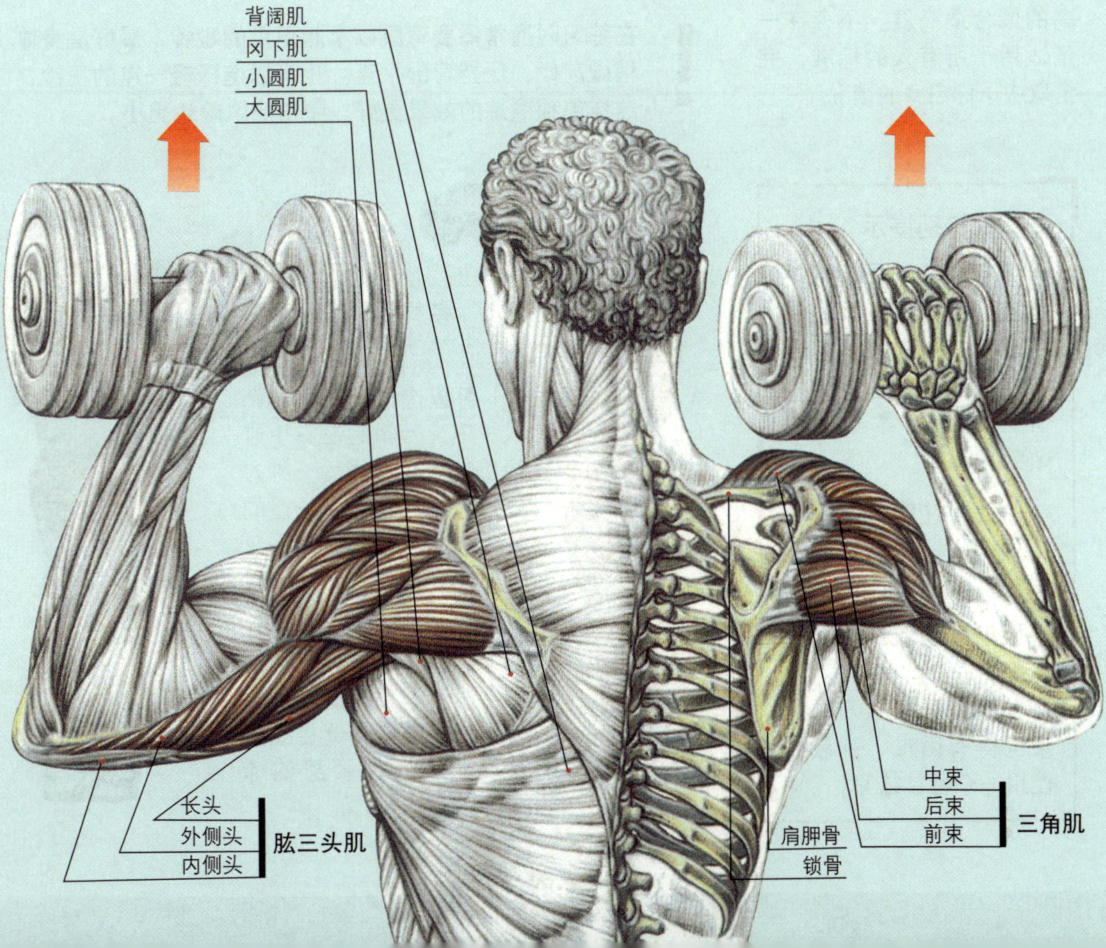

背阔肌
冈下肌
小圆肌
大圆肌

长头
外侧头 肱三头肌
内侧头

肩胛骨
锁骨

中束
后束 三角肌
前束

前平举

这项孤立训练主要锻炼三角肌前束和胸肌上部,可以进行单侧练习。

1️⃣ 直立,单手或双手持哑铃。可以选择传统的正握(拇指在内侧)或对握(两拇指向上),应选择最舒服的握法。

2️⃣ 利用肩膀的力量抬起手臂,至少将哑铃举至与眼睛同一高度。

3️⃣ 如果感觉不费劲,那就再稍稍抬高一点手臂(略微高于头部)。手臂抬得越高,难度越大。根据肌肉收缩的感觉,应该能确定出手臂抬高的最合适高度。不存在一条适用于所有人的标准,完全取决于你自身的情况。

❗ 在练习时通常需要弯腰以拿起更重的哑铃,最好是身体稍微前倾,保持背部平直。也可以选择轻一点的哑铃,这样单独锻炼的效果更好,受伤的风险也更小。

特别提示

当上半身后仰时,很容易借力,应严格遵循要求,孤立训练三角肌前束。为了避免借力,可以靠着墙壁做练习。

注意

如同所有的单独锻炼肩部的动作一样,一系列难度递减的动作是特别合适的。例如:从两个哑铃开始练习,如果觉得有困难,那就只使用一个哑铃练习。

多样性选择

1️⃣ 可以选择同时举起两只手或交替举起左右手进行重复练习。用后一种方式能够拿起稍微重一点的哑铃。也可以只使用一只哑铃,对握将之举起。对于初学者这种方式更可取,因为它更容易掌握。

2️⃣ 弹力带可以单独或配合哑铃在不同姿势的练习中使用。

优点	此动作能很好地单独锻炼三角肌前束，并且不受肱三头肌的影响。在推举训练中，三角肌受到的刺激相对较小。如果由于肘部疼痛不能练习哑铃推举，这个动作则更适合训练。
缺点	如果为锻炼胸部肌肉而练习卧推（或是俯卧撑），为锻炼肩部肌肉而练习哑铃推举，那么，再在计划里添加前平举练习就是多余的了。

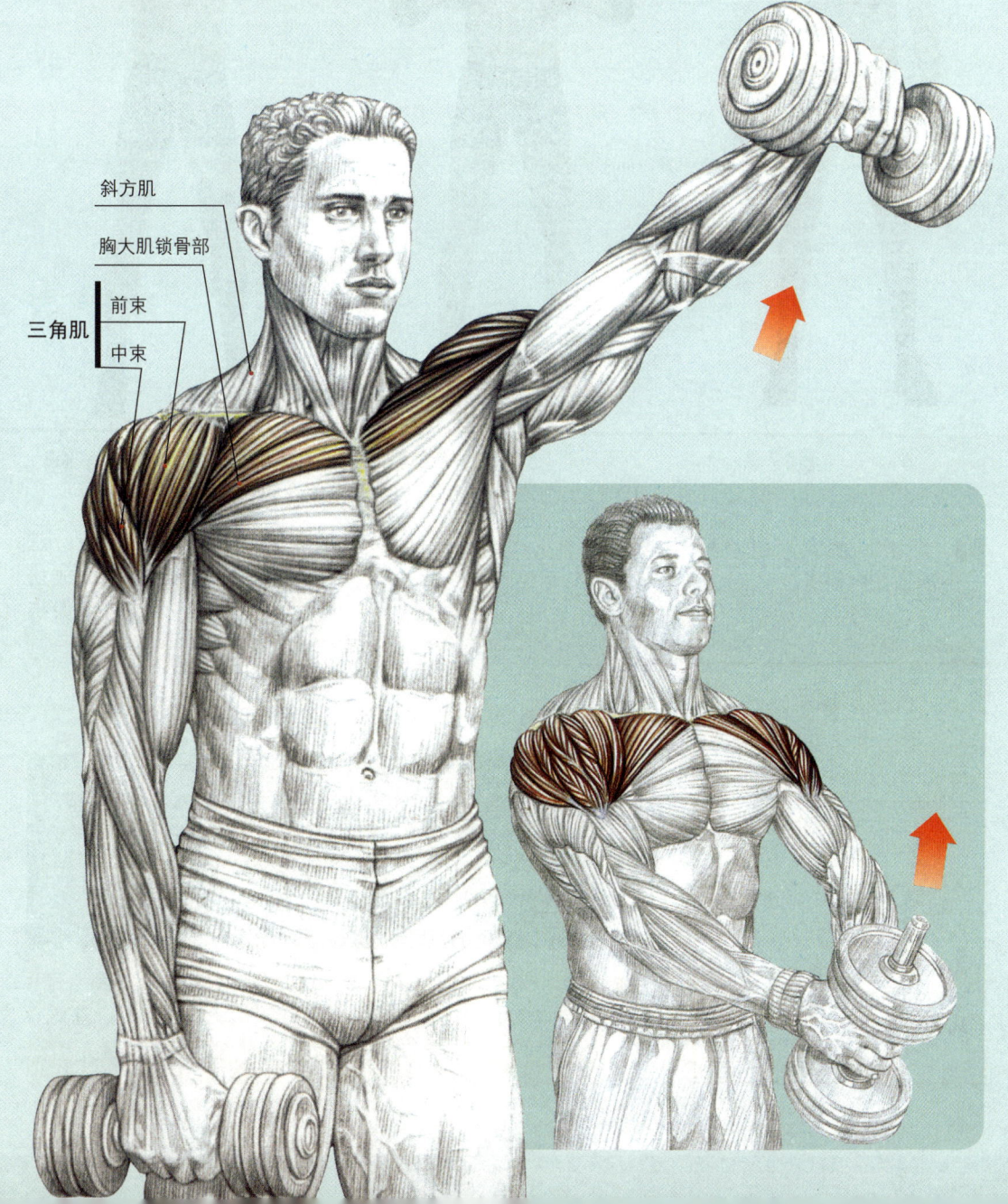

直立划船

这项复合训练主要锻炼三角肌前束和中束,同时肱二头肌和斜方肌也会用到。一般不建议进行单侧练习。

1 2 3

1️⃣ 直立,双手正握哑铃（两拇指在内侧）。

2️⃣3️⃣ 提起手臂成弯曲状,保证哑铃尽量靠近身体。

❗ 为减少腕部扭伤,正常提起哑铃时,放松手腕,不要刻意保持一个方向。

特别提示

不一定非要将哑铃提至头部,很多人更喜欢提至胸部。

注意

将两手多少分开一点。两手越是分开,对三角肌的锻炼越有效。两手距离较近时,斜方肌将得到有效锻炼。

优点 这是唯一一项与肱三头肌无关的锻炼肩部的复合训练。如果担心肱三头肌会在肩部训练中参与较多,可以进行直立划船练习。由直立划船配合哑铃前平举组成超级组练习（可根据自己的习惯,采用这样的顺序或相反的顺序来练习）。

缺点 有些人练习这个动作时会有受伤的危险。因为有些人的肩部关节和腕部关节难以承受这项运动,在这种情况下,负重锻炼时一定不要超过自身的承受力。

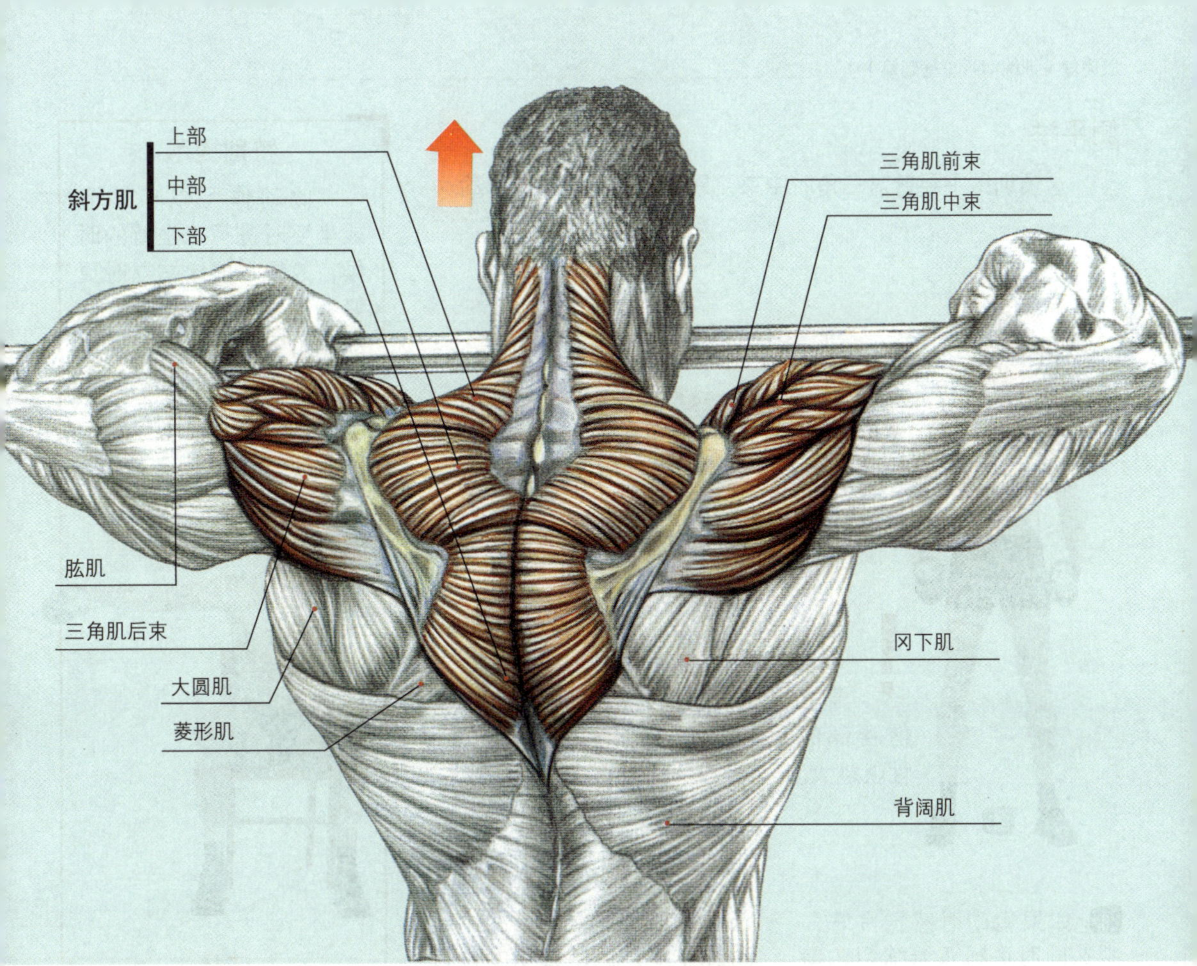

斜方肌
- 上部
- 中部
- 下部

三角肌前束
三角肌中束
肱肌
三角肌后束
大圆肌
菱形肌
冈下肌
背阔肌

多样性选择

① 可用一根踩在脚下的弹力带代替哑铃，理想的情况是，哑铃和弹力带配合使用进行练习。

② 只使用一根弹力带，通过仰卧的姿势也能够完成练习，这样能够减轻负重对脊柱的压力。

侧平举

这项训练主要针对三角肌中束，是增大肩宽的首选运动。

❗ 侧平举时动作越不到位，损伤腰部的危险性就越大。

1 如果运动时感觉良好，那么同时进行双臂练习。拳眼向前（拇指在前）。

2 在保持身体直立的同时，要尽量伸直双臂；手臂越弯曲，运动越简单，这无法有效扩宽肩膀。在整个运动过程中，保持拇指的位置低于小指的手腕内旋角度，以便于更好地感受到三角肌中束的刺激感。

特别提示

此动作可以在站姿或坐姿时进行。坐着的时候，效果一般比站立时更好。可以以坐姿开始运动，如果接近力竭就站立起来，以便能够适当借力完成几次额外的重复练习。

注意

在第一次练习时，应该有能力立刻使双臂与地面平行。如果不能，原因在于动作幅度太大，负荷太重。

诀窍

当肩部肌肉感到烧灼时，若在训练组之间将手臂垂直于身体两侧，疼痛感觉会更长久，这会阻碍肌肉的恢复。为了更快消除肩膀的酸痛感，需将手臂吊在单杠上放松三角肌，也可用背部力量做引体向上。这种练习很有益处，有助于三角肌的恢复。

优点 此项针对三角肌孤立练习的动作近乎完美，可以通过超级组的训练彻底锻炼肌肉。

缺点 受重力影响，在训练中会产生强烈的借力倾向，这种倾向会导致不良的结果。这也是侧平举的局限性之一。

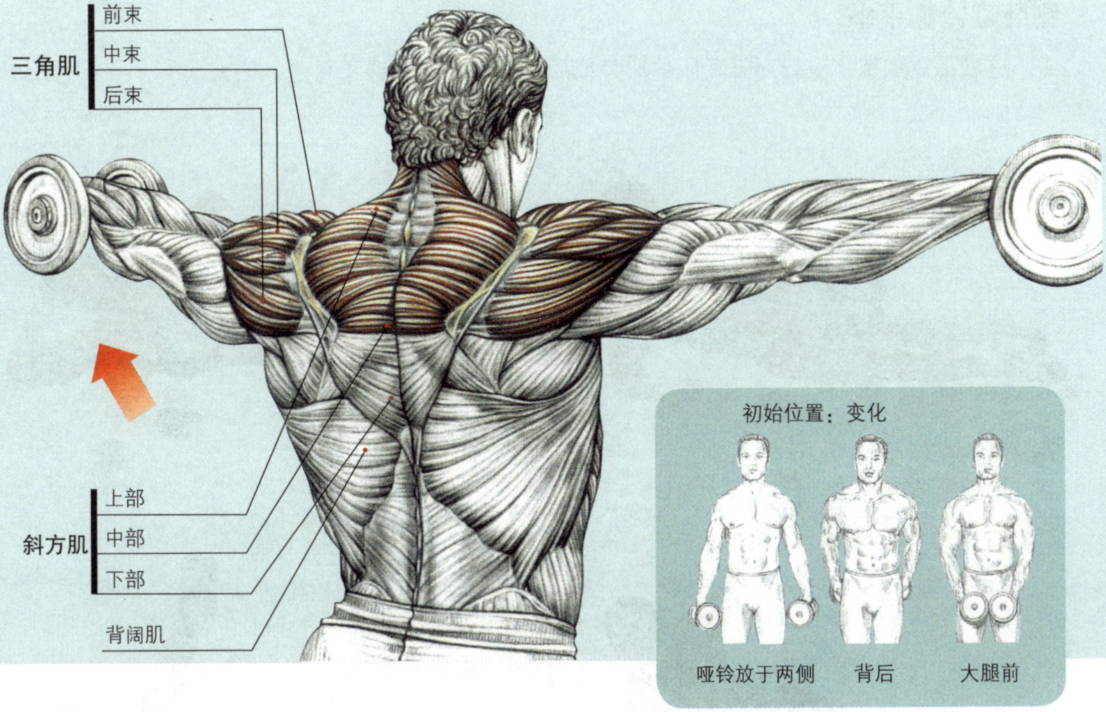

三角肌
- 前束
- 中束
- 后束

斜方肌
- 上部
- 中部
- 下部

背阔肌

初始位置：变化

哑铃放于两侧　背后　大腿前

多样性选择

1. 如果觉得侧平举更能锻炼斜方肌而不是三角肌，那么，建议只做单侧运动。这种情况可能适用于锁骨比较宽的人。

2. 可以将手臂抬至与地面平行，或位于头部上方。在这种情况下，锻炼三角肌中束肌肉就失去了意义，斜方肌和三角肌前束则成为训练的重点。我们建议大家通过自身肌肉的灼烧程度来确定抬起胳膊的高度。

3. 可以用弹力带代替哑铃，它可以保持肌肉持续紧绷以及更大幅度的运动。

侧卧哑铃侧平举

这项孤立训练主要针对三角肌的中束或后束，单侧运动必不可少。

针对中束：

针对后束：

1 侧躺在地上或床上，用前臂支撑住上半身，另一只手握住哑铃，放于体侧。

1 侧躺在地上或床上，用一只手握住哑铃放于身体前方。在床上练习的好处是握住哑铃的手往下可以到达更低的位置，通过这种方式可以增加运动的幅度。

2 举起哑铃，拳眼向前（拇指在前），保持手臂绷紧。手臂向上提拉至最高点。此项练习比站姿侧平举更难。

2 握住哑铃，拳眼向下（拇指在下），绷紧手臂，举起手臂直到与地面垂直。由于很难借力，所以此项运动能更好地孤立训练目标肌群。

优点 如果不能很好感受到肩部、特别是肩后部的肌肉活动，可以尝试一下这种练习。训练几星期后，就能更好地感觉到肩后束的活动，并且能更好地孤立刺激三角肌。

缺点 单侧练习所花费的时间更多。

特别提示
目标不要定得太高，侧卧姿势在单独训练中对动作的要求更为严格。在大部分动作中，保持手臂肌肉紧绷是非常必要的。如果力竭，可以稍微弯曲手臂以便额外多完成几次重复练习。

注意
这个动作很适合使用递减重量的超级组进行练习。

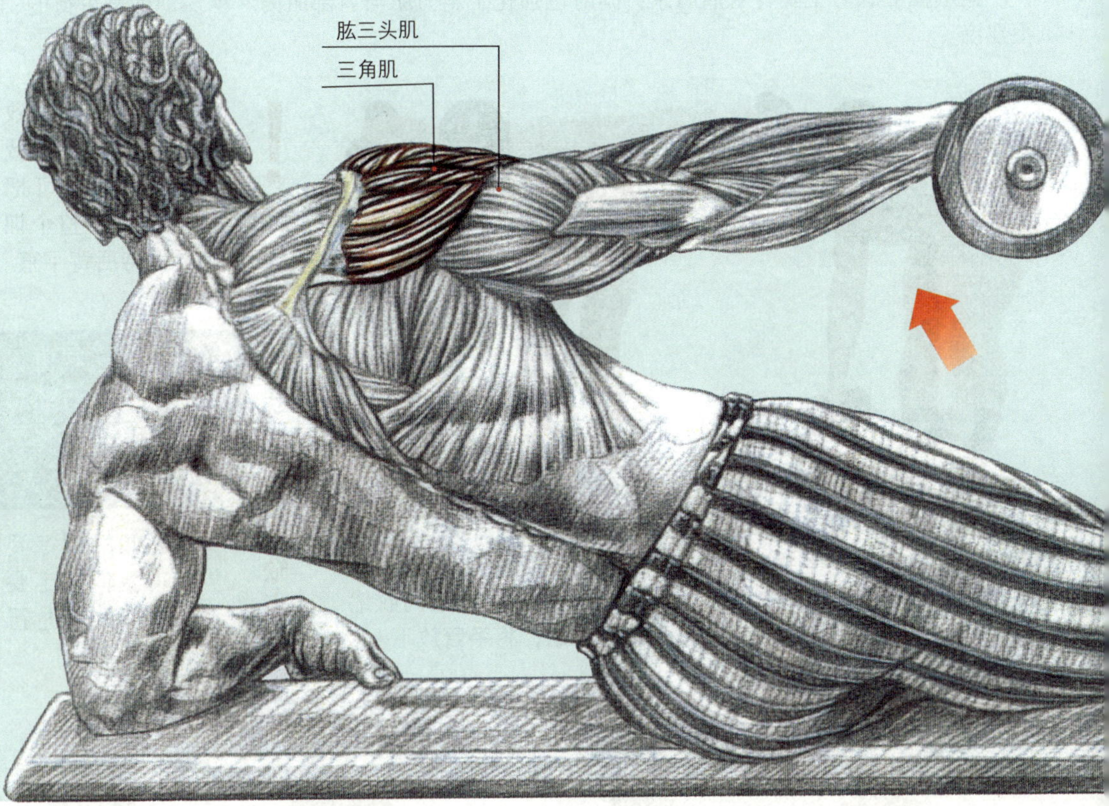

肱三头肌
三角肌

多样性选择

① 最理想的状态是能够完成接下来的动作组合。

② 如果力竭，可站起身直立或前倾着来完成训练。更多次的重复练习会使肌肉得到更多的刺激。

! 如果要在床上进行这项运动，为了保证背部挺直，床垫不应太软。

俯身哑铃侧平举

这项孤立练习主要针对肩后束，同时也强化了斜方肌与背部肌肉。单侧训练是可行的，但不建议。

① 身体前倾，上半身与地面成90°，对握哑铃（掌心相对）。

② 向两侧尽量抬高双臂，至双臂平直，保持肌肉收缩1~2秒钟后，将手臂放下。

! 身体前倾容易导致腰背部受伤。为了减轻腰背部压力，可把胸廓靠在大腿上。在整个训练过程中，要保持后背平直。

优点 使用递减重量的超级组进行练习可以更好地强化三角肌后束。

缺点 前倾的训练姿势使得我们一定要在空腹状态进行练习。

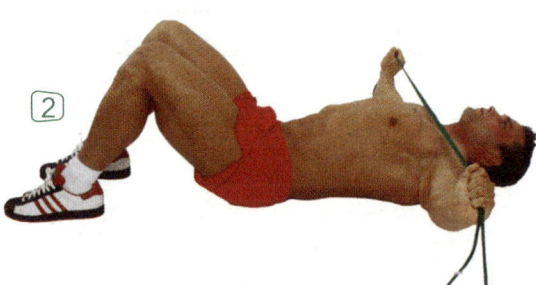

特别提示

两臂交叉练习的姿势可以举起更大的重量，但不能很好地单独锻炼三角肌后束肌肉。保持头部直立，眼睛直视前方，以保证背部平直。如果想做单侧练习，可选择96页所描述的侧卧哑铃侧平举运动。

注意

三角肌后束的训练经常被忽视，可能不需要单独进行锻炼，但三角肌后束是一定要锻炼的。在进行背部训练时，我们可以使用一些肩部训练动作进行热身，这可以更好地唤醒肌肉。

多样性选择

① 仰卧，两臂伸直，紧握一根弹力带于胸前（两手内旋，拇指相对）。

② 借助三角肌后束发力，向外拉伸弹力带，直至手臂到达地面。此练习的优点在于不会对脊柱造成任何压力。

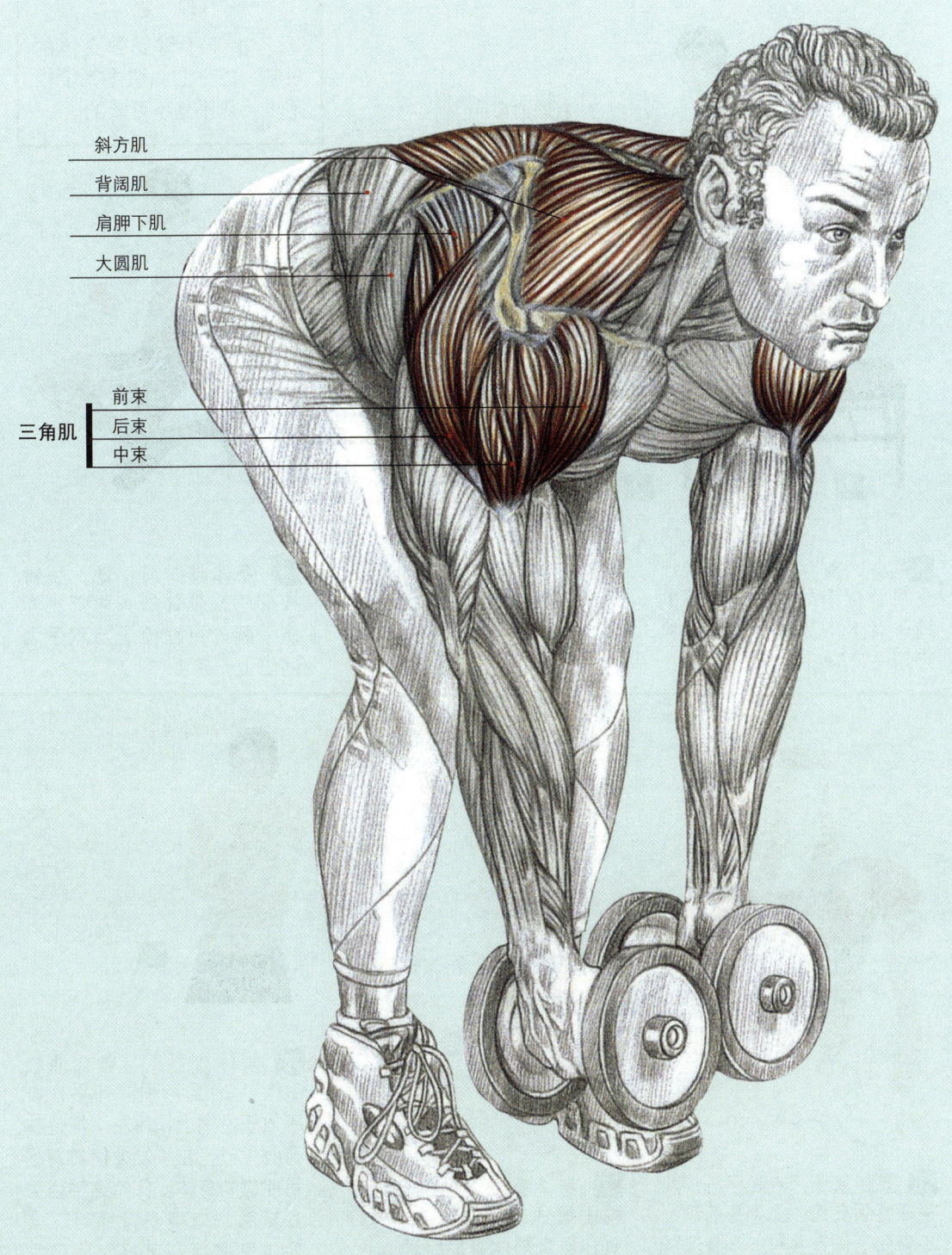

肩部拉伸

> **注 意**
> 由于手臂受到身体的限制，拉伸三角肌中束会很困难，几乎是不可能的。

针对前束：

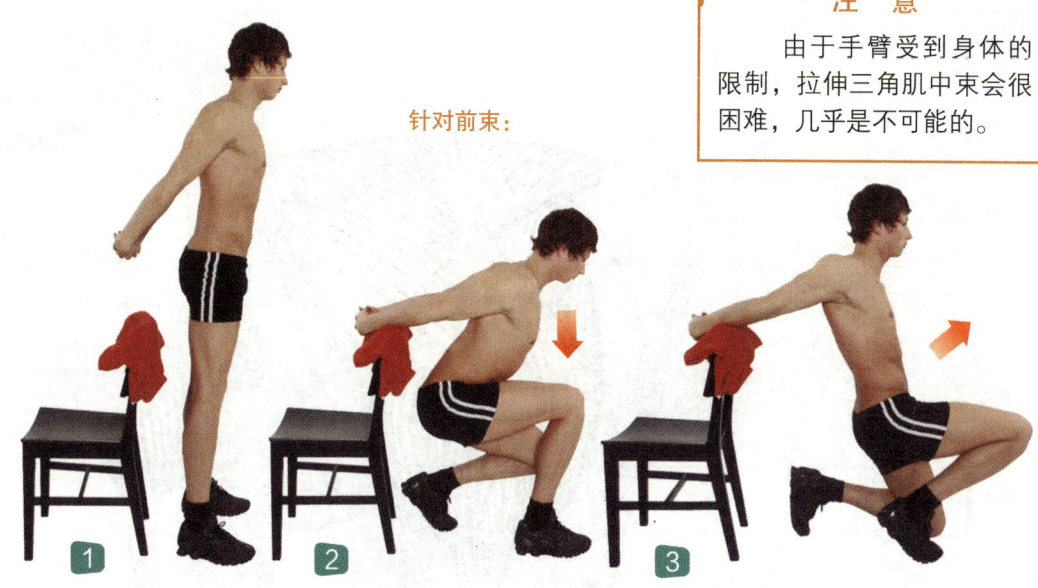

① 身体直立，两手于背后交叉，把手放在位于身后的椅子背上。为防止椅子摇晃可用一只脚抵住椅子背。

② 下蹲时保持身体前倾，手臂向后、向上提拉。

③ 身体越向前移动，手臂拉伸感就越强烈。为防止弄痛手腕，可在椅子与双手之间垫上一条毛巾。

针对后束：

① 双腿紧绷，双脚平行，两手在背后交叉。上半身前倾，手臂向上伸直并与上半身保持垂直。然后膝盖稍微弯曲，直立时慢慢打开后背。

① 身体直立，两腿分开，两手握住木棍两端。两臂伸直，自身前向身后绕动。

① 身体直立，手臂弯曲成90°，抬至与颈部齐平，右手放于左肩上，用左手抓住右臂肘关节，左手发力使右臂尽可能靠向身体。保持这种姿势片刻后，交换双臂练习。当熟练掌握后，可将肘关节支撑在墙壁上靠身体的重量来完成拉伸练习。

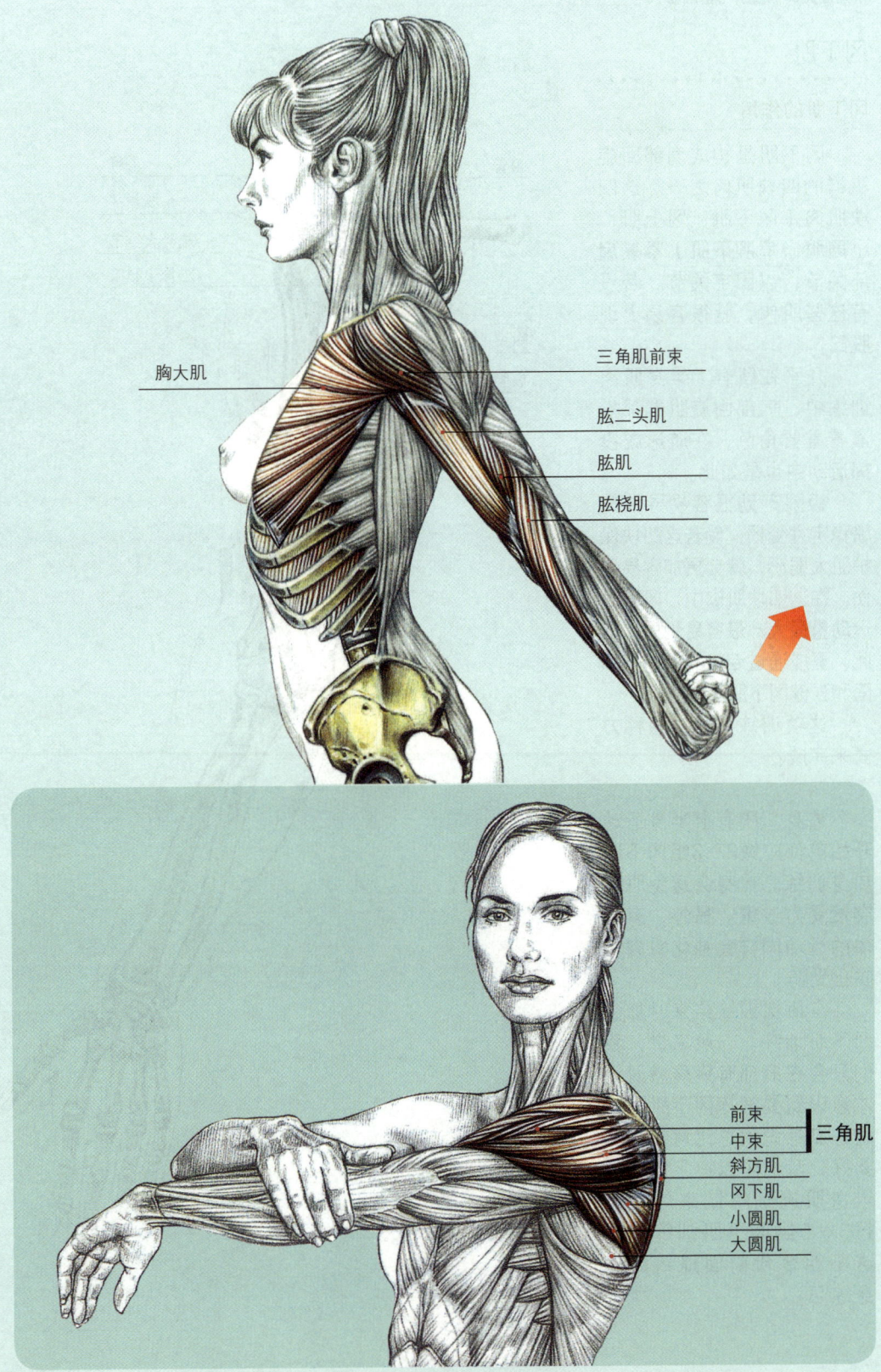

冈下肌

冈下肌的作用

冈下肌是构成肩部回旋肌群的四块肌肉之一。这四块肌肉（冈下肌、冈上肌、小圆肌、肩胛下肌）紧裹肩部关节，以固定关节。若没有这些肌肉，就很容易出现脱臼。

几乎在所有上半身肌肉训练中，肩部回旋肌群都扮演着重要角色，在游泳或投掷运动中也是如此。

极限运动很容易导致肩膀稳定性受损，倘若这四块保护肌太弱小，就会更加容易受伤。在这四块肌肉中，冈下肌运动量最大却最容易受损。因此，更应通过专门的训练来加固和强健冈下肌。

这项训练可通过两种方式来完成：

热身。所有上半身运动开始前都应做2~3组冈下肌热身训练。热身会避免肌肉突然受力过重。另外，有规律的运动同样会强化肌肉，防止受伤。

在每次训练结束时加强冈下肌训练。一般来讲，我们只会在肩部有疼痛感时，才意识到要锻炼冈下肌，但是迟点意识到总比意识不到要好。我们可以在正常的上半身肌肉训练结束后，进行3~5组冈下肌训练，但这不能替代前面提到的热身练习。

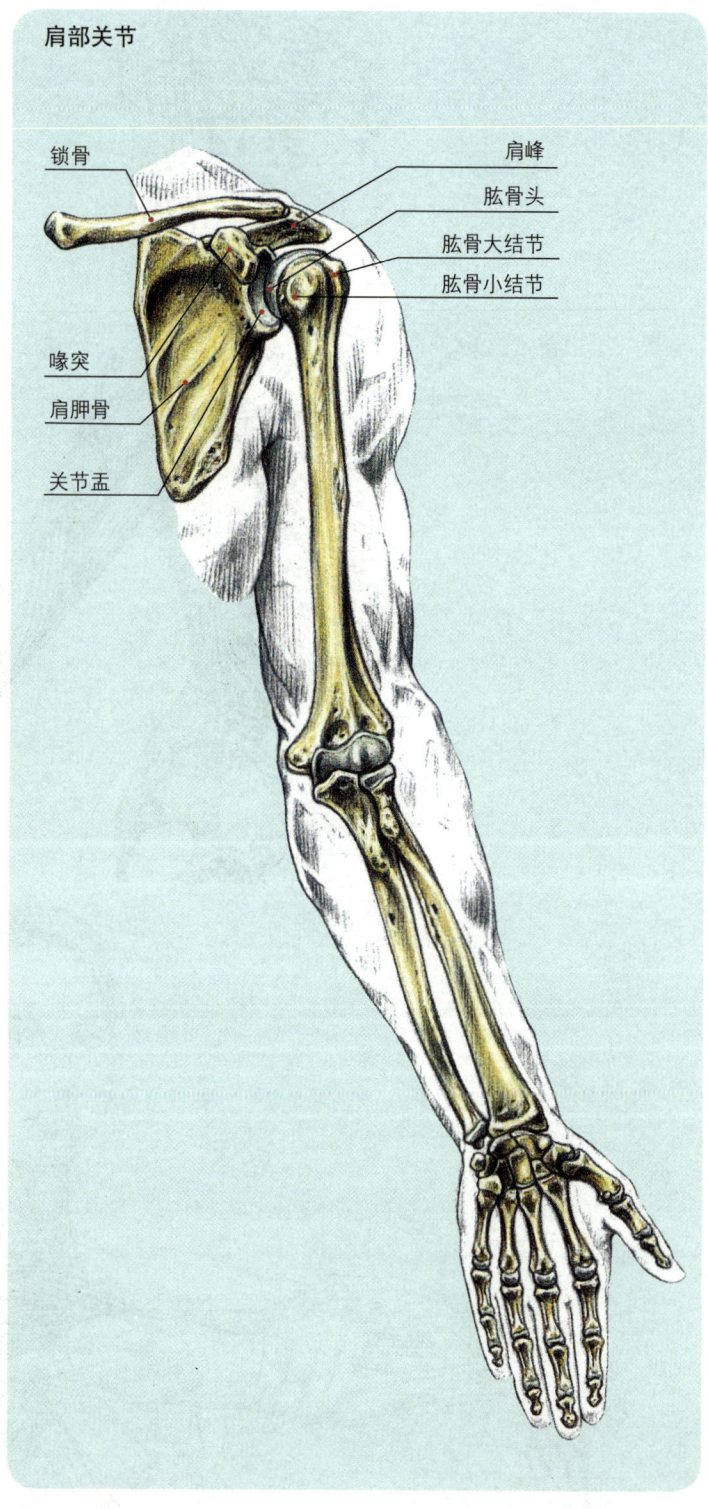

肩部关节

锁骨　肩峰　肱骨头　肱骨大结节　肱骨小结节　喙突　肩胛骨　关节盂

肩部肌肉，背面图

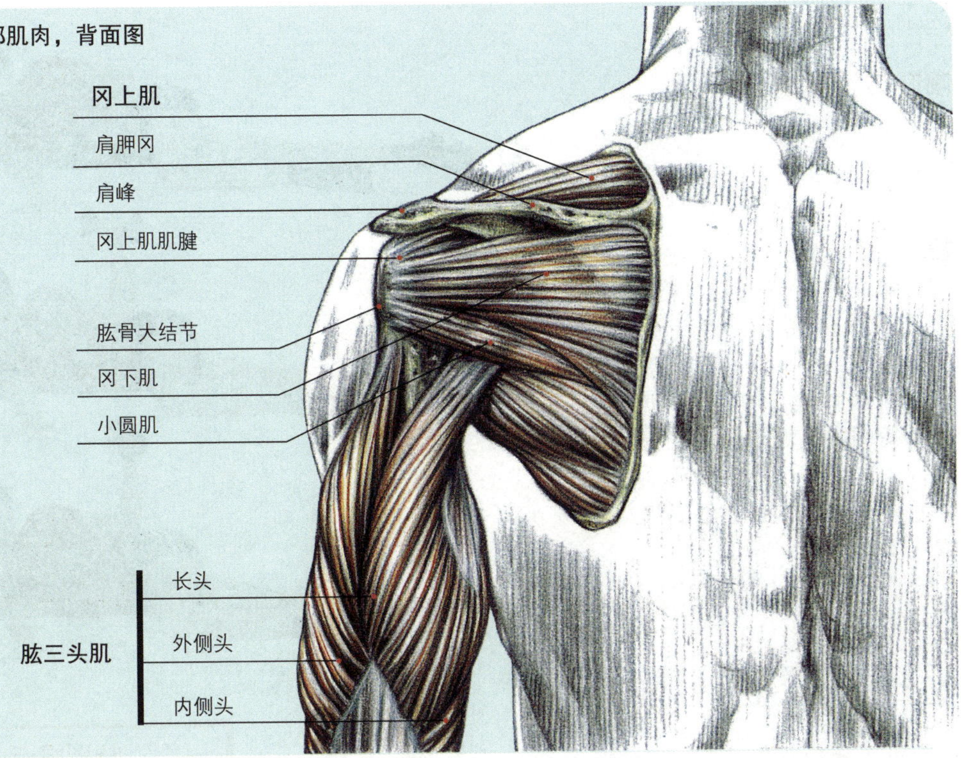

- 冈上肌
- 肩胛冈
- 肩峰
- 冈上肌肌腱
- 肱骨大结节
- 冈下肌
- 小圆肌

肱三头肌
- 长头
- 外侧头
- 内侧头

肩部肌肉，正面图

- 冈上肌
- 喙锁韧带
- 肩锁关节
- 喙肩韧带
- 肩峰
- 冈上肌肌腱
- 锁骨

肱二头肌
- 短头
- 长头

- 肩胛下肌

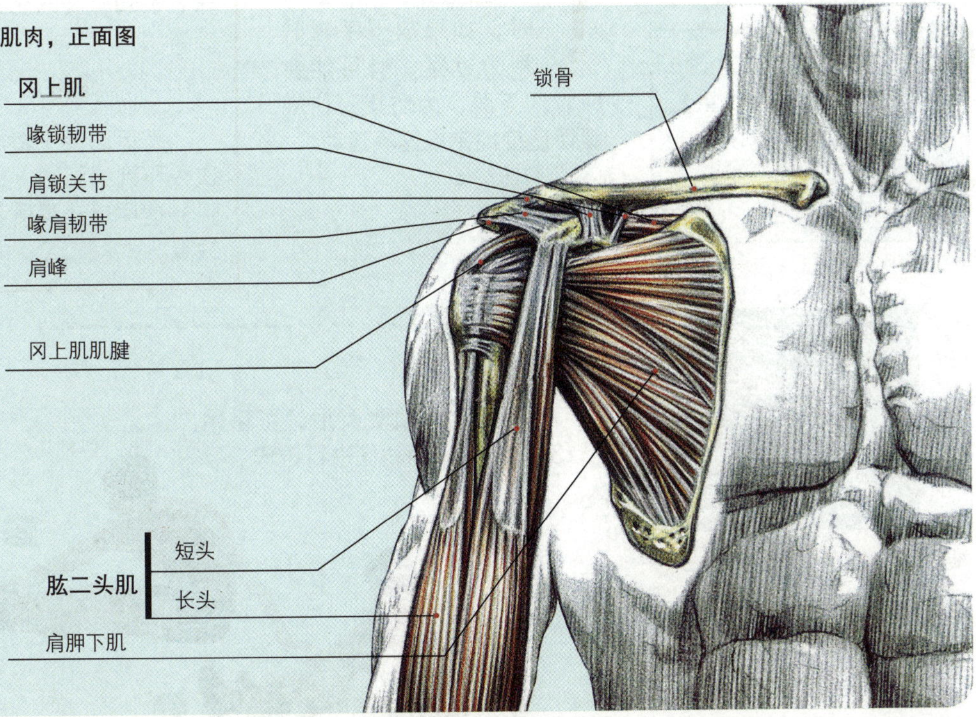

冈下肌训练动作

侧卧哑铃外旋

这项孤立训练主要针对冈下肌，只能进行单侧练习。

1. 身体左侧卧于地面或床上，弯曲右臂成90°，保持肱二头肌内侧与上半身相接触。
2. 抓握哑铃，双手正握（拇指朝向头部），转动前臂向上。前臂与地面或床面相垂直时停止动作，然后慢慢降下。

多样性选择

V 可以变换手的方向，使小指朝向上半身。

诀窍

至少要完成20次重复练习肌肉才会有灼烧感，高次数练习有助于更好感受冈下肌的运动。

! 当身体处于伸展姿势时，如果放下手臂时用力过猛，有可能会撕裂冈下肌，为防止受伤应缓慢适度地完成这项运动。

特别提示

这个练习动作对于训练者感知肌肉的能力要求极高。

注意

高运动量（增加重复次数和训练组数），可以弥补这项运动强度不够的缺点。

优点	虽然这个动作不够理想，但并不是一无是处的。关键是要寻求肌肉发力感而不是次数。
缺点	哑铃容易带来一定潜在的受伤风险。

冈下肌拉伸

为使冈下肌更灵活，可采用131页所描述的动作进行拉伸。

弹力带外旋

1 身体直立，双脚略微分开，保持肱二头肌内侧与上半身接触的同时弯曲左臂成90°。牢牢抓住固定在身体右侧腰部高度的弹力带，正握（拇指在上）。

2 向外旋转前臂并拉动弹力带。保持这种姿势1~2秒后呼气还原，至少要完成12次重复练习。练习过程中不要将肘关节抬起。

特别提示
最好使用弹力带进行递减超级组练习。

注意
弹力带能够确保肌肉的持续紧张，因而也就更加容易感受到冈下肌的运动。

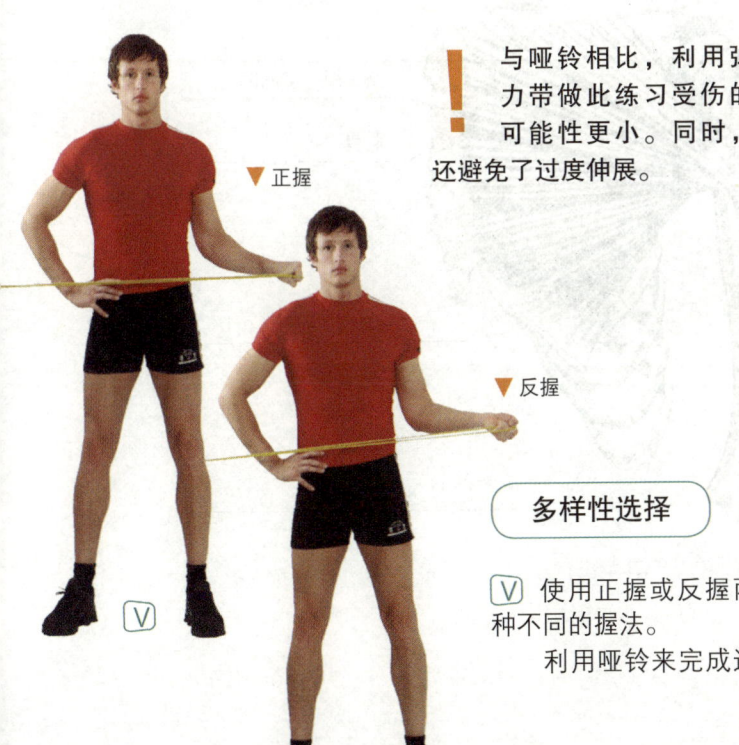

! 与哑铃相比，利用弹力带做此练习受伤的可能性更小。同时，还避免了过度伸展。

优点 此项运动对于促进和加强冈下肌最有效。

缺点 很难用弹力带精确衡量我们的整体训练量。

多样性选择

V 使用正握或反握两种不同的握法。

利用哑铃来完成这项运动是没有效果的，因为阻力应来自侧面而不是垂直于地面。

强壮胸肌和颈部

胸肌

胸肌的作用

胸肌能使手臂外伸,例如:当必须要推开冲向你的对手时,你会胸肌发力手臂外伸;在搏击运动和投掷运动中,胸肌的作用也很大。如同一副盔甲,胸肌是具有"对抗"作用的肌肉。

从美学角度来看,发达的胸肌是男人强壮的特征和力量的象征。胸肌在日常生活中并不常用到,是缺少锻炼的。所以,初学者很难感受到胸肌的发力。

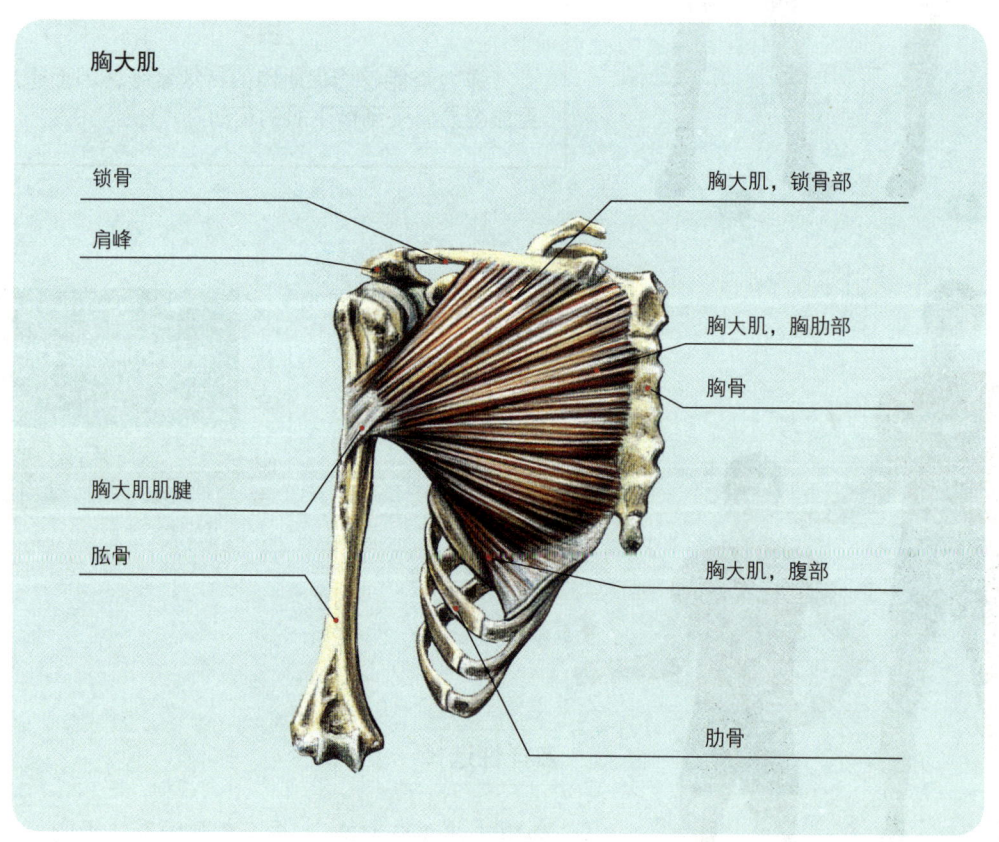

胸大肌
锁骨
肩峰
胸大肌,锁骨部
胸大肌,胸肋部
胸骨
胸大肌肌腱
肱骨
胸大肌,腹部
肋骨

胸肌训练动作

俯卧撑

此复合训练主要针对胸大肌、肩部肌肉和肱三头肌，体重很轻的人可单手练习。

1 俯卧，手放于地面上，双手与肩同宽。

2 绷紧双臂胸肌发力将身体向上撑起。双臂绷紧伸直后，再慢慢降下来。

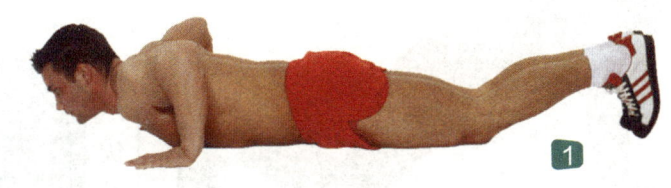

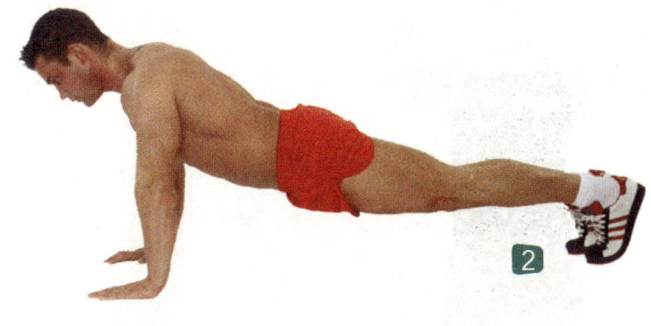

▲ 双手至少与肩同宽

特别提示

宽手距时：双手越分开，胸肌受刺激越强。俯卧撑不一定能刺激到所有的胸肌肌肉，特别是当前臂很长时。

窄手距时：双手距离越近，胸肌受刺激就越不明显。手距越窄，肱三头肌受刺激越强。

挑选一种感觉最舒适的手的方向。

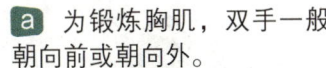 为锻炼胸肌，双手一般朝向前或朝向外。

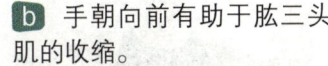 手朝向前有助于肱三头肌的收缩。

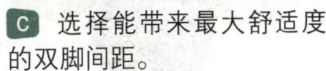 选择能带来最大舒适度的双脚间距。

▲ 双手分开两脚并拢式　　　▲ 双手靠近两脚打开式

优点	俯卧撑适合进行超级组练习，在训练即将结束时，如果体力不支无法继续练习俯卧撑动作，为进行更多的重复练习，可改用跪姿俯卧撑进行练习。
缺点	俯卧撑并不是专门针对胸肌的孤立练习。而且，俯卧撑不一定适合每个人的体型，手臂较长的人就不适合进行俯卧撑训练。

多样性选择

① 为了增加阻力，可以使用弹力带进行练习。开始时，只需在背后绕一圈即可。上半身与两臂形成的夹角可以改变。

② 逐渐增加到两根弹力带。

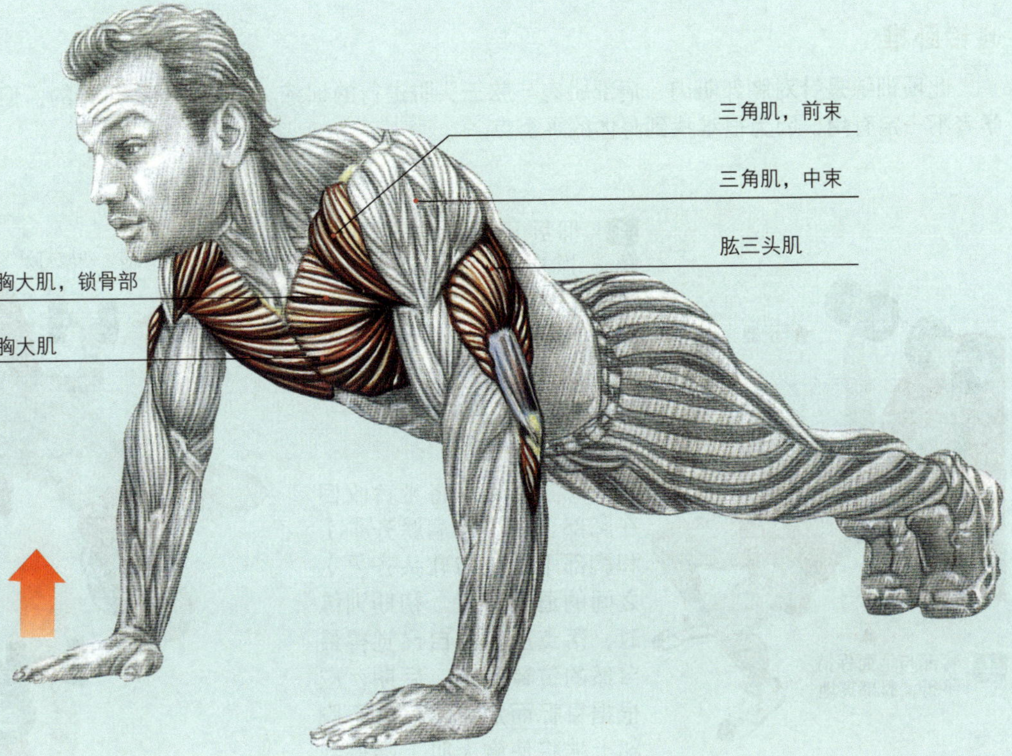

胸大肌，锁骨部
胸大肌

三角肌，前束
三角肌，中束
肱三头肌

注意

俯卧撑可使身体变为一个弧形，如果不喜欢这种姿势，可将一叠报纸放在大腿或膝盖下，运动将会更简单（报纸越接近上半身，运动越容易），关节和肌肉也越自然。如果感觉传统俯卧撑锻炼肌肉的效果不好，以上方法一定能帮助你。

诀窍

在针对胸部的训练中，快速恢复力量的方法是在两组连续的俯卧撑动作之间或两组推举运动之间，躺着做一组强度较低的肱二头肌练习。适当的肱二头肌运动会促进三角肌的恢复，防止过早疲劳。

! 手腕不是一定要弯曲成90°，体育商店有专门用于做俯卧撑的把手，可防止手腕不自然地扭转，还增加了运动幅度。塌腰能够使运动变得容易，但却有损脊柱。

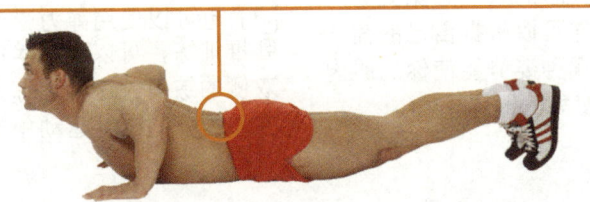

哑铃卧推

此项训练是针对胸部肌肉、肩部肌肉与肱三头肌进行的训练。单臂练习是可行的，但对初学者不一定有用，因为很难找到身体的平衡点。

◀ 正握

① 背部与地面保持平行，臀部离地

▼ 哑铃与胸部等高

② 两肘分开

! 当开始准备运动、从地上拿起哑铃时应注意，为了使身体不受伤害，把哑铃放于大腿上，手臂弯曲。同样，当把哑铃放回地面时，要注意避免肱二头肌受损。

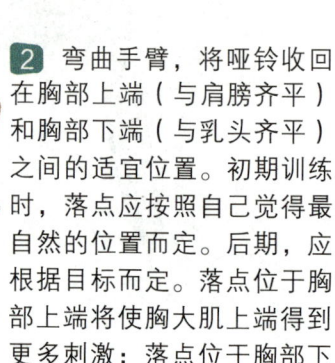

① 仰卧于地上或床的一角，抓握哑铃，双手与肩同宽，双手正握（拇指相对）。在使用胸部力量的同时，绷紧双臂，推举哑铃至最高点。

② 弯曲手臂，将哑铃收回在胸部上端（与肩膀齐平）和胸部下端（与乳头齐平）之间的适宜位置。初期训练时，落点应按照自己觉得最自然的位置而定。后期，应根据目标而定。落点位于胸部上端将使胸大肌上端得到更多刺激；落点位于胸部下端则更加针对胸大肌下端进行锻炼。

多样性选择

① 双手与手肘的方向可以改变。手肘可与身体呈一定夹角，拳眼向前（拇指朝向头部）。夹角越小，胸肌拉伸越少，肩部受力越多。最大限度地分开手肘，双手正握（拇指相对），在动作最低点胸肌得到完全拉伸。此时肌肉撕裂的危险性增大，但胸大肌的收缩感觉更为明显。你可以根据自己的需求确定哪种姿势能使你的肌肉得到最好的锻炼。

① 身体伸展，四肢打开

基础姿势 ▶

②

▲ 臀部放于脚上

② 仰卧于床的一角时，可以把臀部放到脚跟上而不必保持上半身与地面平行。这种倾斜姿势能很好地促进胸肌上部的运动。

③ 也可以使用弹力带进行卧推训练，可以进行单侧或双侧的练习，这种训练方法在拳击类的格斗运动中非常有用。

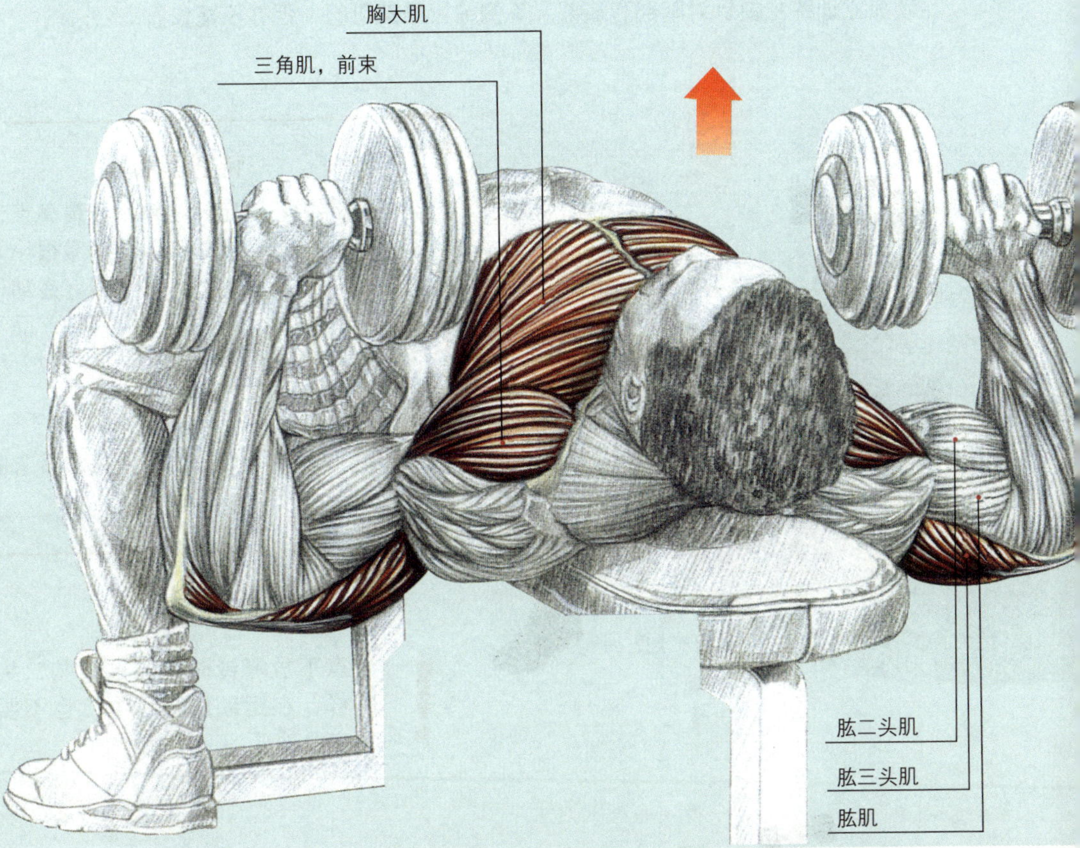

胸大肌
三角肌，前束

肱二头肌
肱三头肌
肱肌

优点	哑铃卧推的优点在于能够更精准确定所使用的负重，哑铃的重量可以由很轻变得很重。
缺点	对于初学者而言，哑铃卧推较难掌握。此外，哑铃卧推相比俯卧撑而言迁移性较差，俯卧撑训练更加适合竞技体育的需求。

特别提示

在地面上训练，运动的幅度会受限。在床的一角或训练椅上训练会更舒适并更有利于掌握动作。

注意

避免腿部借力过多。

哑铃飞鸟

此项孤立训练主要针对胸部和肩部。单侧练习虽然可行，但并不建议。

基础姿势　①　臀部上提

特别提示

训练中不一定将哑铃举至最高点，事实上，动作最高点对胸肌的刺激很小。如果感觉不到胸肌发力，那么最好在动作完成四分之三时保持肌肉持续紧绷，而不用做全程动作。

注意

当我们接近力竭时，可将双臂弯曲，以便继续更多次重复练习。

! 注意下放哑铃时不要拉伤肱二头肌。同样，在运动的过程中，也不要将双臂完全伸展。

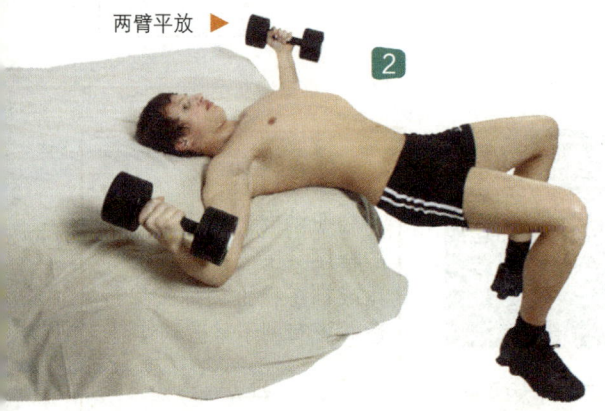

两臂平放　②

① 仰卧在地上或床的一角，对握抓起两个哑铃（掌心相对），两手与肩同宽，向上伸直双臂。

② 两臂同时向两侧慢慢放下，再用胸部力量将哑铃向上举起。注意避免手臂太过弯曲。

优点　此项孤立训练可使胸肌得到充分刺激。与卧推相反，此运动不涉及肱三头肌，这样会防止肱三头肌先于胸肌劳累。

缺点　肩部容易出现借力问题，并且新手在练习时不是很容易感受到胸部肌肉的刺激。

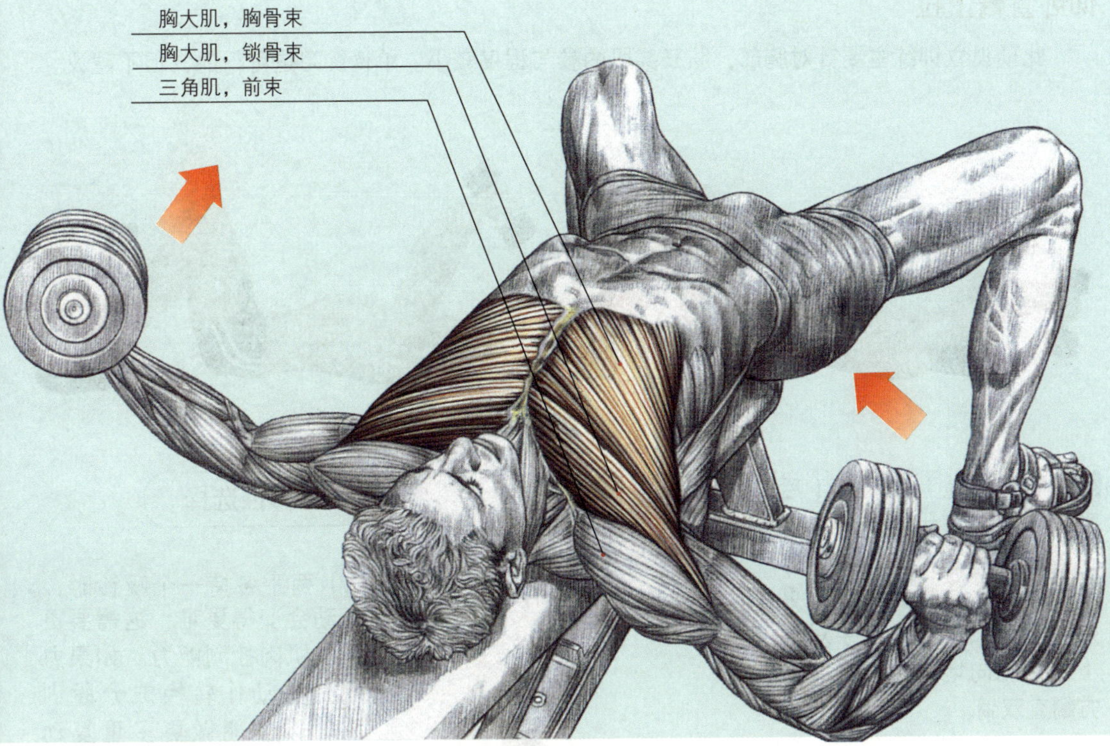

胸大肌，胸骨束
胸大肌，锁骨束
三角肌，前束

▼ 两臂呈V字形

▲ 臀部接近地面

多样性选择

为了更好地刺激胸肌，可运用手腕转动，改变角度。

① 两臂呈V字形，直至接近头部。在这种方式中，胸下部受到的刺激更为明显。上胸及肩部受到的刺激也将会更加明显。实际上，这种方式对于一些人而言更加合适。然而，这种方式容易导致肌肉撕裂，所以实用的训练负荷应该较轻。

② 在床的一角，上半身不需与地面保持平行，但应尽量使臀部接近地面，这种倾斜姿势会更好地锻炼胸肌上部。

仰卧直臂上拉

此项孤立训练主要针对胸部，肱三头肌的参与程度较小。单臂练习是可行的，但不建议。

◀ 基本姿势

1 侧卧在地上或床上（后者更好）。位于床上时，为了将双臂悬空，头部应位于床的边缘，这样会使双臂更好地摆动和伸展。双手对握（拇指朝向地面），在头上方绷直双臂。

2 保持两臂紧绷，当两臂处于身体两侧时，利用胸部力量将两臂抬起。当哑铃到达眼睛上方时，停止动作，然后收回双臂。

多样性选择

Ⅴ 两手各持一个哑铃时，运动会变得更难，这需要更强的肌肉控制能力。如果力竭，将动作转换成分段训练，以便能做更多重复动作，达到刺激胸部不同部位肌肉的目的。

使用递减超级组进行练习，以两手各持一个哑铃的仰卧直臂上拉动作开始。力竭后，放下一只哑铃，只用一只哑铃继续完成练习。

! 这个动作会使肩部关节处于一种相对不稳定的状态，因此不应使用太大的重量。当哑铃从头部上方经过时，注意不要脱手。

优点	此项训练同时拉伸了因肌肉锻炼而有可能失去柔韧性的胸部与肩部。
缺点	背部肌肉容易出现借力现象。

特别提示

为了更好地刺激胸部，可稍微弯曲双臂。如果双臂太过弯曲就会使背部受力越来越重，胸部受力越来越轻。

注意

仰卧直臂上拉有助于打开胸廓，但针对性的拉伸练习相对更有效。

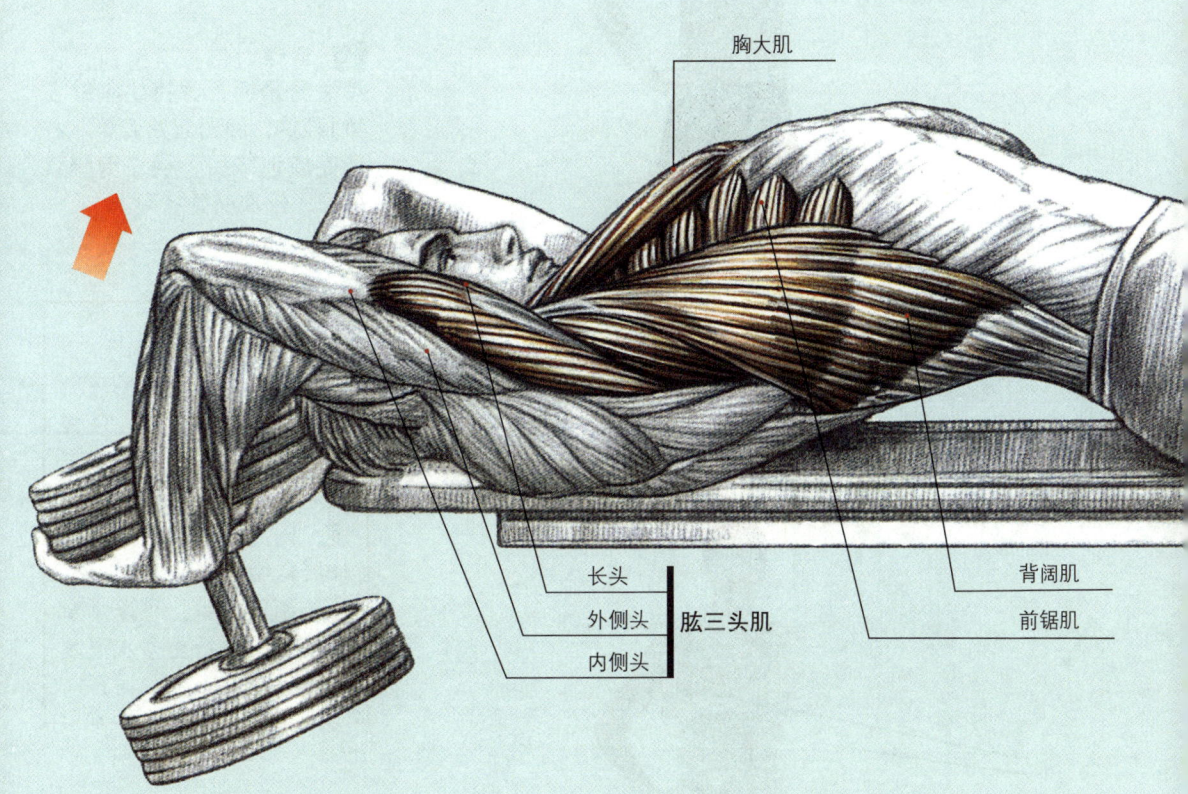

弹力带夹胸

此项孤立训练主要针对胸部和肩部。建议单臂练习。

1 把弹力带固定在半身高处的某一点（如把杆或门把手上）。身体保持直立，用右手抓住弹力带的另一端，将其拉长，正握（拇指超前或朝上）。

2 将弹力带拉至胸前，保持手臂紧绷，保持此收缩姿势1秒钟，回到起始姿势。右臂完成训练后，换左臂继续练习，依次交替练习。

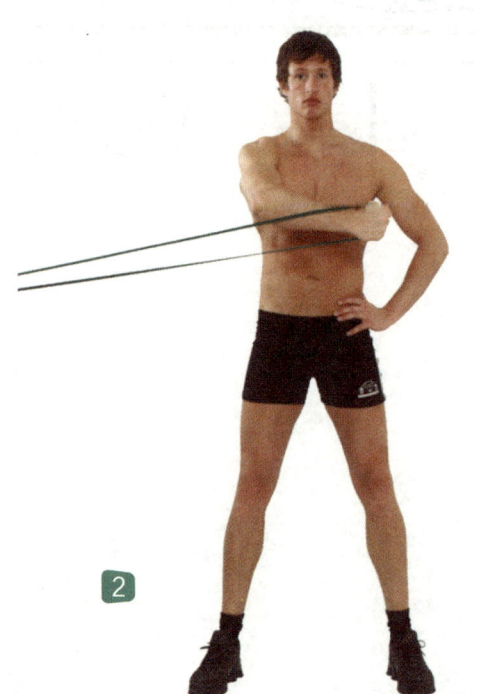

特别提示

应给胸肌持续的压力缓慢进行此项练习，使其得到更好的锻炼。如果弯曲手臂，会降低该动作难度，因此应保持手臂自然伸展紧绷。

如果力竭，可逐步弯曲手臂以进行更多次重复练习。

! 在训练期间，绝对不能让手臂处于完全紧张状态，否则肱二头肌有可能会被撕裂。但是，手臂也不能太过弯曲，以保证训练的效果。

第二部分 练习

多样性选择

[V] 可以将手臂拉至腹部或达到头顶高度（或者在这两点之间的任何一处），以改变胸肌的训练角度。实际上，胸肌就是一块需要从不同角度进行锻炼的肌肉。

不再将弹力带固定在某一点，而是用右脚踩住弹力带一端，右手持弹力带另一端拉至眼睛高度，保持手臂紧绷，以此锻炼右侧胸肌。

> **特别提示**
>
> 如果感觉锻炼胸部的复合训练动作较难掌握，可以通过这项训练学着感受胸肌的发力。利用弹力带经过2~3周的训练，再进行胸肌的其他训练时会更加得心应手。

优点　此项训练与哑铃飞鸟有很多相似之处，但是利用弹力带训练的最大好处是在整个动作过程中都可产生阻力，不是像哑铃训练那样阻力只能持续半程训练。

缺点　容易浪费较多的训练时间。

爆发力俯卧撑

爆发力俯卧撑主要锻炼的是胸肌，可以趴在地上或撑在墙壁上进行训练。双手与肩同宽，开始时扶墙壁直立以便更好地熟悉和掌握这项训练。

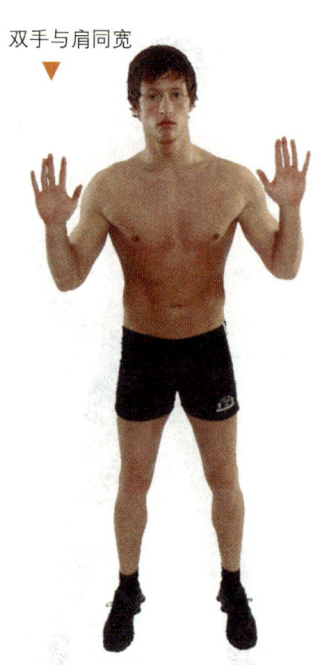

双手与肩同宽

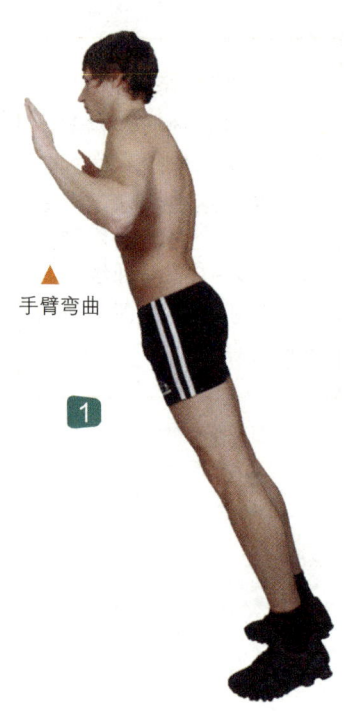

手臂弯曲

1　直立站在一面墙壁前，身体前倾，双手撑墙壁。

2　弯曲手臂，注意避免撞到墙壁。身体离墙越远，训练难度越大。

特别提示

手臂弯曲幅度越大，训练难度越大。最简单的训练方法是保持手臂伸直，但这个姿势存在受伤的风险。因此，手臂应保持微曲。

注意

训练中注意接触墙壁或地面的时间都应尽量短。所以，双手一接触到墙壁或地面身体就应立刻被弹回。

双脚跟离地

多样性选择

Ⅴ　经过一定练习后可以双脚一点点地远离墙壁。训练开始前一定要注意充分热身。

优点	有助于提高投掷类、球类运动员的竞技表现力。
缺点	有较高的受伤风险。

！此项锻炼对肘关节和肩关节有一定损伤。

扩胸运动

1️⃣ 身体直立站在一个和胸廓高度相适应的固定点后面（如家具或柱子），双手握紧此点，手指交叉，推动手臂，同时吸气使胸廓扩张到最大值，此时胸廓打开，肩胛骨收缩。

2️⃣ 呼气使胸廓下凹。重复几次这种呼吸训练有助于胸廓灵活性的提高。

这个动作不会像仰卧直臂上拉那样对于肩部有一定的危险。

此项训练对改善胸部以及背部都有一定的作用。同时，有助于增加耐力，这得益于呼吸肌的训练。详见第212页的介绍。

吸气

呼气

胸肌拉伸

站在门框旁，身体直立，右臂扶在门框上弯曲成90°。借助右手和肘关节的力量，身体前倾同时向前迈一小步保持此姿势。

右臂练习结束后换左臂练习，两臂交替进行。同时拉伸两臂也是可行的，但在这种情况下，拉伸的幅度将会明显变小。你可以在训练初始拉伸双臂，掌握技巧后再进行单臂练习。

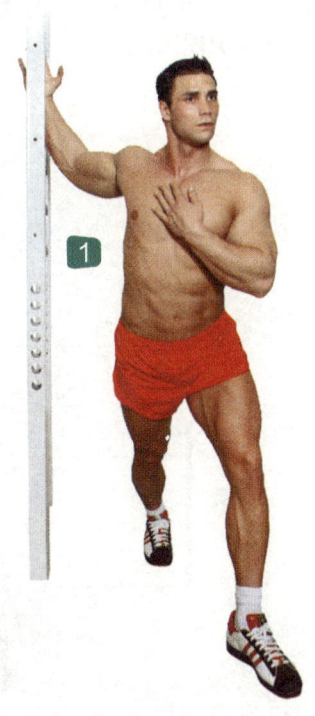

颈部肌肉

颈部肌肉的作用

颈部肌肉有三大作用：

1.保证颈部的灵活性。颈部肌肉可以使头部上下左右自由转动，对颈部的灵活运动和对头部的支撑起着重要的作用，这些作用在许多体育运动中得到了很好的证明。

2.颈部肌肉的第二个作用是在受到冲击的情况下保护颈椎，因此颈部肌肉对于运动员来说是非常重要的。

3.从美学角度来看，健壮的颈部肌肉总是会给人深刻的印象。例如拳击运动员的颈部。

完整的颈部训练计划应包含以下几项肌肉训练：

- 颈后部（伸肌）肌肉训练。
- 颈前部（屈肌）肌肉训练。
- 颈侧部（回旋肌）肌肉训练。

应该用系统的训练方法来训练颈部的这三部分肌肉。

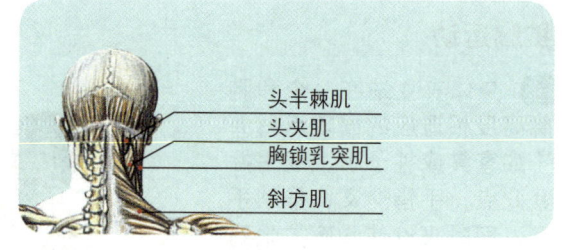

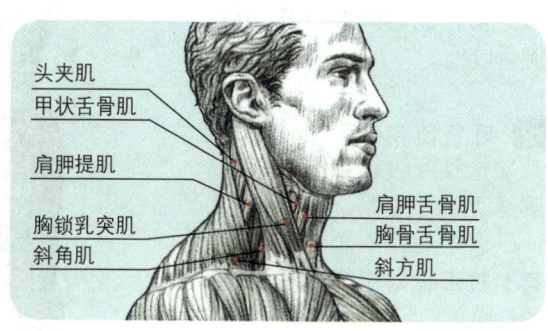

! 颈部肌肉相对较小，如果颈部活动幅度太大，会使颈部受损伤。肌肉锻炼的作用就是强化颈部肌肉，以便在与对手接触的过程中保护好颈部和头部。但是，肌肉锻炼时也不能掉以轻心，因为锻炼时颈部也很容易受伤。为了达到肌肉锻炼的目标，颈部肌肉的训练应该适度，尽量避免颈部受到损伤。

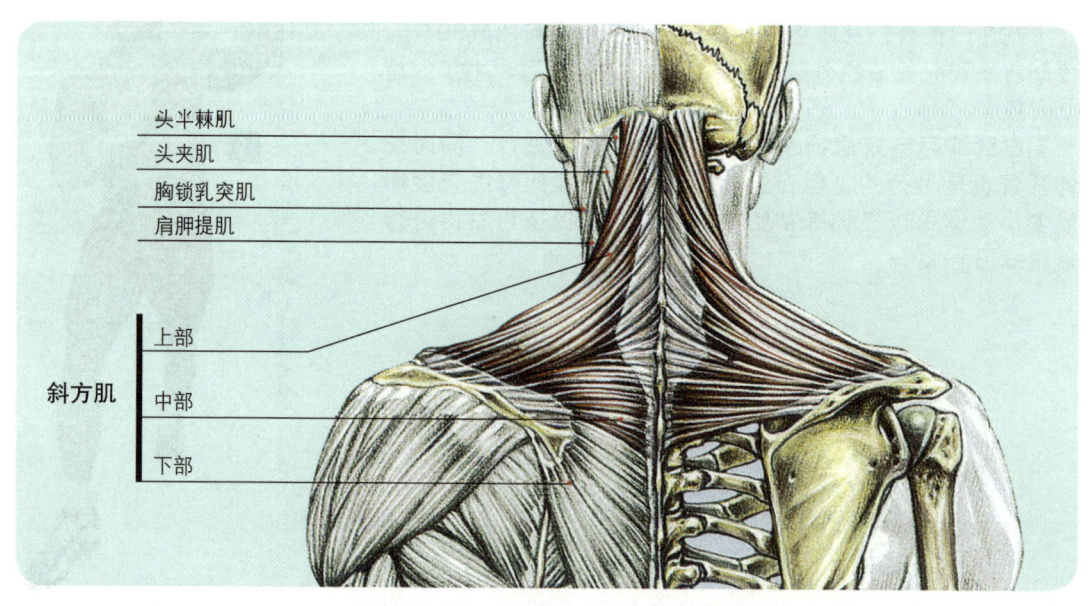

颈部肌肉训练动作

颈屈伸

此项孤立训练的目标是颈后部肌肉。

1. 站着或坐着练习皆可，双手十指交叉放在头部后面。在这项训练中，由双手提供训练所需要的阻力

2. 在双手的阻力下利用颈部力量使头尽可能后仰，保持此姿势3~4秒，然后利用手的力量将头部慢慢抬起。

! 在任何时候进行此项训练，都应注意避免脊椎受伤。

多样性选择

此项训练应缓慢进行。躺在床上，背部舒展，尽可能地使头部后仰，保持此姿势10秒。重复练习直到有疲惫感。

| 优点 | 这个动作可以锻炼颈部肌肉同时又不损伤颈部，其原理与利用器械锻炼的方式相同。 |
| 缺点 | 转动颈部可能会导致头晕，因此训练应慢慢进行；也可以闭眼训练，看是否会改善头晕现象。 |

特别提示

头部后仰时动作不要过度。

注意

颈部肌肉练习最好在训练快结束时进行，不然疲惫的颈部可能会影响其他部分肌肉的训练。相对于坐姿进行颈部练习，运动员更喜欢站姿，因为站姿可以使下巴的肌肉也得到锻炼。

颈弯举

此项单独训练主要针对颈前部肌肉。

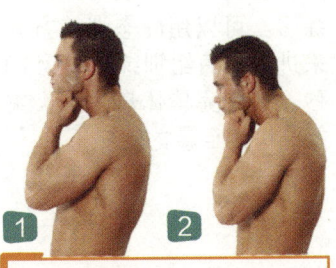

1. 站立或坐着，双手握拳，拳头放在下巴下方。

2. 颈前肌肉发力收缩，双拳尽可能向上，保持此对抗姿势3~4秒，然后用拳头撑起头部，利用颈部力量抗衡并使头部慢慢后仰。

特别提示

姿势不要过分向上，动作幅度不宜过大。

注意

可以通过多次重复练习来控制颈部的弯曲和下巴的伸展。

多样性选择

为了避免已感不适的颈部再受伤害，此项运动应缓慢进行。双手紧贴在胸部和颈部之间，双拳尽量紧握，保持此姿势10秒，重复训练直至有疲惫感。

| 优点 | 这个动作可以锻炼颈部肌肉，同时使颈部得到很好的放松，最好在训练快结束时进行，特别是刚刚训练过斜方肌后。 |
| 缺点 | 锻炼效果不能得到精确保证。 |

! 注意，不要使头部过分地向上仰起，以免压迫到脊椎。

颈部侧弯举

此项孤立训练主要针对颈侧部肌肉。该动作必须单侧练习。

> ❗ 颈侧面肌肉训练对于颈部毫无疑问是最危险的。此练习只限于小幅度运动,训练时一定要慎重。

1 站着或坐着,将右手放在右耳上方。

2 利用颈侧部肌肉发力,将头部尽可能地向右压,保持此姿势3~4秒后复位;右侧训练完成后直接转到左侧进行练习。

多样性选择

此项训练只借助于头部的重量就可以实现对颈部的练习。可以用静态训练方式来进行,每组训练时间为10秒,训练完毕休息片刻,重复训练直至感觉疲惫。

优点 此项训练使在正常情况下很难得到训练的、保护颈部的颈侧部肌肉得到了锻炼。

缺点 任何失误都可能损伤到颈部,所以在整个训练过程中都要集中精力。

特别提示
颈部运动幅度不要过大,尤其在做伸展运动时。

注意
训练要以缓慢、持续、静态的方式进行。

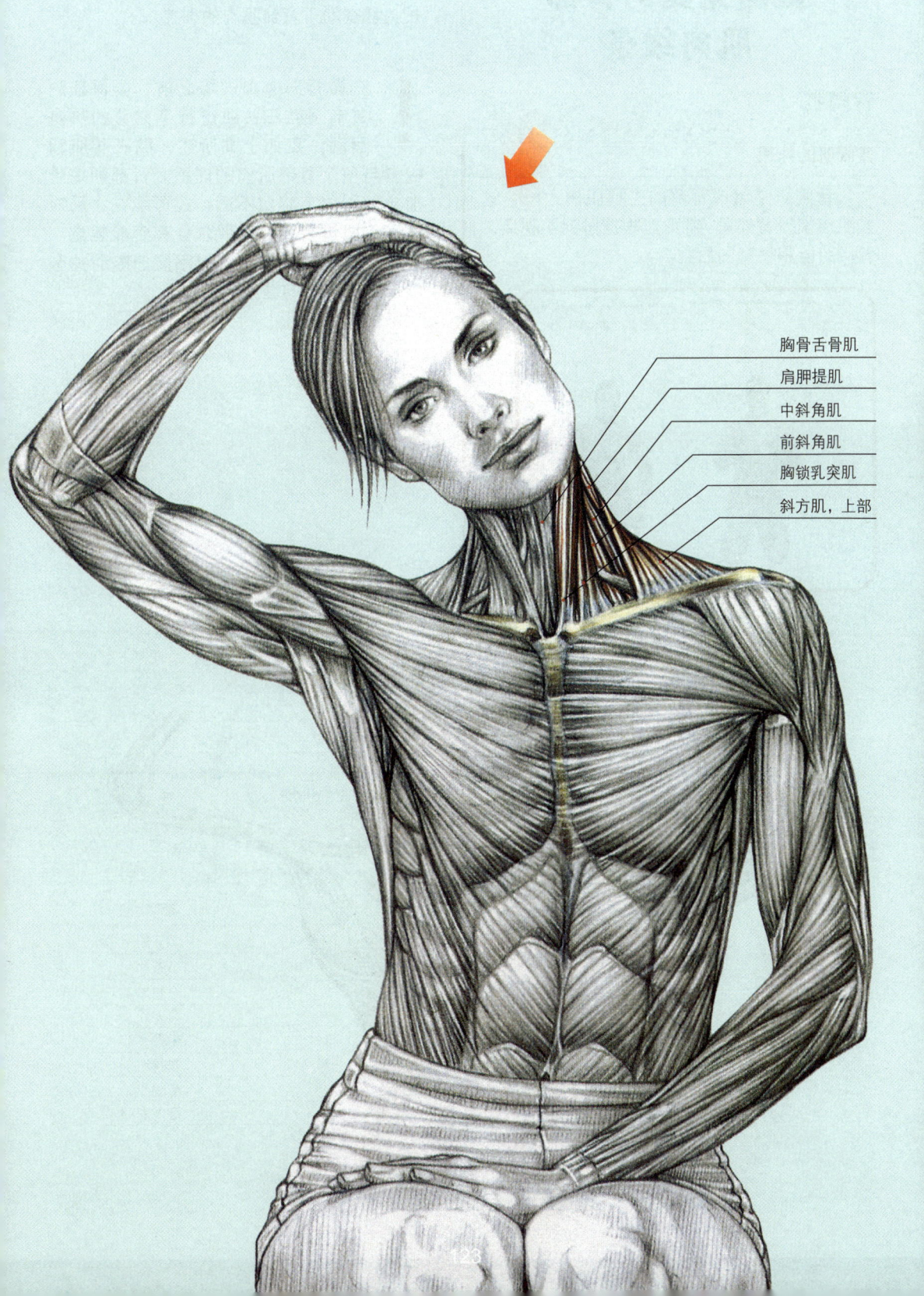

塑造完美的背部肌肉线条

背阔肌

背阔肌的作用

背阔肌是组成背部的主要肌肉之一,这些肌肉使得背部呈V字形。根据解剖学观点,背阔肌能将手臂向后拉。

肘关节的热身运动

三角肌后束、肱二头肌以及肱三头肌长头都有助于背部肌肉的训练。

! 在做背部肌肉训练之前,要保证肘关节及肱三头肌进行了充分的热身运动。正如上文所述,肱三头肌积极参与整个背部肌肉的训练。背部训练可能会使肘关节感到不适,还可能在之后对肱三头肌进行训练时偶尔会有疼痛感觉。因此,我们在背部训练时不能忽略肘关节以及肱三头肌的健康问题。

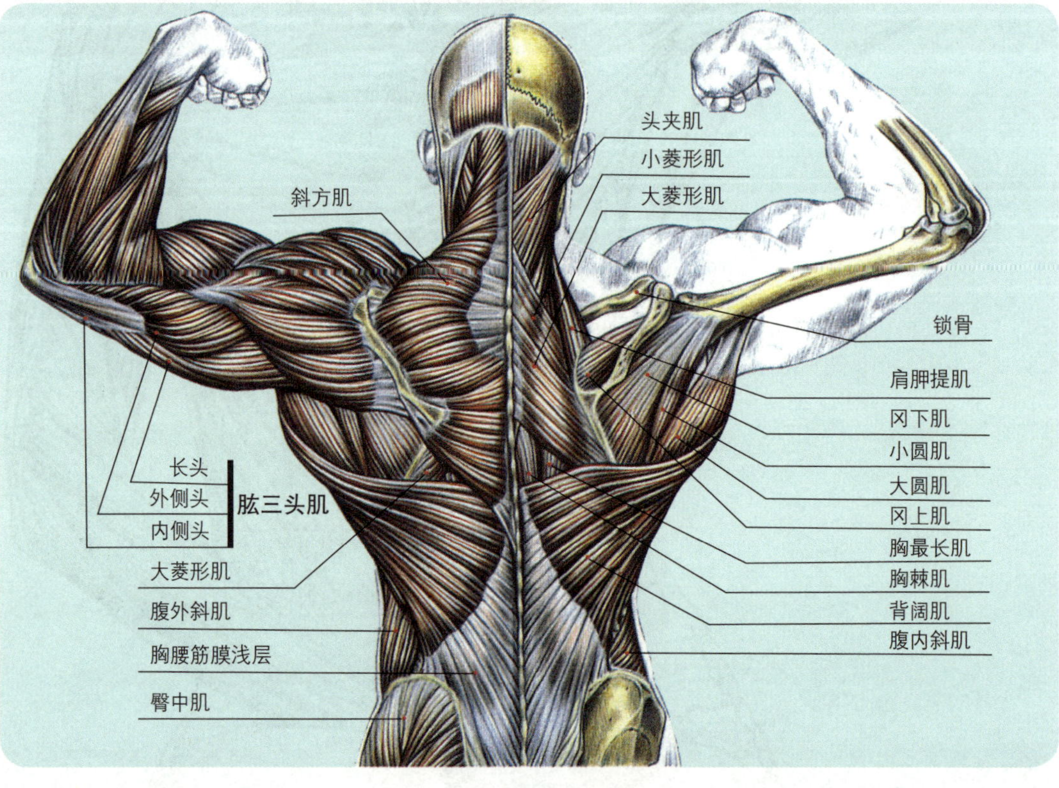

斜方肌

头夹肌
小菱形肌
大菱形肌

长头
外侧头 — 肱三头肌
内侧头
大菱形肌
腹外斜肌
胸腰筋膜浅层
臀中肌

锁骨
肩胛提肌
冈下肌
小圆肌
大圆肌
冈上肌
胸最长肌
胸棘肌
背阔肌
腹内斜肌

背部肌肉训练动作

引体向上

此项孤立训练主要针对背部肌肉、肱二头肌、肱三头肌的一部分以及前臂肌肉。单臂练习几乎是不可能的，除非是那些体重很轻的人。

▼ 旋后动作

1. 双手反握单杠（小指相对），双臂打开与肩同宽，向后抬起双腿使小腿与大腿成90°夹角，双腿交叉，右脚置于左脚踝上。

2. 利用背部力量向上拉起身体，使前额与单杠高度平齐。如果力量足够，使下巴与单杠高度齐平，头部后仰；如果还有余力，使颈部与单杠的高度齐平，要始终保持头部后仰，保持此姿势1秒；不要完全绷紧手臂，以防肌肉拉伤。

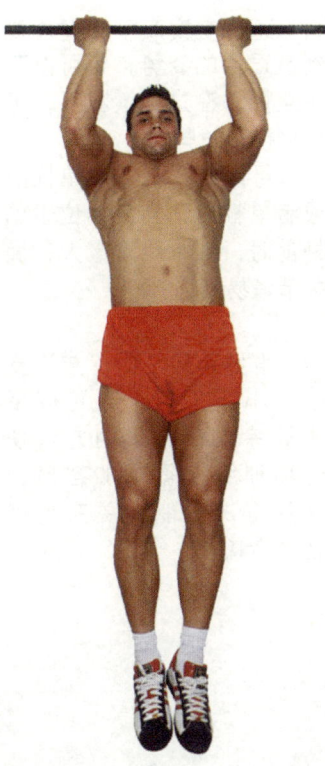

特别提示

应确保手部姿势正确。为了实现训练目标，将拇指放在食指上（若手指足够长，也可放在中指上）以便充分用力。

训练过程中都要保持身体直立，臀部收紧，右脚置于左脚踝上。这样严格要求是为了避免身体摇晃。

▼ 宽握，正手

①

▼ 窄握，反手

②

> **特别提示**
> 当可以不太费力地做12～15次重复练习后，每次训练时都可再增加一定的负荷，可以在两条小腿之间夹紧一个哑铃。

多样性选择

① 通过变换双手的握法找到最适合的姿势；也可以双手正握，在这种情况下，可以握得宽一些。

可以选择身体在单杠前或者单杠后，当身体位于单杠前时，训练难度最大，肩关节最易受伤。

② 当握距较窄时，双手反握（小指相对），可以采用训练肱二头肌的方法使这项训练变得更加容易；这种方法可能会更容易被初学者接受。

优点	引体向上只需要一点时间就可以有效地锻炼上半身肌肉。单杠是将背部练宽的最好器械。
缺点	引体向上对于新手而言难度较高。

! 训练时我们应避免完全伸直手臂。在此项运动中肩部及肱二头肌都极易受伤，训练中要避免过于猛烈的发力方式，避免肌肉撕裂。单杠引体向上训练的理想方式，是在单杠上匀速持久地用力。

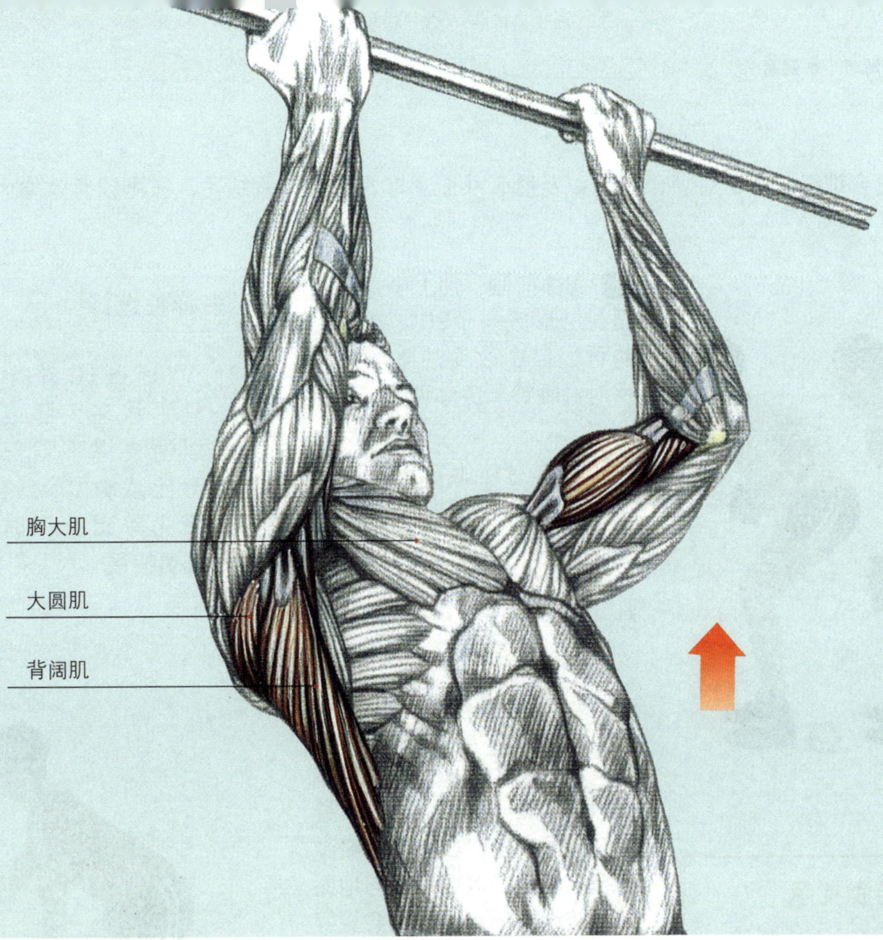

胸大肌
大圆肌
背阔肌

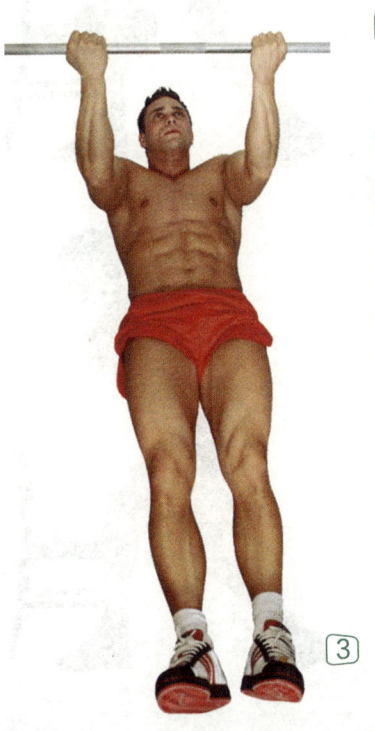

③ 另外一种训练方法为将单杠固定在距地面1米左右的高度，以便于双脚可以着地。这种方法可以大大减轻负重，使训练更加容易。这项训练的角度刚好是引体向上和划船动作的结合。如果单杠不可以调节高度，可以用一把椅子来支撑双腿。

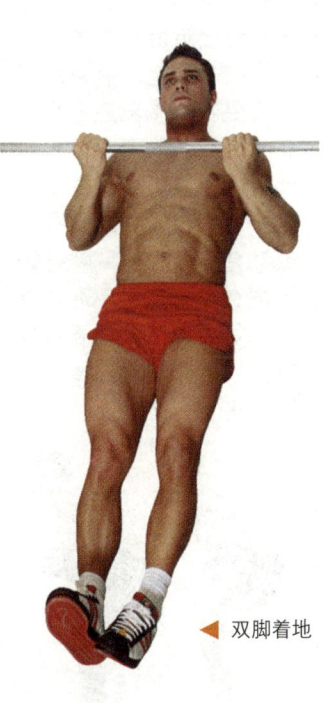

◀ 双脚着地

哑铃划船

此项复合训练主要锻炼背部肌肉以及肱二头肌。非常建议单臂练习,它可以有效增大移动幅度。

上半身前倾

1 身体前倾,使上半身与地面能够形成一个90°~120°的可以自由改变的夹角。双手对握哑铃于身体两侧。

2 沿着身体上拉哑铃并逐渐弯曲手臂,使肘关节尽可能地抬高,收紧肩胛骨使其两侧相对,保持此姿势1~2秒,放回手臂完成动作。

! 双臂划船对于背部有一定危险性,尤其是负荷过重时。减小这种危险性的方法之一是避免俯身时身体与地面夹角过小,可以略微抬起上半身,以便使其与地面形成较大夹角,这样也会更好地感觉到肌肉运动。同时,在这个更加安全的姿势中肌肉锻炼的效果也更好。

多样性选择

1 2 单臂练习时,将另一只手放在大腿或椅子上,以便支撑下背部。单臂练习比双臂练习效果更好,因为单臂练习时可以增大运动幅度。

特别提示

通常情况下,哑铃应该提到接近肚脐的高度。但是,一些运动者喜欢把哑铃提到比胸部还要高一点的位置,向下时放到比大腿还要低一点的位置。另外,手持哑铃时,有的运动者喜欢把手腕轻轻转向外,有的运动者喜欢转向内。训练者要根据自身的具体情况选择合适的方法。

优点 哑铃划船尤其锻炼背部肌肉,特别是斜方肌的下端(见第132页)。
此动作在训练背部的宽度方面不如引体向上,主要训练的是背部的厚度。划船和引体向上都是针对背部的补充训练。

缺点 身体前倾的姿势不利于大重量练习,因为会阻碍呼吸。这种不稳定的姿势对脊柱也无益。

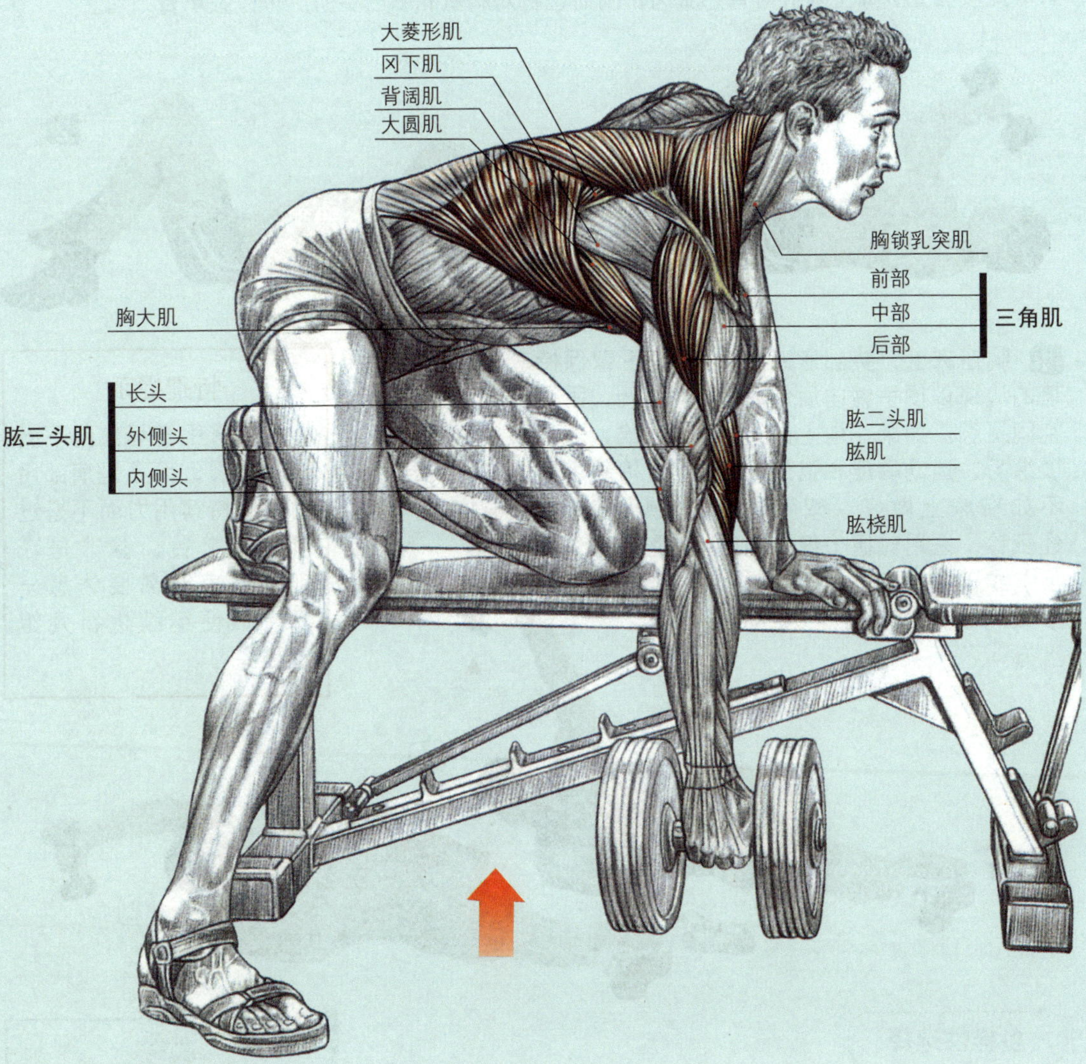

肌肉解剖图标注：
- 大菱形肌
- 冈下肌
- 背阔肌
- 大圆肌
- 胸锁乳突肌
- 三角肌（前部、中部、后部）
- 胸大肌
- 肱三头肌（长头、外侧头、内侧头）
- 肱二头肌
- 肱肌
- 肱桡肌

③ 可使用弹力带进行划船运动。将弹力带一端挂在哑铃上，然后踩住另一端开始训练。

也可以坐着用弹力带进行划船运动。用脚蹬着弹力带一端，手持弹力带另一端（正握或对握），利用背部力量将弹力带向后拉伸。

特别提示

头部尽量抬高，练习时要避免头部前仰后合。

▼对握 ③

▼正握

仰卧曲臂上拉

此项孤立训练主要针对背部肌肉，同时也针对胸肌和肱三头肌。可以做单臂练习。

1️⃣ 躺在床上，头部靠近床垫的边缘以便手臂向后伸时空间足够。如果在地上做这项练习，运动幅度和强度都不如在床上做好。双手握住哑铃，采用对握（拇指向下）或正握（拇指相对），手臂弯曲成90°放在头部上方。

2️⃣ 手臂保持弯曲向后降至头顶处，手臂应尽可能低地向下放，随后利用背部力量重新抬起手臂，当哑铃到达前额上方的位置时停下，然后重复动作。

> **特别提示**
>
> 应将手臂尽量向下向远处伸展，而不是肩部用力；应持续用力而不是过度举高哑铃，除非是在训练结束时需要休息一下，以便继续进行几组重复练习。

基础握姿

多样性选择

对于那些在传统背部肌肉训练中感到不适的人来说，单臂练习会更加合适。用侧卧代替平躺。

1️⃣ 右手正握（拇指在下）握住哑铃，手臂绷紧抬至头部上方。

2️⃣ 将手臂尽量向前伸展。与双臂上提运动相反，应始终保持手臂紧绷。不要将哑铃举太高，以便持续用力。右侧训练完成后立即换至左侧练习。

这项训练更适合初学者。此项训练的目标是能够持久地感受到背部肌肉的运动，同时学会感受背部肌肉的收缩。渐渐地，这种感觉也可应用到背部的其他训练中。

> **诀窍**
>
> 在此项单臂训练中，将未持器械的手放到训练侧背部，以便更好地感受背部肌肉的收缩。

> **特别提示**
>
> 仰卧曲臂上拉有助于打开胸廓，但是一些伸展运动对于胸部的拉伸会更有效（详见关于胸部的章节）。

第二部分 练习

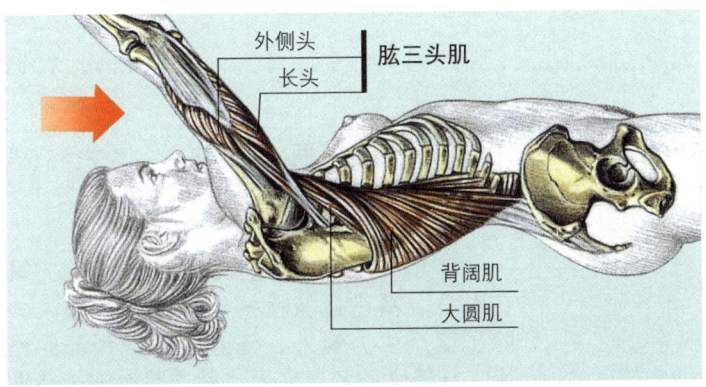

外侧头 — 肱三头肌
长头
背阔肌
大圆肌

! 仰卧曲臂上拉使肩关节处于一个相对不稳定的状态，因此负荷不应太重。通常情况下，想要加强训练应该增加重复训练的次数而不是负荷的重量，要感受运动中肌肉的收缩而不是过于关注训练成绩。确保哑铃的重量与体重相适应，以防哑铃在头部上方脱手。

优点 在整个上提训练中肱二头肌并未参与其中。如果在引体向上或划船中，感受到的是肱二头肌的运动而不是背部肌肉的运动，说明背部肌肉较弱，仰卧屈臂上拉可以有效强化背部肌肉。可以通过这个动作开始全部或部分的背部肌肉训练，以便在进行复合训练之前单独锻炼背部肌肉。这是一种预疲劳的训练方法。

缺点 一些训练者在肱三头肌训练后会明显地感到不舒服。在这种情况下，应该确保在做仰卧曲臂上拉之前没有给胸部、肩部及肱三头肌施加压力。

背部拉伸

这两种拉伸训练主要伸展的是背部的不同部位，互为补充，因此应该一起练习而不是单独训练。

单杠拉伸

[1] 双手窄距正握握住单杠，将身体悬挂在单杠上。如果单手练习会使运动难度增大，此时应双脚着地，以便保持身体的稳定性。

坐立拉伸

[1] 席地而坐，双腿基本伸直，上半身直立，用左手（拇指在下）去触摸右脚。弯曲腿部会较容易完成这项训练。

[2] 然后慢慢伸直右腿，以便肌肉得到更好的拉伸。右臂重复此练习。

131

斜方肌

斜方肌的作用

斜方肌分为上、中、下三大部分，在这里我们将其分为上、下两部分来讲解，其中斜方肌上部包括上斜方肌和中斜方肌的上半部分，斜方肌下部包括下斜方肌和中斜方肌的下半部分。

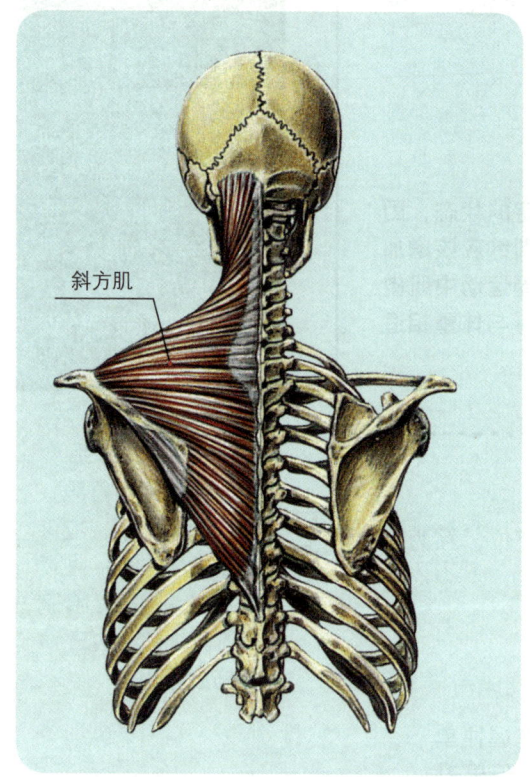

斜方肌

斜方肌上部：它们支撑起双肩。斜方肌在对抗、搏击以及投掷运动中作用较大，除了能产生力量外，还起到保护颈部的作用。从美学的角度来看，斜方肌有一个清晰的外形，可以增加着装美感。强壮的颈部肌肉和斜方肌是在外观上使对手害怕的最理想武器。

耸肩是典型的斜方肌上部收缩的表现，应集中精力锻炼这部分肌肉。另一个训练斜方肌上部的方法是直立划船，就像在肩部章节中描述的一样，但是要保持肌肉紧绷。

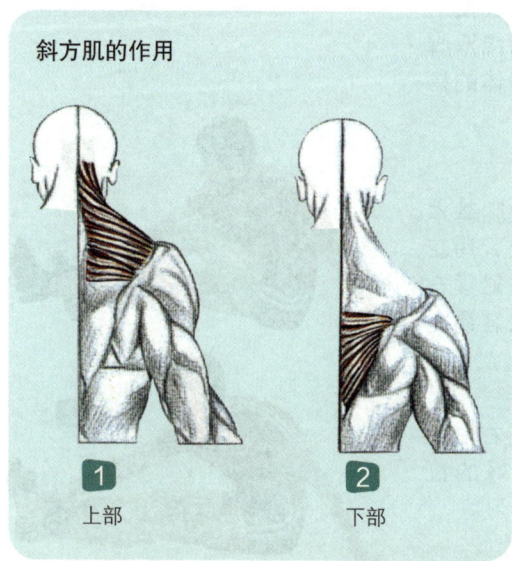

斜方肌的作用

1 上部 　　 2 下部

斜方肌上部的训练方法

我们可以使用"后疲劳"的方法进行练习，先进习行直立划船训练，力竭后再进行耸肩训练。

我们也可以使用"预疲劳"的方法进行练习，先进行耸肩训练，再进行直立划船训练。

◀ 划船运动

后疲劳

预疲劳

◀ 耸肩

斜方肌下部：斜方肌下部与斜方肌上部是相对的。斜方肌下部的主要作用是稳定和保护肩部关节，脆弱的斜方肌下部容易造成三角肌的损伤，因此锻炼斜方肌下部肌肉比锻炼上部肌肉更重要。锻炼斜方肌下部肌肉的主要运动项目是俯身划船和俯身侧平举，训练时应保持身体前倾。

斜方肌下部肌肉的训练方法

斜方肌下部肌肉的"后疲劳"训练以俯身划船开始。一旦力竭，应立即改为俯身侧平举训练。

斜方肌下部肌肉的"预疲劳"训练是先进行俯身侧平举训练，然后再进行俯身划船训练。

◀ 俯身侧平举运动

后疲劳

预疲劳

◀ 划船运动

! 在力量型选手身上，斜方肌上部和下部的发展极不平衡，即使考虑到自身的重量，他们的斜方肌上部也远比不经常运动的人更强大，但是他们的斜方肌下部却不一定比不常运动的人更强壮。这种不平衡会影响到训练成绩，应通过做更多的俯身划船及俯身侧平举来解决这一问题。

斜方肌训练动作

哑铃耸肩

此项孤立训练主要针对斜方肌上部。单臂练习是可行的，但并不建议。

1️⃣ 站立，双臂紧绷放于身体两侧，双手对握住哑铃（拇指在前）。

2️⃣ 耸肩，就像试图用肩膀去触碰耳朵一样，双肩应尽量高耸，保持此姿势1秒，复位。

> ⚠️ 因肩部与颈部相邻，斜方肌上部的重复收缩训练可能会造成轻微头痛，因此应缓慢地进行，以渐进的方式增加运动量。

特别提示

动作开始时不要弯曲手臂，在动作结束时，可适当弯曲手臂以达到增大运动幅度的目的。

注意

如果可以，应通过对斜方肌的训练来开始胸部和肩部训练，这个动作会使肩关节得到热身，同时"唤醒"运动神经系统。要把握好斜方肌训练热身的程度，在接下来的训练中不应觉得热身起到了反作用，如因斜方肌的灼痛感而妨碍用力等。

多样性选择

1️⃣2️⃣ 一根被踩在脚底的弹力带，可以替代哑铃或与哑铃同时使用。

3️⃣ 为了改变斜方肌的训练角度，可将哑铃置于身体前或后。

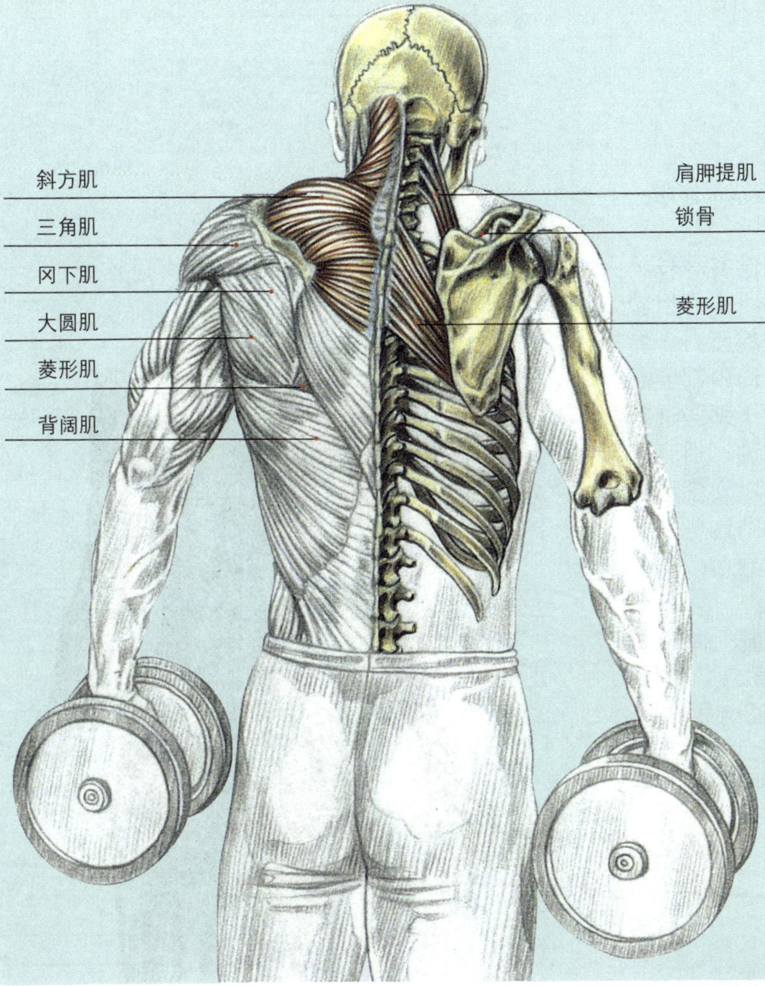

斜方肌
三角肌
冈下肌
大圆肌
菱形肌
背阔肌

肩胛提肌
锁骨
菱形肌

接下来的练习可使斜方肌在最短的时间内精疲力竭。开始训练时将双臂轻轻地放于身体后，双手旋前握住哑铃（拇指相对）。一旦力竭，由身体侧面回到原点（双手呈基础握姿），以便用更简单的方式继续训练。再次力竭，将手臂放回身前（保持旋前姿势握住哑铃），适当放松后，进行几次额外的重复练习。一种强烈的灼热感会迅速地在整个斜方肌上部弥散开来。

优点　这是直接针对斜方肌的训练，几乎不会出现其他肌肉借力的问题。

缺点　与其说斜方肌上部肌肉的锻炼很容易，倒不如说下部肌肉很难变得更强壮，或者说经常被忽视。这导致了这两部分肌肉之间的不平衡，因此应该花费更多的时间训练斜方肌下部肌肉，而不是热衷于斜方肌上部肌肉的锻炼。

腰部肌肉

腰部肌肉的作用

腰部肌肉起着双重作用：

1 腰部肌肉支撑着脊柱下部，强壮的腰部肌肉可以减缓来自背部脊柱的压力。腰部肌肉在所有运动中都会起到一定作用。对于那些进行肌肉锻炼的人来说，拥有坚实的腰部肌肉可以安全地进行复合训练，否则这些复合训练有可能损伤脊柱。

2 当身体前倾时，腰部可使上半身重新直立。在此动作中，腰部肌肉很少单独工作，通常会同时带动臀部和大腿后部肌肉一起发力。

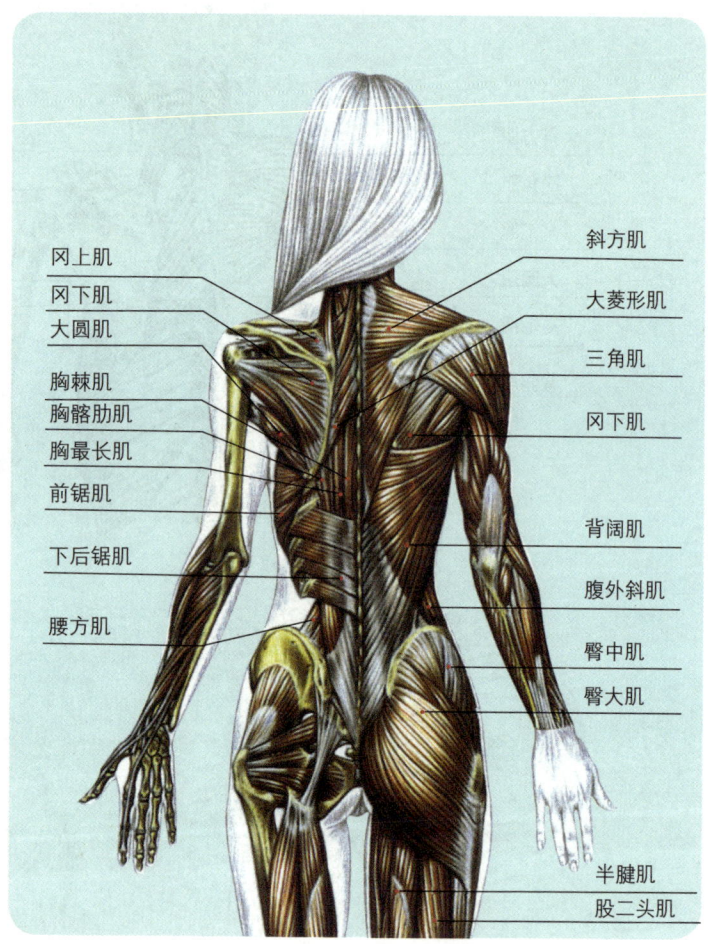

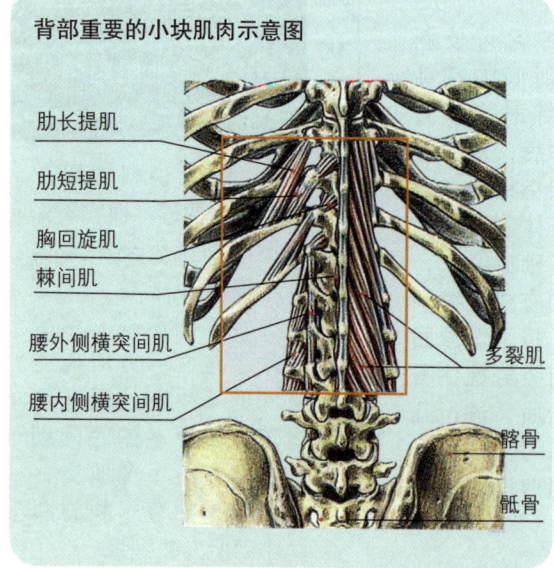

背部重要的小块肌肉示意图

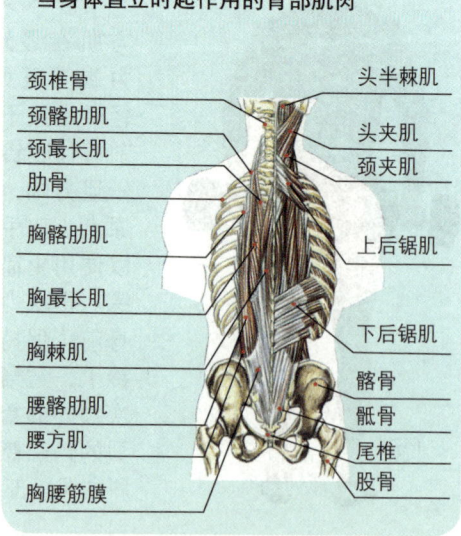

当身体直立时起作用的背部肌肉

腰部肌肉训练动作

哑铃硬拉

此项复合训练不仅针对腰部，同时也针对背部、臀部以及腿部。单腿练习是可行的。

健康的椎间盘

不健康的椎间盘

椎间盘突出

1 双脚分开与肩同宽，蹲下拿起两侧的哑铃。保持背部挺直，双手对握或正握。

2 利用腿部和背部发力使身体重新站直，两个动作应同步进行。

3 直立后，身体前倾，双腿弯曲，重新回到起始姿势。

! 与背部锻炼相比，腰部肌肉锻炼更容易受伤，即使轻微的疼痛也会妨碍你更好地进行训练，因此应时刻关注脊柱，因为它十分脆弱！脊柱本不应承受强加的高强度体育训练。为了将压力从脊柱转向到腰部肌肉上，坚实的腹部及腰部肌肉是必须的。所有的训练都应像锻炼颈部肌肉时那样，在强壮肌肉的同时不损伤肌肉。

特别提示

腰部疲劳时，背部无法自然地保持轻微的弧度，脊柱也开始弯曲，当感到背部的弧度有变化时，我们应立即停止这项训练。

当腰椎间盘由于疲劳而感到疼痛的时候，继续进行训练不是一个好的选择，最好在感到背部开始弯曲时就立即停止运动。如果你很想继续进行训练，必须减轻负荷。例如：将哑铃放在双腿之间进行练习。

注意

如果你腿长胳膊短的话，弯腰拾起哑铃并不是一个好办法，而是应将哑铃适当垫高以减小腰部的弯曲幅度。

! 背部姿势不当时，剧烈的运动很容易诱发椎间盘突出，这种情况在每次训练结束，特别是腰部训练结束后很容易出现，可将身体长时间悬挂在单杠上以减轻脊柱压力。

①

②

③

多样性选择

① 可以用一根踩在脚下的弹力带取代哑铃，双手握住弹力带两端进行练习。

② 为了更有效地锻炼肌肉，可同时使用弹力带和哑铃进行训练。哑铃产生的阻力在训练初始较强，以后逐渐减弱，而弹力带则相反，同时使用这两种器材进行训练，会在整个训练过程中获得持久的阻力。

③ 单腿训练也是可行的。

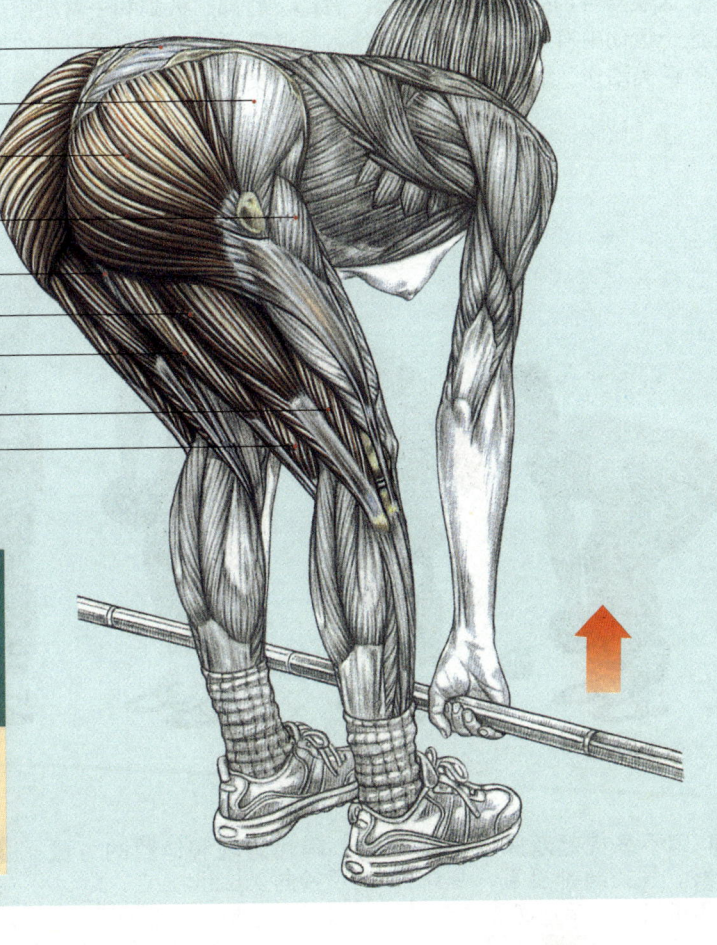

- 脊柱,腱膜
- 臀中肌
- 臀大肌
- 阔筋膜张肌
- 大收肌
- 股二头肌,长头
- 半腱肌
- 股二头肌,短头
- 半膜肌

优点	这是最全面的肌肉训练动作,大多数肌肉在最少的时间内得到了锻炼。
缺点	由于大量肌肉都参与了锻炼,因此此项训练是很累的。

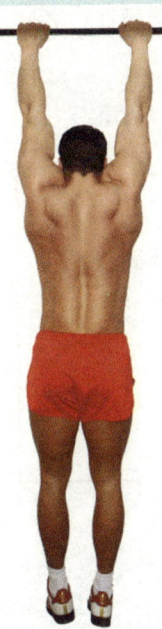

脊柱拉伸

将身体悬挂在单杠上,如同131页描述的那样,以减轻脊柱的压力。

在刚刚挤压过椎间盘后,不建议立即通过身体前倾、或坐或站的训练方式进行腰部肌肉的拉伸运动,最好将拉伸运动留到下次训练。

哑铃高翻

这项复合训练主要锻炼腰部、背部、臀部、大腿和手臂肌肉。双臂举过头顶时，肩膀也会在这一运动中得到锻炼。这个动作就是通常所说的举重项目中的挺举动作的变化动作，是最全面的健美动作，因为身体上所有的肌肉都发挥着作用，所以单臂训练是不可取的。

1 蹲下来提起双脚两侧的哑铃，保持背部挺直，身体向后微弓，双手正握。

2 借用蹬地和伸髋的力量将哑铃向上拉起。

3 站立后双手弯曲并伴随身体适当下蹲，借用缓冲的力量来承接哑铃。

特别提示

部分挺举是指当哑铃到达齐肩的高度时就可停止动作了；完成完整的挺举动作是将哑铃继续向上举过头顶。练习之前一定要进行充分热身。

说明

头部直立，目光稍微向上注视，尤其是要避免只看左边或右边，这样会失去平衡，使背部受伤。

> 这是一项有爆发力的训练，从而存在潜在危险，开始练习时要十分谨慎。

4 身体前倾，双腿弯曲，重新将哑铃放回地面。

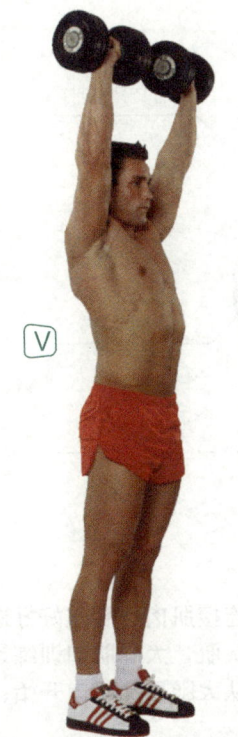

多样性选择

V 双手向上举起哑铃，进行挺举练习。

> **优点** 高翻使大量肌肉在最短的时间内得以锻炼，不仅锻炼了肌肉，还有助于改善动作的协调性。在一组长时间的训练中，还能获得更好的耐力。
>
> **缺点** 这个动作训练难度极高，我们一般不推荐给刚接触健身训练的爱好者。

强健大腿前侧肌肉

股四头肌

股四头肌的作用

在体育运动中，大腿肌肉一般比上半身肌肉发挥的作用更大，可以使人完成行走或跳跃这两个最基本的动作。医学研究表明，大腿肌肉群在跑步或自行车运动中有直接控制力量的能力。换句话说，大腿肌肉越发达，行进速度越快。如果一个女性的大腿肌肉像男性一样发达，那么她可以和男人走得一样快。因此，可以理解训练大腿肌肉对提高由速度决定成绩的运动的重要性。但从美学角度看，粗壮的大腿明显不如发达的上半身肌肉好看。

因此，强健大腿肌肉的运动经常被忽略，但是大腿肌肉线条应该是优美的，这也是下面进行练习的目的。

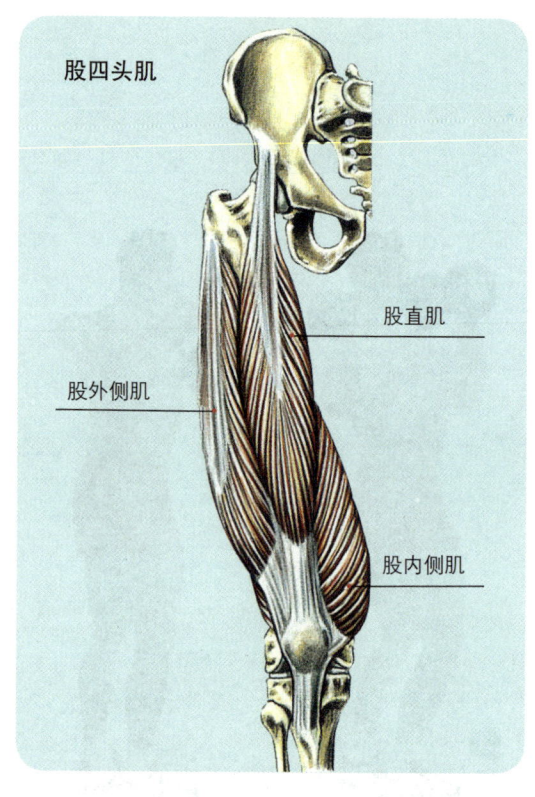

股四头肌

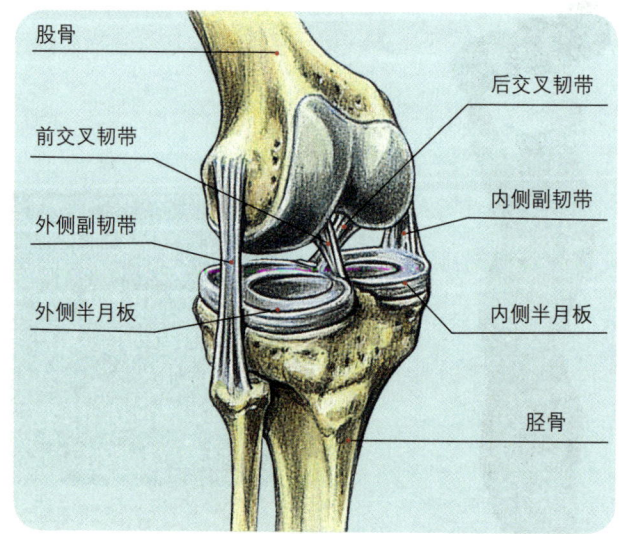

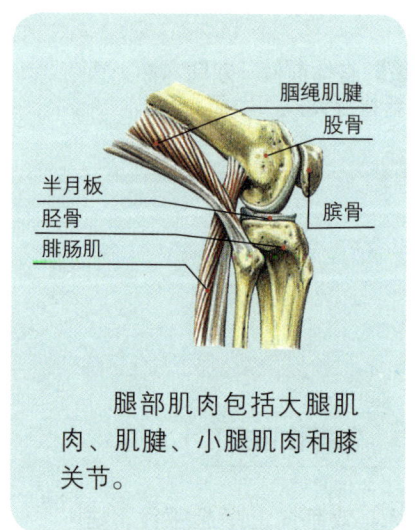

腿部肌肉包括大腿肌肉、肌腱、小腿肌肉和膝关节。

! 在训练大腿肌肉之前，应该对连接肌肉的膝盖好好进行热身运动。通常，人们错误地认为热身的目的是为了热身股四头肌，大腿肌肉训练是从热身股四头肌开始的。其实，为了避免膝盖出现问题，热身应从大腿后侧肌肉开始，然后才是股四头肌和小腿肌肉，这样会减少或避免出现疼痛感。

股四头肌训练动作

哑铃深蹲

此项复合训练主要锻炼股四头肌、大腿后侧肌肉、腰部肌肉、小腿肌肉和臀部肌肉。单腿训练是可行的,但并不建议。

1 2 双脚分开与肩同宽,下蹲握住两个在地上的哑铃。腰部挺直,略向后倾。双手自然弯曲,最好保持对握姿势。

3 保持背部直立,小腿用力绷紧。身体直立后,再次弯曲小腿回到初始姿势,下蹲直至大腿与地面平行。

多样性选择

深蹲可以有几种变化:

深蹲幅度的变化

重心下降得越低,深蹲就越困难。因此,深蹲的幅度不应只考虑想要锻炼的肌肉,也要考虑到身体的组织结构。腿越长,特别是股骨越长,背部越容易受伤。若腿与胸部倾斜比例不当,身体则要向前倾斜很多,会造成腰椎间盘突出。

特别提示

下蹲时要保持背部挺直。

一旦力竭,如果想继续训练,应减轻负荷,选择双手握住哑铃位于两腿中间的方式进行练习。

特别提示

有的人一点都不喜欢深蹲，有的人觉得在该运动中如果对下蹲幅度有限，那么大腿肌肉就没有得到很好锻炼。你要顺其自然，选择能更好地感受到大腿肌肉运动的深蹲幅度。

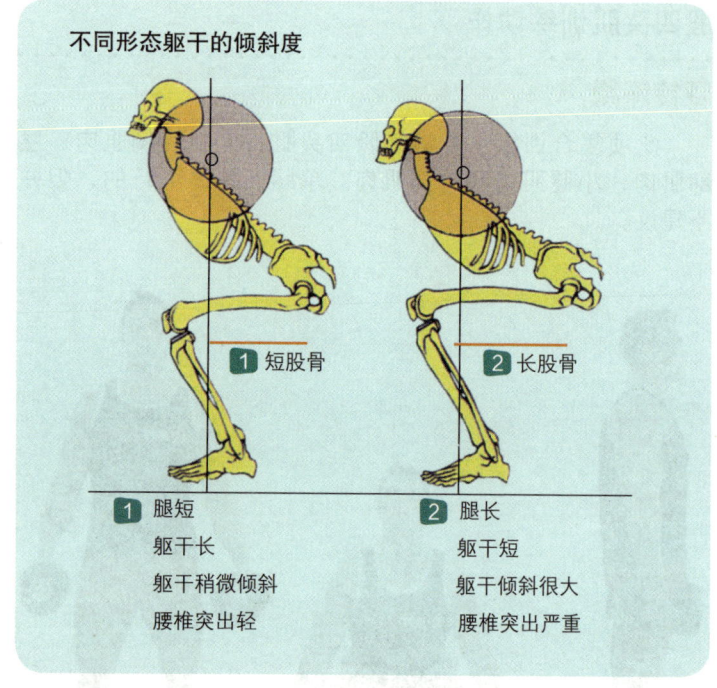

不同形态躯干的倾斜度

1 短股骨
2 长股骨

1 腿短
躯干长
躯干稍微倾斜
腰椎突出轻

2 腿长
躯干短
躯干倾斜很大
腰椎突出严重

深蹲形式的变化

为了确定深蹲幅度，应准备一张床或一把椅子，下蹲到床或椅子高度即可，此项运动有两种变化形式：

1 碰到椅子边缘后就立即站起，这样可促进肌肉爆发力的发展。

2 可以在椅子上停留1～2秒以放松肌肉，这个技巧可以帮助从固定位置起跑的运动员获得在起跑时所需的瞬间爆发力。

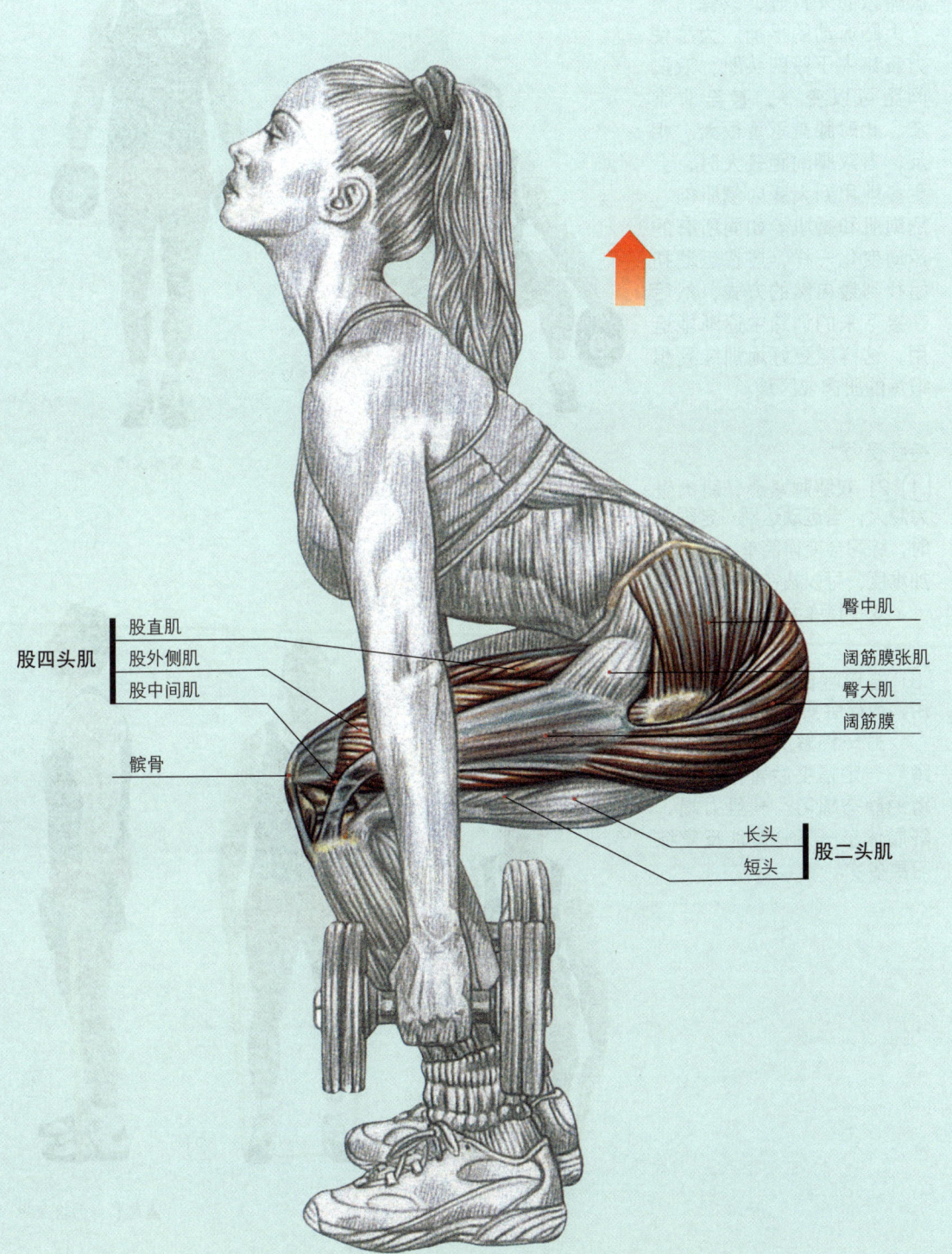

不同站距的变化

V 双脚间距是可以改变的，最好保持与肩同宽，双脚略微向外打开，以保持整个大腿运动的平衡。为了使力量集中于股四头肌，双脚间距可以变窄，甚至非常窄，此时膝盖承重很大。相反，当双脚间距较大时，会更多地用到大腿内侧肌肉、腘绳肌和臀肌。如同所有的运动变化一样，应在运动初始找到最自然的方式，然后在接下来的训练中逐渐地运用，这样能更好地训练到想锻炼的肌肉或区域。

持续受力

1 2 双腿越紧绷，肌肉张力越大，当运动达到一定程度时，练习会变得简单。为了增加难度，可以站在一根弹力带上，双手持弹力带两端。

3 若用哑铃配合弹力带使用，效果会更好。

另一种解决办法是当下蹲到一定幅度后暂停进行深蹲的静态练习。一旦力竭，舒展休息一下，就能反复练习更多次。

▲ 宽距深蹲　　　　▲ 窄距深蹲

▲ 弹力带深蹲　　　　▲ 哑铃弹力带深蹲

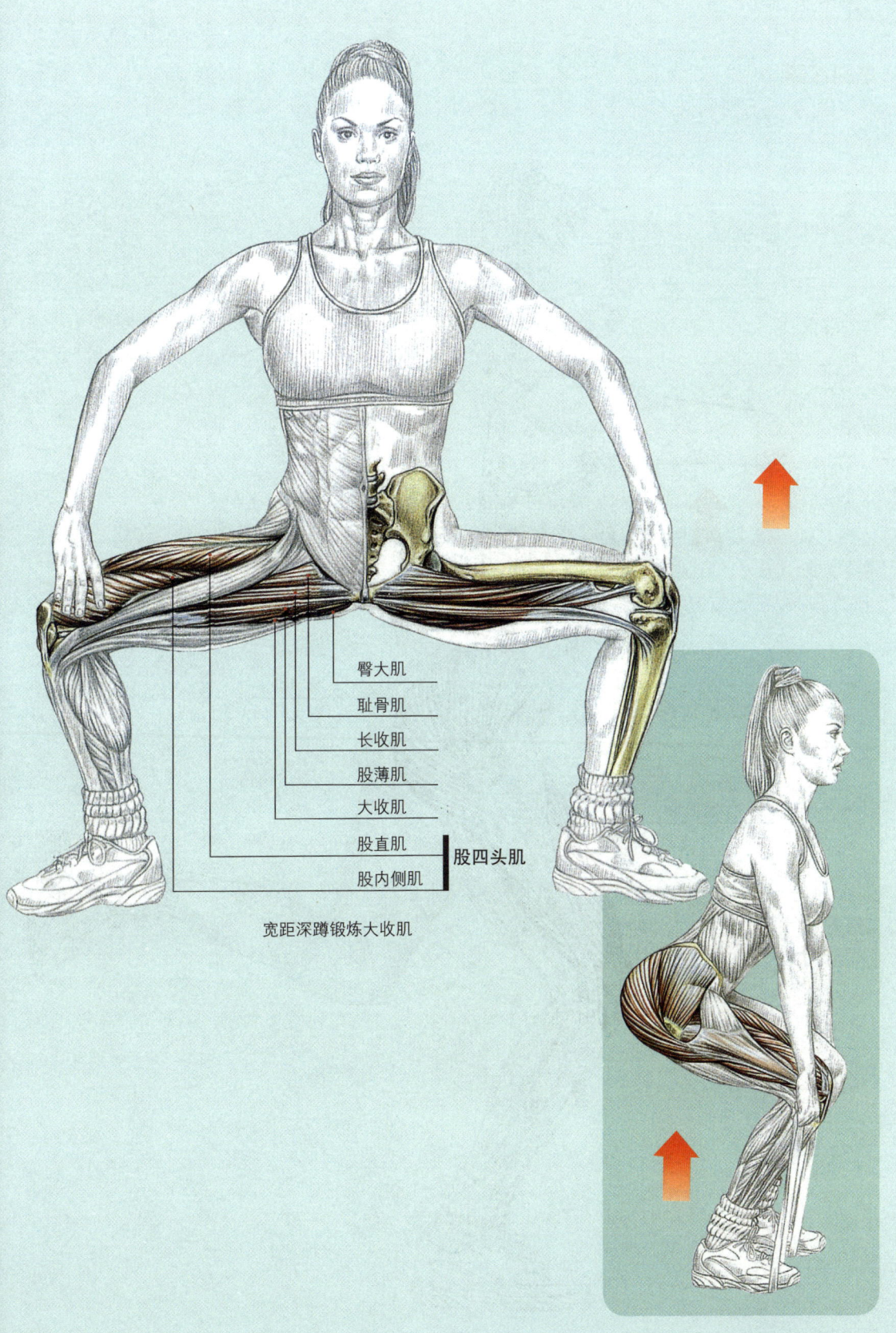

单腿深蹲

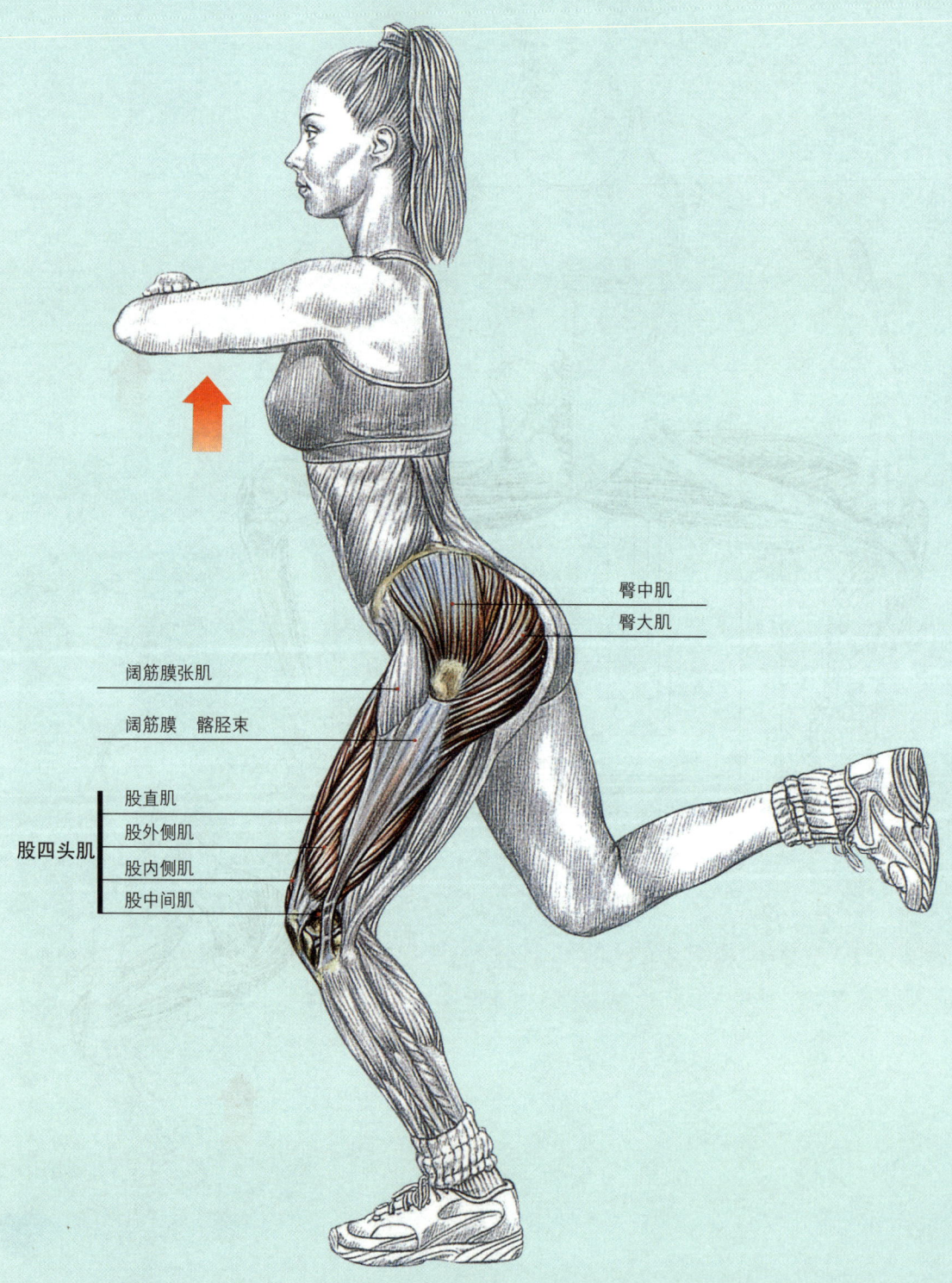

第二部分 练习

深蹲和借力推

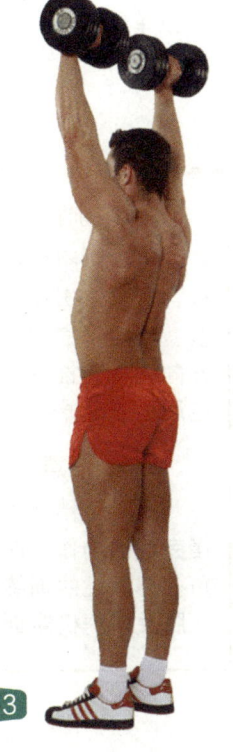

特别提示

当力量与训练强度都达到一定程度时，在同一训练中进行深蹲和借力推有个大问题，就是这两种运动都会给脊柱带来很大压力，同时会感到很疲劳。最好两种训练交替进行。

优点：深蹲可使身体下半部分在最短的时间内得到锻炼，此训练虽然艰苦，但是可以刺激身体提高新陈代谢。事实上，当深蹲运动用力最大时，可以促进身体分泌促进肌肉生长的物质（睾酮和生长激素）。

缺点：此训练会令人感到疲劳，背部和膝盖会有受损伤的风险。

! 深蹲时，膝盖、胯部和脊柱会受到很大的压力。当形体受限时，不要下蹲过低而违背自然规律。有些下蹲动作需要很低，有些则不需要。

注意保护关节，否则你会付出沉重的代价。做半蹲运动时要比全蹲运动更安全。

如同每次训练结束时一样，要长时间地吊在单杠上以放松腰部。

挺髋蹲

此项运动主要锻炼股四头肌,可以单侧练习。与其他深蹲不同,训练时可以无负重进行,以保护背部和跨部。

特别提示

可在脚跟处放一块垫板,做这个运动就会容易些,垫板越高越容易,因此向初学者推荐。当你适应后可以撤掉垫板。

注意

这是个持续受力、缓慢完成的动作,而不是重负荷爆发性的训练,常用在膝关节的机能训练中。

1 为了避免身体失衡的问题,可以用椅子支撑身体或靠在墙上,两脚与肩同宽,身体后倾绷紧,膝盖向前。下蹲越低,越要提起脚跟,保持背部平直,下蹲几厘米后复位。为了不让双腿肌肉放松,保持股四头肌持续受力,不要完全直立。在每次重复训练时下蹲幅度越来越低。

优点

这个动作更有针对性地锻炼了股四头肌的中心部分,这部分肌肉是股四头肌中唯一一块多关节肌肉。这部分肌肉经常被忽略,它对于跑、跳运动很重要。

缺点

在开始训练前,应该对膝盖进行充分的热身,建议不要在大腿训练开始时就进行挺髋蹲。

多样性选择

V 为了增加阻力,可以在手中拿个有重量的杠铃片抱在胸前。

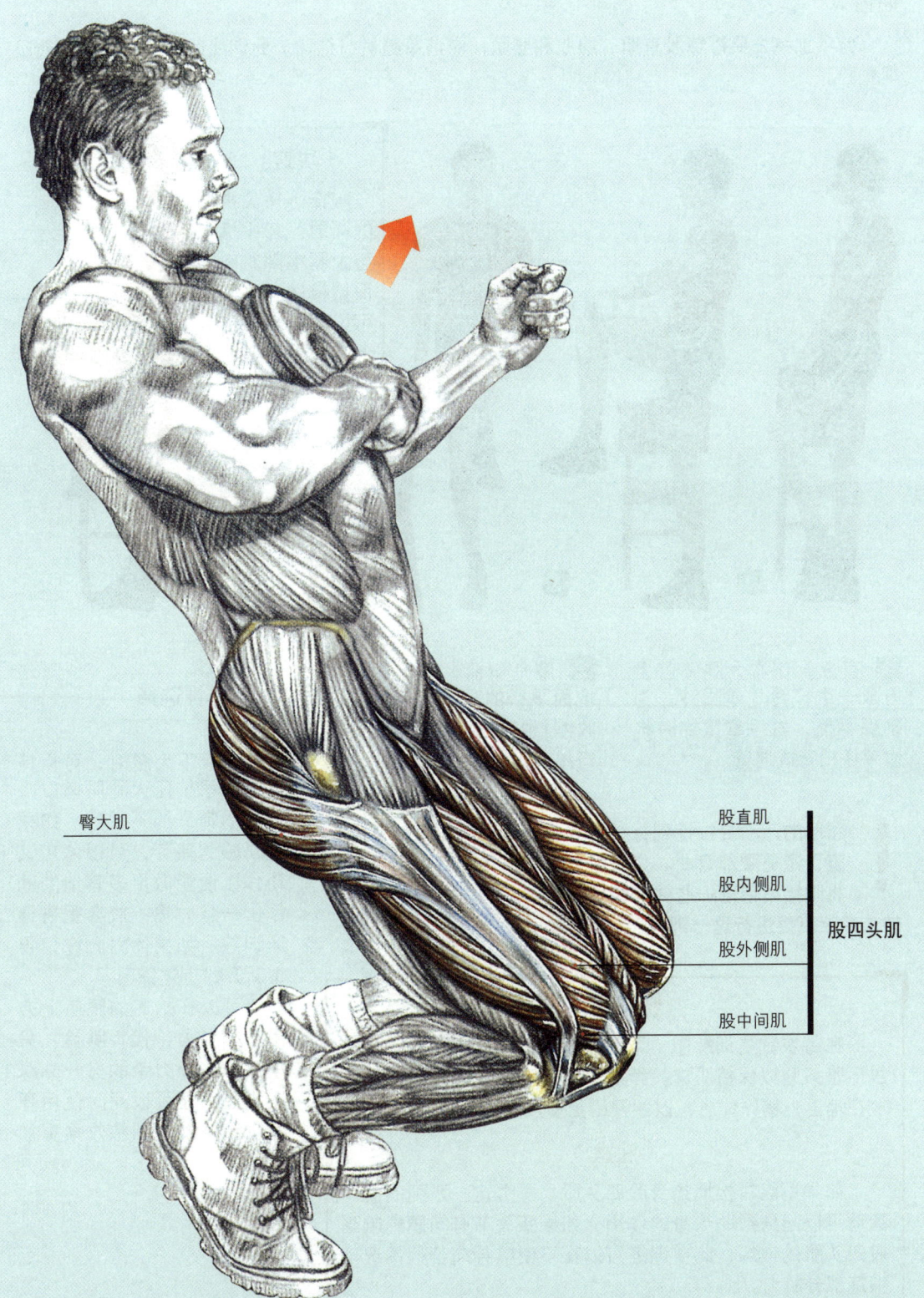

屈髋

此项训练主要锻炼股直肌、腰肌和腰肌,应该单腿进行练习。此训练对短跑和跳高运动员很重要。

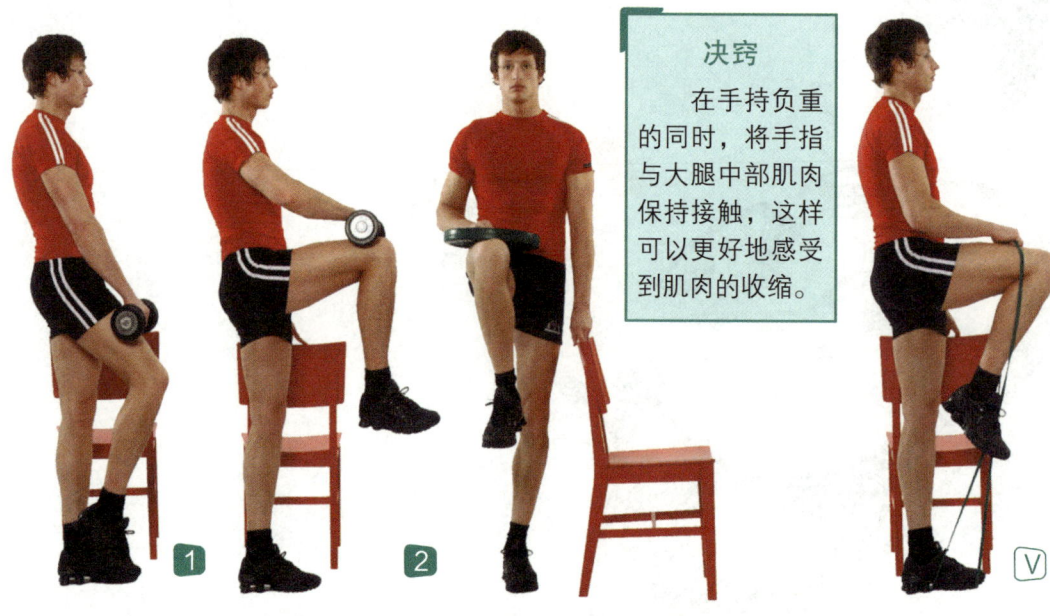

> **诀窍**
> 在手持负重的同时,将手指与大腿中部肌肉保持接触,这样可以更好地感受到肌肉的收缩。

1 直立,在右大腿膝盖上方放一个杠铃片或哑铃。为确保平衡,右手拿重物时,左手扶椅背或墙壁。

2 膝盖弯曲,将腿抬至与地面平行的高度,保持肌肉收缩1秒后放下。双腿交替进行练习。

! 腰肌的活动会拉扯到脊柱,因此在运动时应保持背部平直,避免腰部弯曲。如果感觉到背部骨头发出声音,可将腿抬得稍低一些并缓慢进行训练。如果状况并没有好转,建议不要进行这一训练了。

特别提示

在每次重复训练中,下落时不要让脚碰到地面,避免放下整条腿以保持肌肉持续发力。只有在力竭时可以将脚放在地上,稍作休息,以便开始更多重复练习。

注意

如果不能轻松地热身股四头肌,那么这一系列的挺髋运动可以起到帮助热身的作用。如果膝关节有问题影响到股四头肌的锻炼,此项训练可以在不使髌骨痛苦的情况下锻炼部分肌肉。

多样性选择

V 当落下大腿时,可用持负重的手挤压大腿肌肉以降低运动带来的不适感。如果大腿感到疲劳,可以停止该动作以便能做更多其他的动作。一旦力竭,放弃重物继续训练。如果体力允许,再重新开始上述练习。

可以在抬起的膝盖上方用一根弹力带代替哑铃,另一只脚将弹力带的另一端踩在脚底,还可以同时使用弹力带和哑铃使训练效果更加理想。

优点	可以单独锻炼股四头肌的部分深层肌肉，对大多数人而言，在下蹲时很难锻炼到这部分肌肉，所以经常会被忽视，在需要跑得很快的这些运动中强化这些肌肉很重要。
缺点	此动作只能单腿进行的特点较为花费时间，特别是只能锻炼到一小块肌肉。

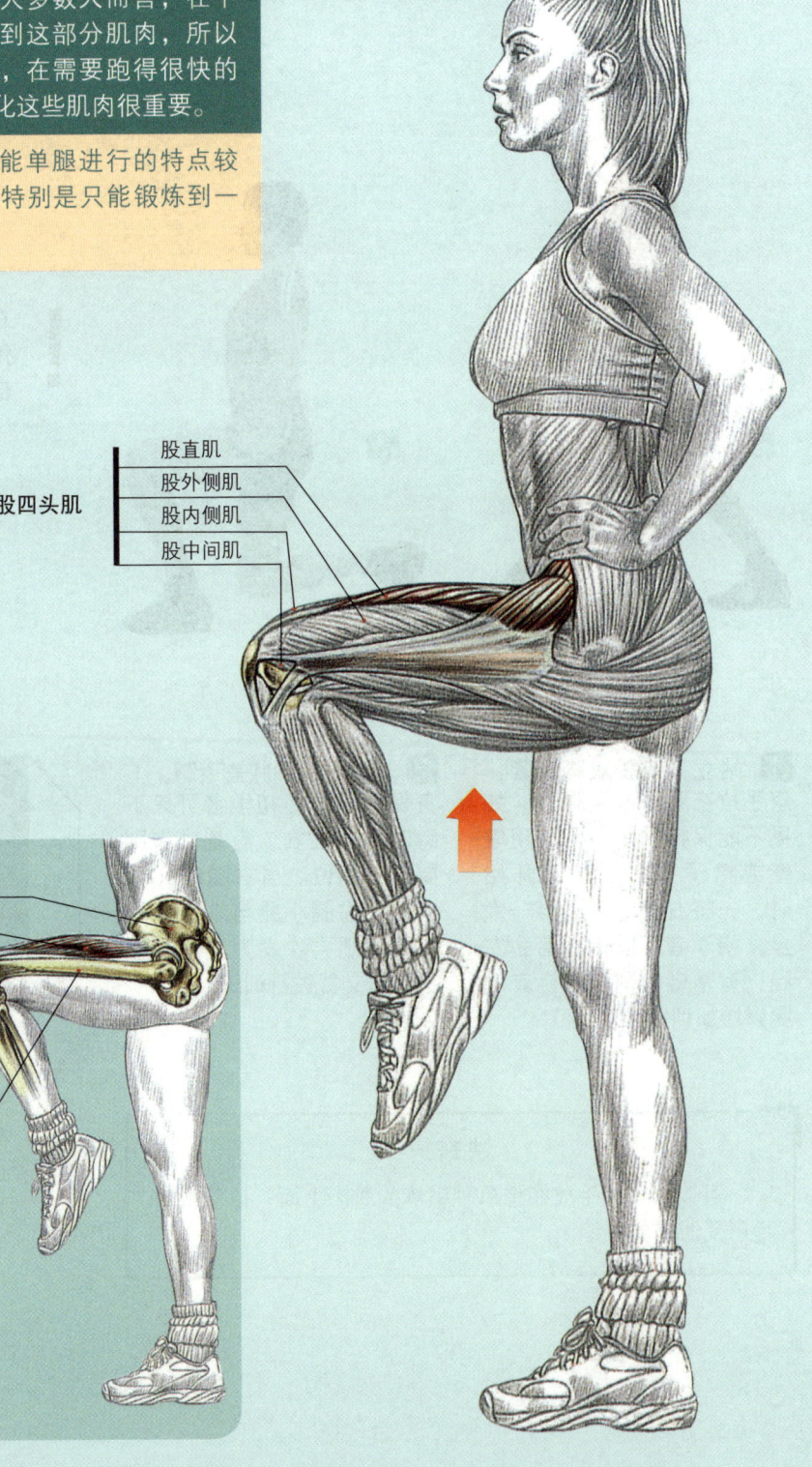

箭步蹲

此项训练主要锻炼整条大腿,与单腿深蹲有许多相似之处,需要单腿进行练习。

! 在此项训练中,主要锻炼的是股四头肌和臀部,背部很少用到。

1⃣ 站立,双腿双脚绷紧,双手放在胯部或大腿处。如果不能保持平衡,可利用墙壁或椅子支撑。运动开始时,先将右腿向前迈出一大步,初学者可以稍稍弯曲左腿;有基础的则可以挺直左腿以增加训练难度。

2⃣ 弯曲右腿的膝盖下蹲,上身保持直立。初学者可只下蹲20厘米左右,有基础者则要动作到位。当右腿成90°弯曲,左腿小腿与地面平行时,双腿再次发力复原。应该双腿交替进行训练。

优点 箭步蹲可以在不挤压脊柱的情况下锻炼大腿肌肉,同样是一项很好的拉伸大腿深层肌肉的运动。

缺点 当腰肌拉伸时,如果肌肉柔韧性不够,此项运动会使背部下部弯曲,因此应注意动作幅度。
膝盖越向前,髌骨受刺激越大。

决窍
可以将一只手放在想单独锻炼的肌肉上面,以便更好地感受肌肉的收缩。

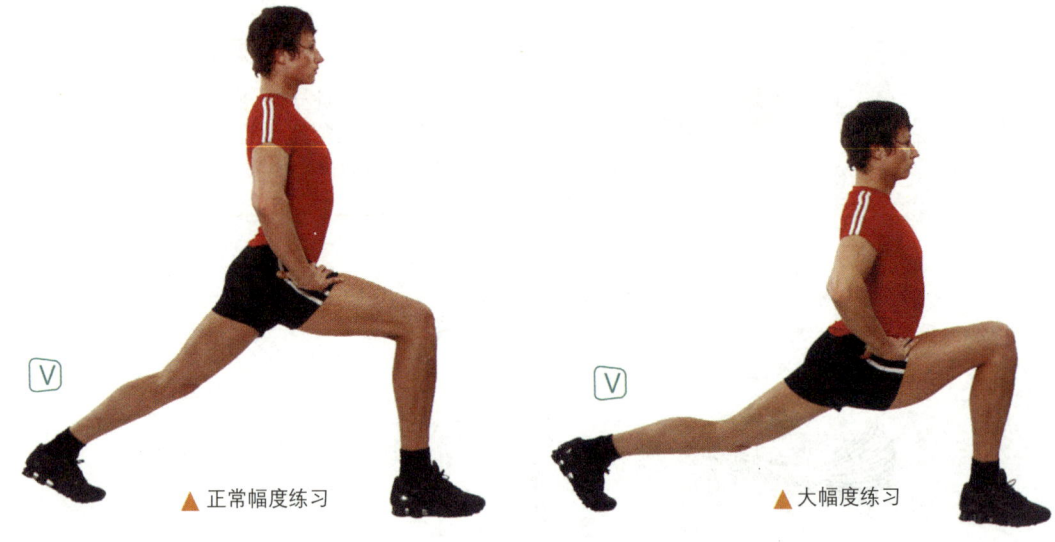

▲ 正常幅度练习　　　　　　　　　　　▲ 大幅度练习

多样性选择

该训练有很多种变化形式：

[V] 向前迈出的距离决定运动的幅度，可大可小。从一小步开始，训练会很容易。

为增加训练难度，可逐渐将步子加大。

根据训练需要，选择向前或向后跨一步。

每次训练时，双腿可交替进行训练，或者在换腿前用一条腿完成一系列动作。

特别提示

动作幅度越大，臀部和大腿后侧肌肉越会被充分锻炼到，上身前倾亦然。在该项训练中，步伐较小时更多针对的是股四头肌。

[1] 可双手持哑铃以增加负荷。

[2] 该动作还可以侧面进行，虽对膝盖的伤害会更大，但能更好地锻炼到某些在足球或武术类的运动中所需的肌肉。

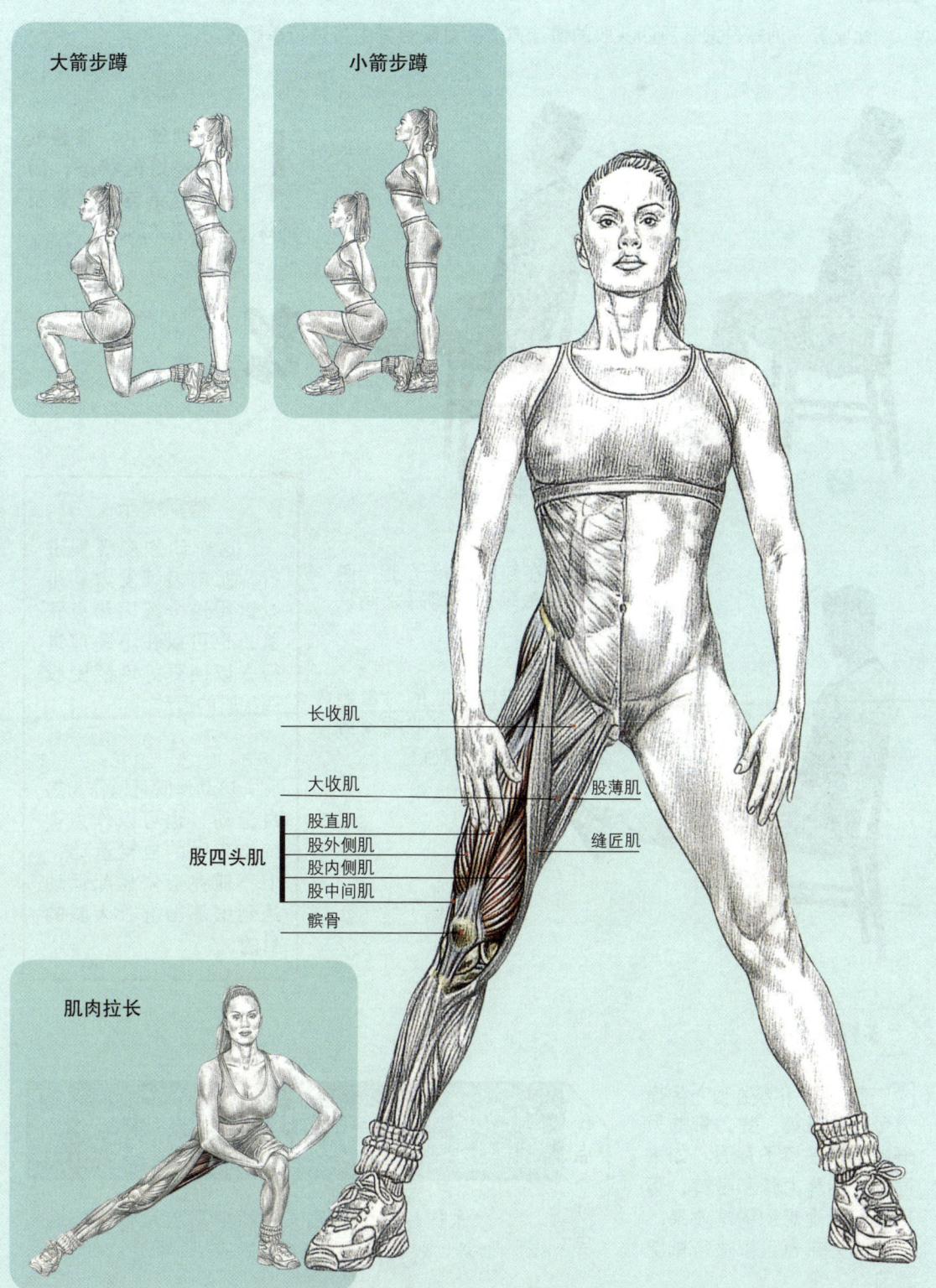

腿屈伸

此项孤立训练是锻炼股四头肌的最佳方法，可配合弹力带进行单腿练习。

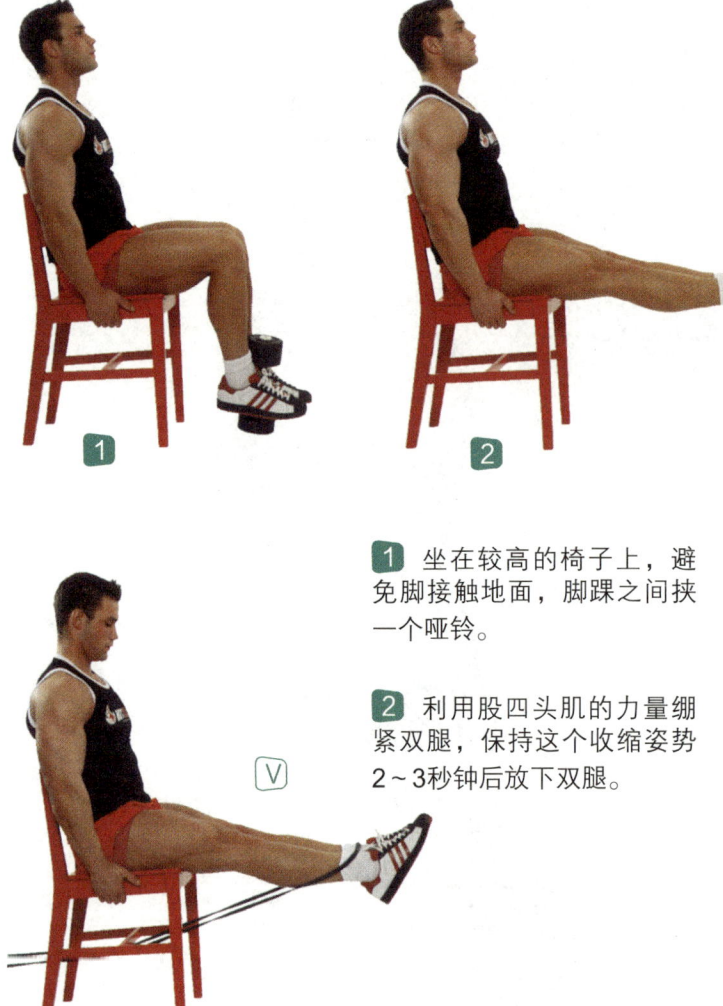

! 在此训练中，膝盖处于不稳定的状态，因此应避免负荷过重及训练方式过于激烈。

1 坐在较高的椅子上，避免脚接触地面，脚踝之间挟一个哑铃。

2 利用股四头肌的力量绷紧双腿，保持这个收缩姿势2~3秒钟后放下双腿。

特别提示

这个动作应缓慢进行，肌肉持续发力。可以运用这个练习热身膝盖，也可以在下蹲前进行，以便更好地感受股四头肌的运动。

注意

该动作既可以作为热身运动，也可以作为训练结束时的放松运动，但不能完全依靠此运动达到锻炼出健壮大腿的目的。

多样性选择

[V] 可以用一根绕在脚上的弹力带代替哑铃，弹力带的另一端固定在椅子背面。如果同时使用弹力带和哑铃，可以达到最理想的锻炼效果。使用弹力带也可以进行单腿练习。

优点 此项训练不会牵扯脊柱，大腿后侧肌肉也很少会用到，是项完美地单独锻炼股四头肌的练习。

缺点 为保护骨骼，个别人的膝盖无法完成这项运动，膝盖、股四头肌和腘绳肌腱应相互配合。

跳深

此项大腿爆发力训练主要表现为原地跳跃。

1️⃣ 最简单的方法是双腿同时起跳。

2️⃣ 若想增加训练难度，可以单腿跳跃。

3️⃣ 或者从较低的高处（比如椅子上）跳下。

股四头肌拉伸

1️⃣ 站立，利用一根弹力带使右腿向后上方弯曲，保持这个伸展姿势几秒钟后换另一条腿。注意，不要过度弓背。可以用手将腿后提弯曲（见图）。

2️⃣ 屈膝，上身慢慢后仰，双手撑在地上以支撑身体。适当地分开双脚，有助于向后倾斜身体。当身体足够灵活时，可以把背部平躺在地上。注意，不能过度弯曲背部。

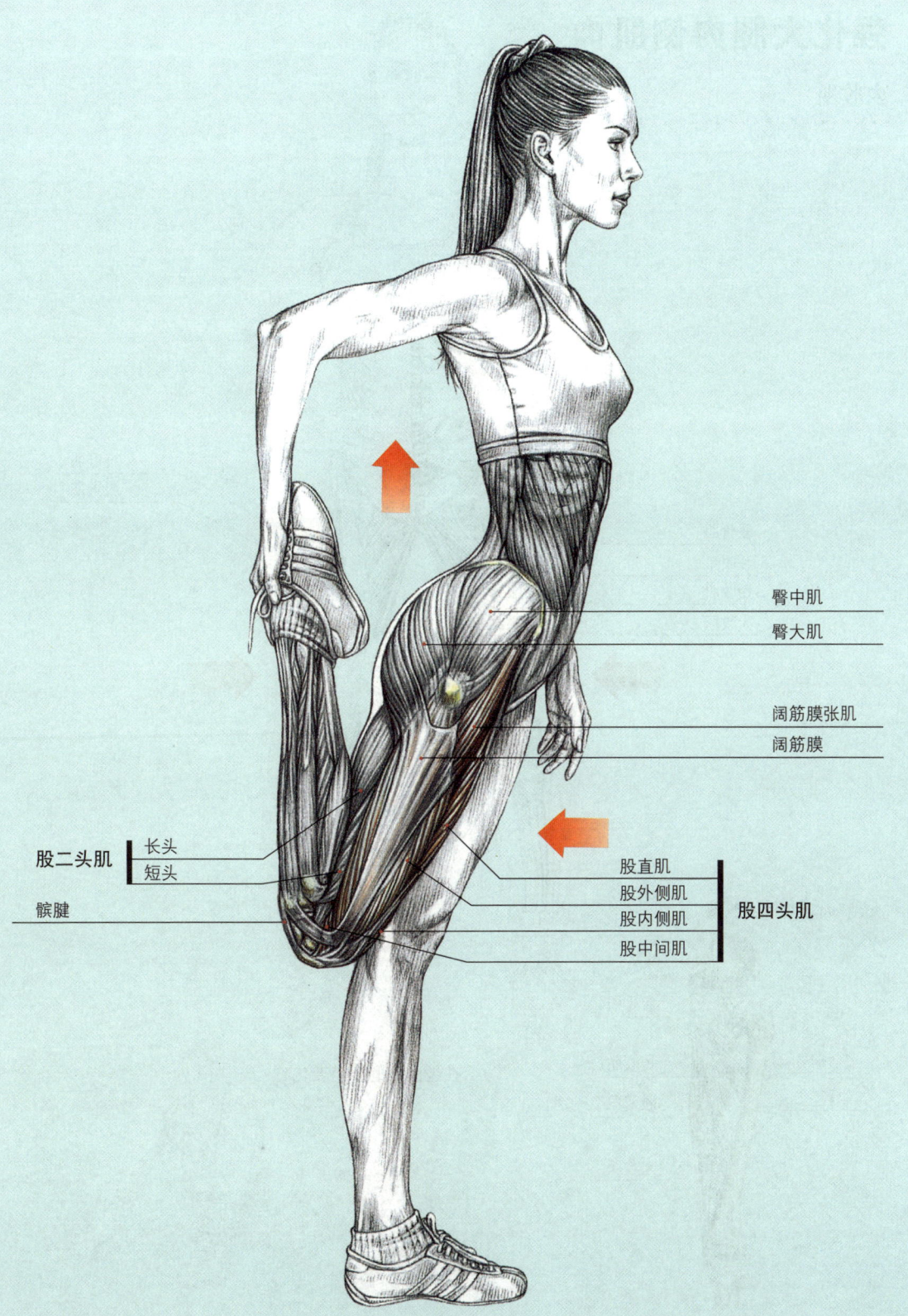

强化大腿内侧肌肉
内收肌

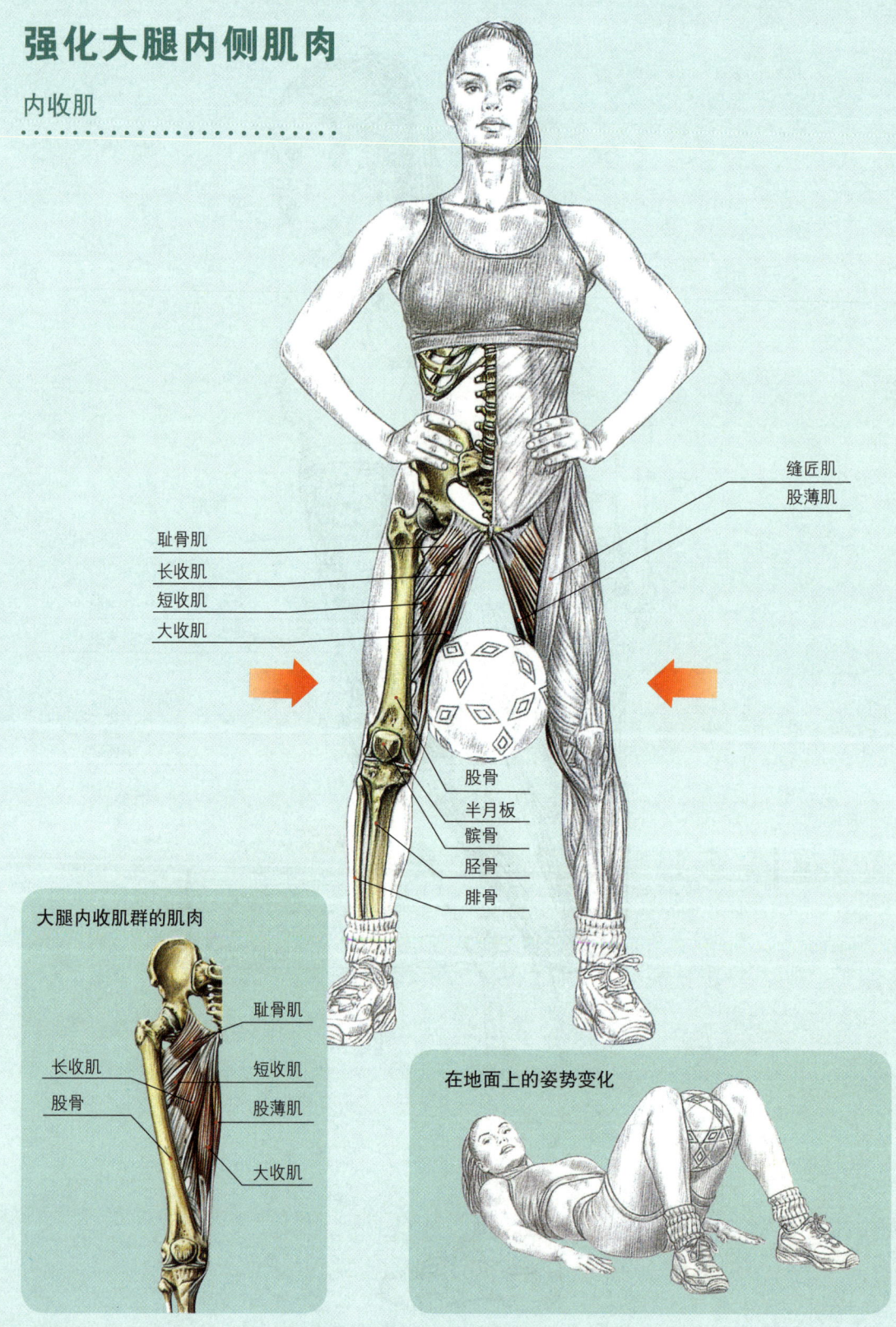

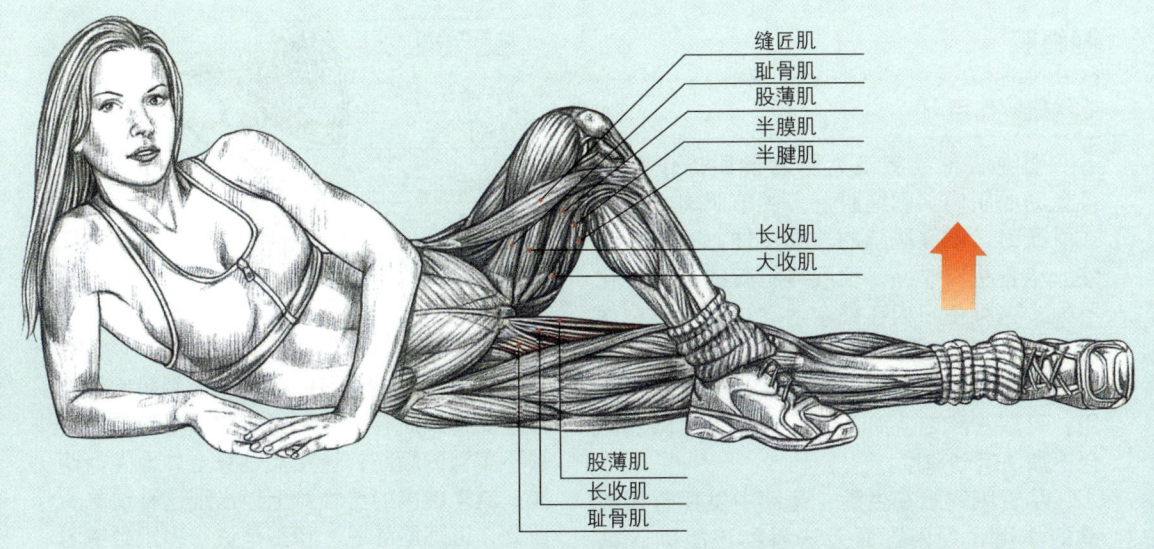

内收肌训练动作

坐姿大腿内收

1 2 在双腿夹压某些物品（如球类等）时，会对大腿产生一定的压力，此时大腿需紧绷，大腿内收肌也因此得到了锻炼。

内收肌拉伸

强健大腿后侧肌肉

腘绳肌

腘绳肌的作用

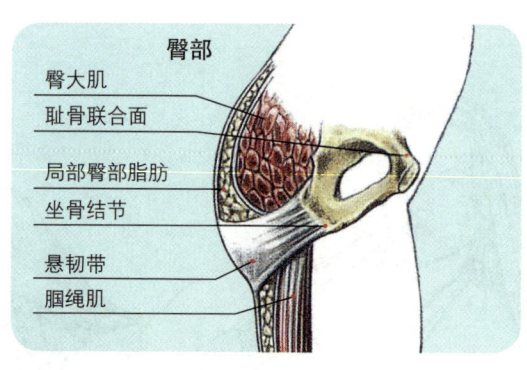

腘绳肌（或者说大腿后侧肌肉）是掌控运动的肌肉。腘绳肌是多关节肌肉，跑步或跳跃时，腘绳肌腱的一端拉伸，另一端收缩。尽管肌肉收缩，但腘绳肌腱的长度变化不大，这可使它们在整个活动过程中时刻保持有力、快速的状态。

腘绳肌腱在大多数体育运动中都非常有用，可以在股四头肌、臀部和小腿肌肉的配合下加快运动速度。

尽管腘绳肌在生活、运动中发挥着很关键的作用，但因正面无法看到该肌肉，缺乏视觉效果，因此人们经常忽略腘绳肌的锻炼。

正是因为腘绳肌的存在，大腿肌肉线条才会变得如此特别。腘绳肌腱顶部储存着大量不美观的脂肪，这在女性身上体现尤为明显；越来越多的男性身上也出现这种现象。因此，锻炼腘绳肌，特别是进行多组数练习显得至关重要。

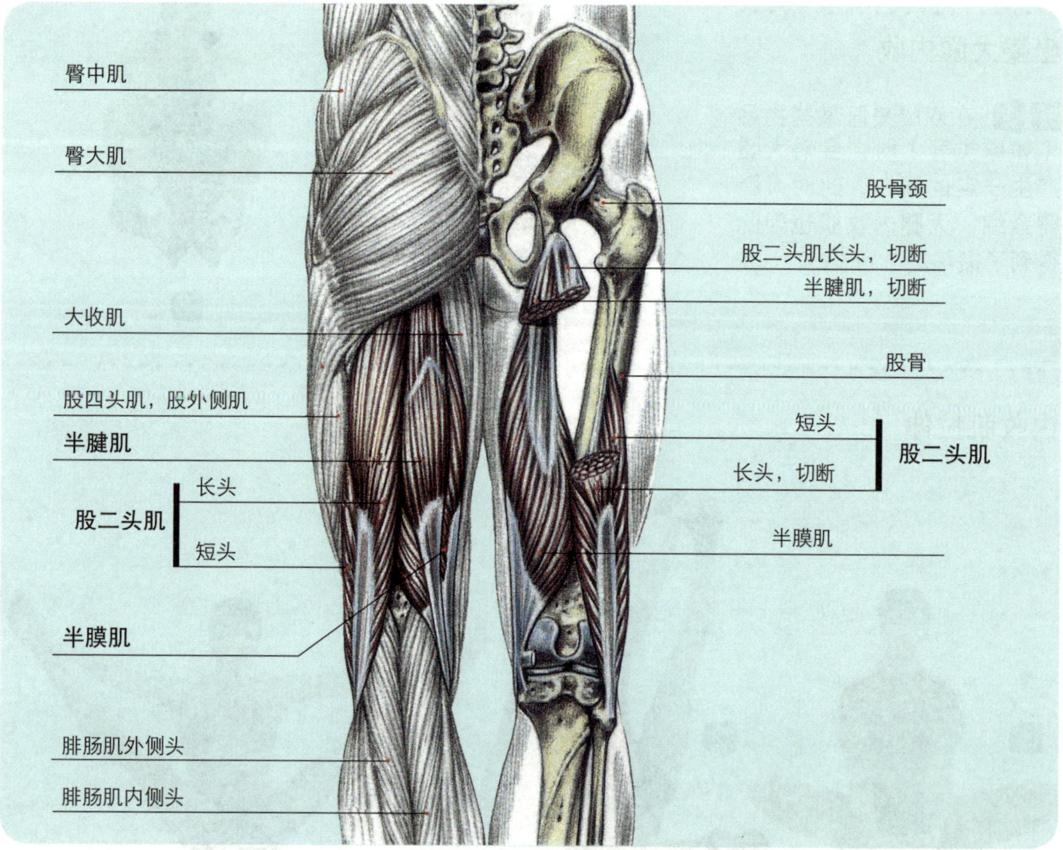

腘绳肌训练动作

直腿硬拉

这是一项孤立锻炼腘绳肌腱、臀部和腰部的训练，该运动可以单腿练习。

① 双脚并拢，弯腰从地上拿起两个哑铃，保持背部挺直，略微向后弓。双手自然握住哑铃，最好采用对握或正握。

② 保持大腿紧绷，拉起身体，保持双腿紧绷的同时再次向前倾斜身体，回到初始姿势。

! 此项训练中会大量地用到脊柱。即使弯曲背部能使运动幅度加大，但最好还是在基本保持脊柱平直的情况下略微前弯，双腿稍有弯曲比完全绷直更有利于保护背部。

多样性选择

① 可单腿练习，避免了脊柱负荷过重。可以扶住椅子或依靠墙壁进行训练，左脚着地，右腿向后伸直，脚尖点地。

② 上半身前倾，如果有足够的柔韧性，最好使躯干与地面保持平行，然后利用左腿腘绳肌和臀部的力量回到直立状态。左腿训练结束后，换右腿练习。

特别提示

当腰部疲劳时，越来越难以保持背部轻微的自然弯曲，脊柱开始变弯，此时只有减轻运动幅度，才能继续保持背部的挺直和腘绳肌的张力。

理想的状态是保持上半身与地面平行，因为这样可以继续保持大腿后侧肌肉的张力。一旦力竭，可以重新直立让肌肉放松几秒钟，然后做一些重复的补充练习。

注意

直腿硬拉开始时看似是很容易的练习，实际上该运动的很多危险并未表现出来，因为运动时难以保持平衡，所以需要有很好的操作技巧。如果弯曲脊柱，拉伸的是背部而不是腘绳肌，这时增加运动负荷或做更多次重复训练，都无法很好地锻炼大腿后侧肌肉，并且增加了训练的危险性。

优点：此项训练能够非常好地拉伸到腘绳肌。普通姿势很少能拉伸到大腿后侧肌肉，故运动时会产生强烈的酸痛感。

缺点：虽然该动作与传统硬拉相似，但这种腿部伸直的复合训练方法效果相对单一。

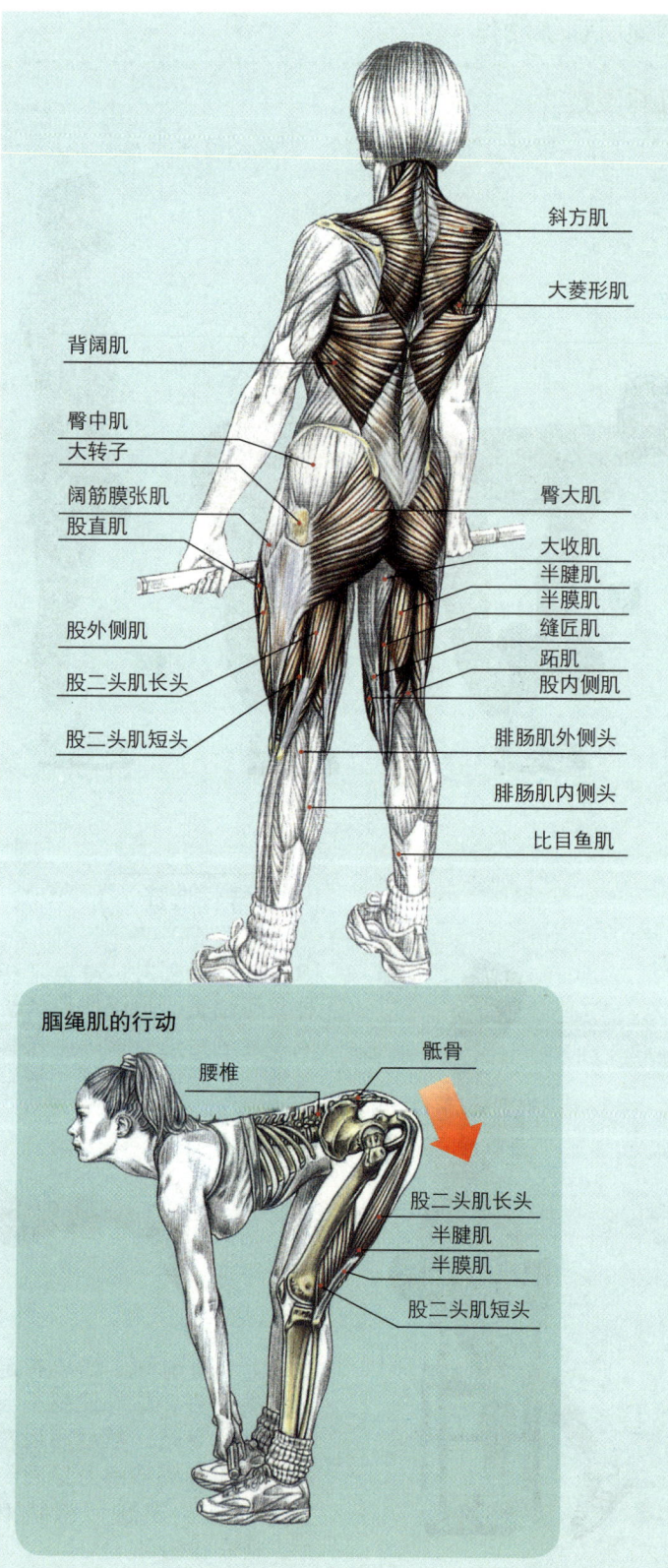

第二部分 练 习

坐姿腿弯举

此项孤立训练主要针对腘绳肌腱,当你希望弥补大腿后侧肌肉的发育迟缓时,可以单腿进行练习。

1 把弹力带捆在前方地面的一个固定物体上(如一根把杆),弹力带的另一端绕在脚踝上,坐在尽可能高的椅子上,双脚离地。可以在椅子上添加一个坐垫,以便坐得更高。双手扶住椅子,双腿向前下方伸直。

! 如果双腿抬高时身体仍然前倾,会有过度拉伸腘绳肌腱的危险。

2 利用腘绳肌的力量尽可能地收回双脚,保持这个收缩姿势2~3秒后再次拉紧双腿。

多样性选择

可以每次只锻炼一条腿。此项运动的基本姿势是双腿并拢,也可以在训练时双腿分开。注意,不要让脚碰到椅子上。

特别提示

此项练习的秘诀在于上半身的姿势。当双腿伸直时,背部是挺直的,越是将双腿往回收,身体越会前倾。当双腿成90°时,上半身必须前倾45°,当再次拉紧双腿时需做反向运动,此时会感到更有力量,上半身的摆动将会拉长臀部位置的腘绳肌,缩短膝盖位置的腘绳肌,此时大腿后侧肌肉会得到最理想方式的锻炼。

注意

此项训练可以作为在直腿硬拉之前的预疲劳训练,能够帮助我们更好地感受腘绳肌的发力。此外,因大腿后侧肌肉已预疲劳,训练时可以减少负重以保护脊柱。

优点 虽然从技术角度上讲,坐姿腿弯举是项孤立练习,但当上半身能够很好地摆动时,该动作已成为一项复合训练。大腿后侧多关节肌肉的长度和张力此时达到了最理想值。

缺点 如果上半身不能很好地摆动,可以收缩腘绳肌并弓背,这会使脊柱突出。背部受到的压力表明,在整个训练期间身体并没有很好地坐在椅子深处。此外,如果上半身过于挺直,将会很难将双脚收回到身体之下。

俯卧腿弯举

此项孤立训练主要锻炼的是腘绳肌，在配合弹力带的情况下才能进行单腿练习。

> ! 背部挺直能获得更多力量，但这样做会有损伤腰椎的风险。
>
> 注意，控制好哑铃，避免它滑动掉落砸伤人。

① 双脚之间夹住一个哑铃。俯卧在地上或床上（膝盖放在床边上，伸腿时哑铃不要碰到地面）。

② 利用腘绳肌的力量朝臀部方向提起哑铃，当接近高处时，会发现从某一时刻起，肌肉不再受阻，此时应停止腿部抬高，反方向继续练习以保持肌肉持续受力。

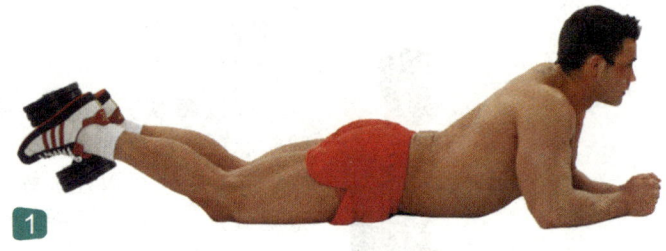

特别提示

开始时应使用较轻的哑铃慢慢开始运动，以使双脚能够习惯夹住哑铃。应以缓慢、受控而不是快速的方式进行练习。

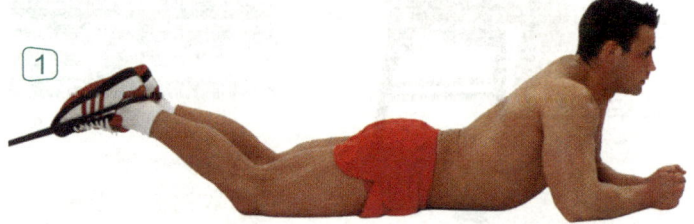

多样性选择

①② 固定在地面的弹力带也可以代替哑铃，好处是：

▸ 脚踝处拉伸弹力带比夹住哑铃更容易些。

▸ 在整个运动过程中可保持肌肉持续受力，特别是最后时刻。理想的组合是哑铃与弹力带同时使用，如果没有训练搭档，这套组合使用起来会比较麻烦。

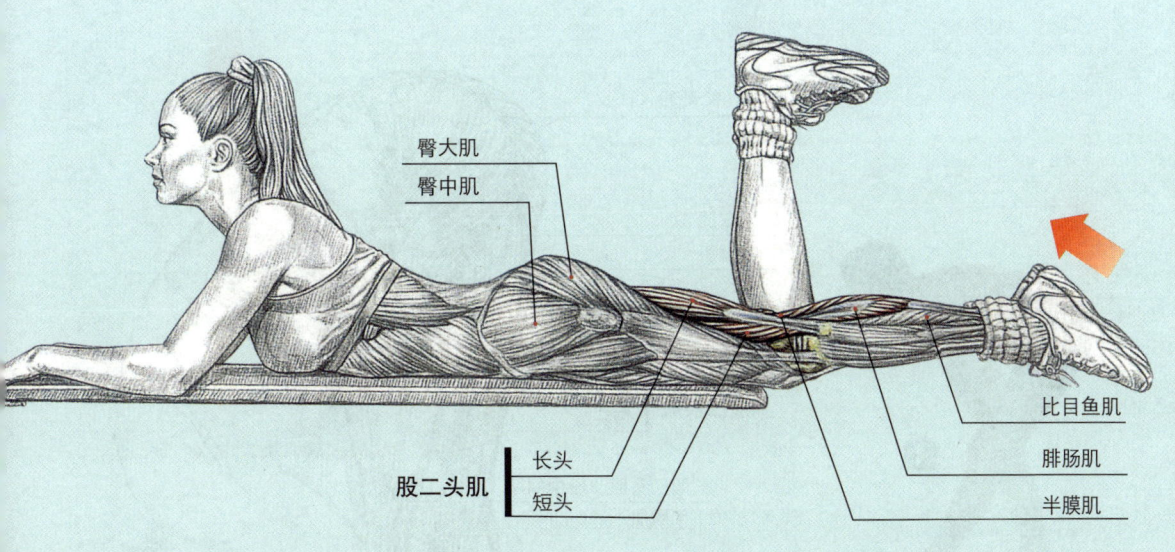

臀大肌
臀中肌
比目鱼肌
腓肠肌
半膜肌
股二头肌 — 长头 / 短头

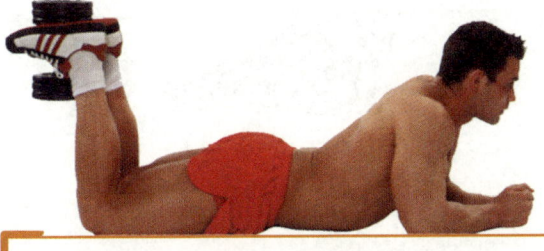

特别提示

脚尖的位置在腘绳肌的收缩中至关重要。当脚尖向膝盖弯曲时，可将小腿力量添加至大腿后侧，这种状态下不能很好地单独训练腘绳肌。

相反，当将脚尖尽量向高处绷直时，小腿力量会减小，可以更好地单独训练腘绳肌。

有一种训练方法是脚尖尽量向高处绷直来开始练习，一旦力竭，将脚尖向膝盖侧收回。由于使用到了小腿肌肉，这种改变可以重新获得力量，进而可以进行几次补充重复练习。

优点　此项训练能够很好地单独锻炼大腿后侧肌肉，可以立即感受到该肌肉的运动。

缺点　俯卧腿弯举完全没有体现出腘绳肌是多关节肌肉的优势。此项练习解释了收缩时背部弯曲和腿部抬起的自然趋势现象。腘绳肌是多关节肌肉的自然性质，在这项训练中又重新显现出来。这种生理学上的现象，会使背部进入到不稳定状态之中。

腘绳肌拉伸

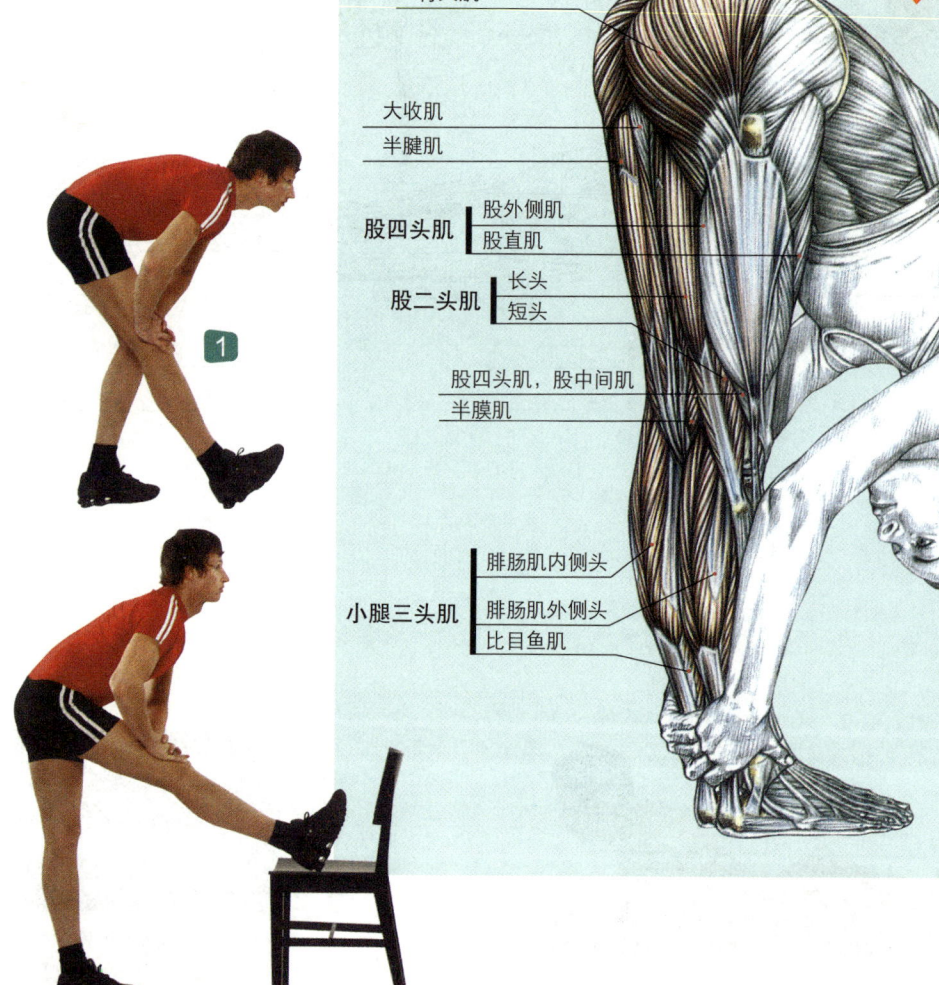

臀大肌
大收肌
半腱肌
股四头肌 — 股外侧肌 / 股直肌
股二头肌 — 长头 / 短头
股四头肌，股中间肌
半膜肌
小腿三头肌 — 腓肠肌内侧头 / 腓肠肌外侧头 / 比目鱼肌

1 将脚跟放在地上、椅子上或桌子上（脚部放的越高，拉伸幅度就越大），将腿伸直，把手放在膝盖偏上一点的位置。

2 上半身慢慢前倾，当腘绳肌得到充分拉伸时，可以稍微弯一下站立的那条腿以增加拉伸度。

强健小腿肌肉

腓肠肌和比目鱼肌

腓肠肌的作用

当进行跑或跳相关的运动时,腓肠肌对成绩起到极为重要的作用,因此它在大多数运动中都非常重要。但从审美角度讲,由于它是身体肌肉线条的最末端,有时很难锻炼到,因此常常被忽视。

小腿肌肉主要由两块肌肉构成:

腓肠肌在小腿肌肉中占绝大部分。

比目鱼肌被腓肠肌覆盖,其块头明显比相邻的腓肠肌小。

除体积外,腓肠肌和比目鱼肌还有个很大的不同:只有腓肠肌是多关节肌肉。这个特殊性对小腿肌肉的练习有非常大的影响。

比目鱼肌是单一关节肌肉,参与了小腿的所有运动,无论是伸腿还是弯腿。腿部越弯曲,腓肠肌用到的越少,因此腿部进行90°弯曲练习时,比目鱼肌能够得到单独锻炼,而腓肠肌则发力很少。

为了更好地锻炼腓肠肌,需要将腿伸直,理想的状态是膝盖稍微弯曲并且躯干前倾,在驴式提踵中也可找到这种姿势。

! 为了更好地用到腓肠肌,经常会有建议要拉伸双腿,但这是一个误区。当膝盖稍微弯曲的时候腓肠肌比较有力,因为此时腓肠肌处于长度和张力的最佳比值状态,而双腿完全伸直时则不然。但是我们自身的生理结构会为了让腓肠肌更有力而迫使双腿完全伸直。

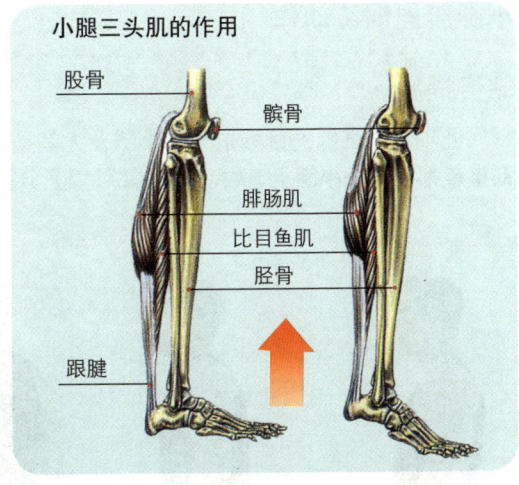

小腿三头肌的作用

股骨 / 髌骨 / 腓肠肌 / 比目鱼肌 / 胫骨 / 跟腱

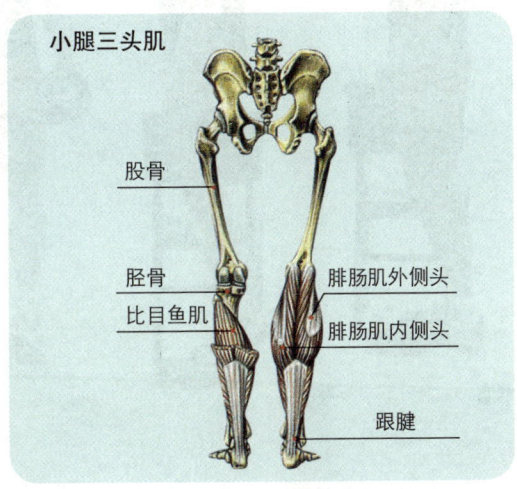

小腿三头肌

股骨 / 胫骨 / 比目鱼肌 / 腓肠肌外侧头 / 腓肠肌内侧头 / 跟腱

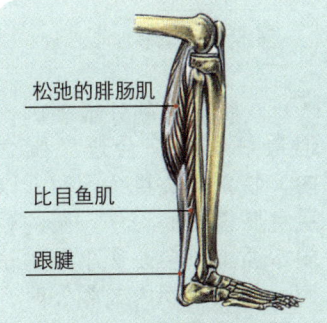

松弛的腓肠肌 / 比目鱼肌 / 跟腱

① 膝盖弯曲时,腓肠肌会依附到膝关节的上部,是松弛的。在此位置,双脚伸直时腓肠肌起的作用很微弱,伸直动作主要是由比目鱼肌完成的。

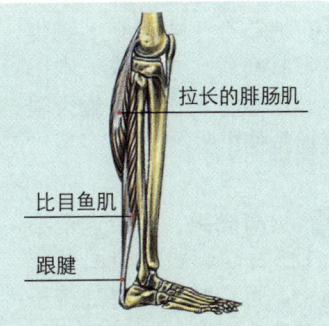

拉长的腓肠肌 / 比目鱼肌 / 跟腱

② 相反,当膝关节伸展的时候,腓肠肌是拉长的。在此位置时,它们会积极地参与到双脚的伸展活动中,并代替比目鱼肌的工作。

小腿肌肉训练动作

站姿提踵

此项孤立训练的目标是整个小腿，尤其是腓肠肌，可以进行单腿练习。单腿练习时身体的全部重量都在一条小腿上，每次锻炼都可以充分拉伸和和收缩腿部肌肉，能够增加动作的幅度。

[1] 把单个（或两个）脚尖放在杠铃片、木板或一本书上，尽量垫高脚尖，最大限度地拉伸小腿。

[2] 抬高脚跟，保持这个姿势1秒后，脚跟重新回落到地上。可以扶着墙壁或椅子以保持身体平衡。

多样性选择

[V] 双脚可以朝外或朝内，但最好保持在合理范围之内，特别是负重练习时，以避免膝盖扭曲受伤。脚的朝向本质上不会改变小腿的轮廓。但双脚朝内或朝外时，小腿力量减弱，训练的效果也因此受到影响，双脚垂直并拢时小腿会更有力。如果真的想进行变化运动，可改变双脚间距（靠拢或分开），这样比改变脚尖朝向要好。

可以利用哑铃或弹力带增加运动阻力。

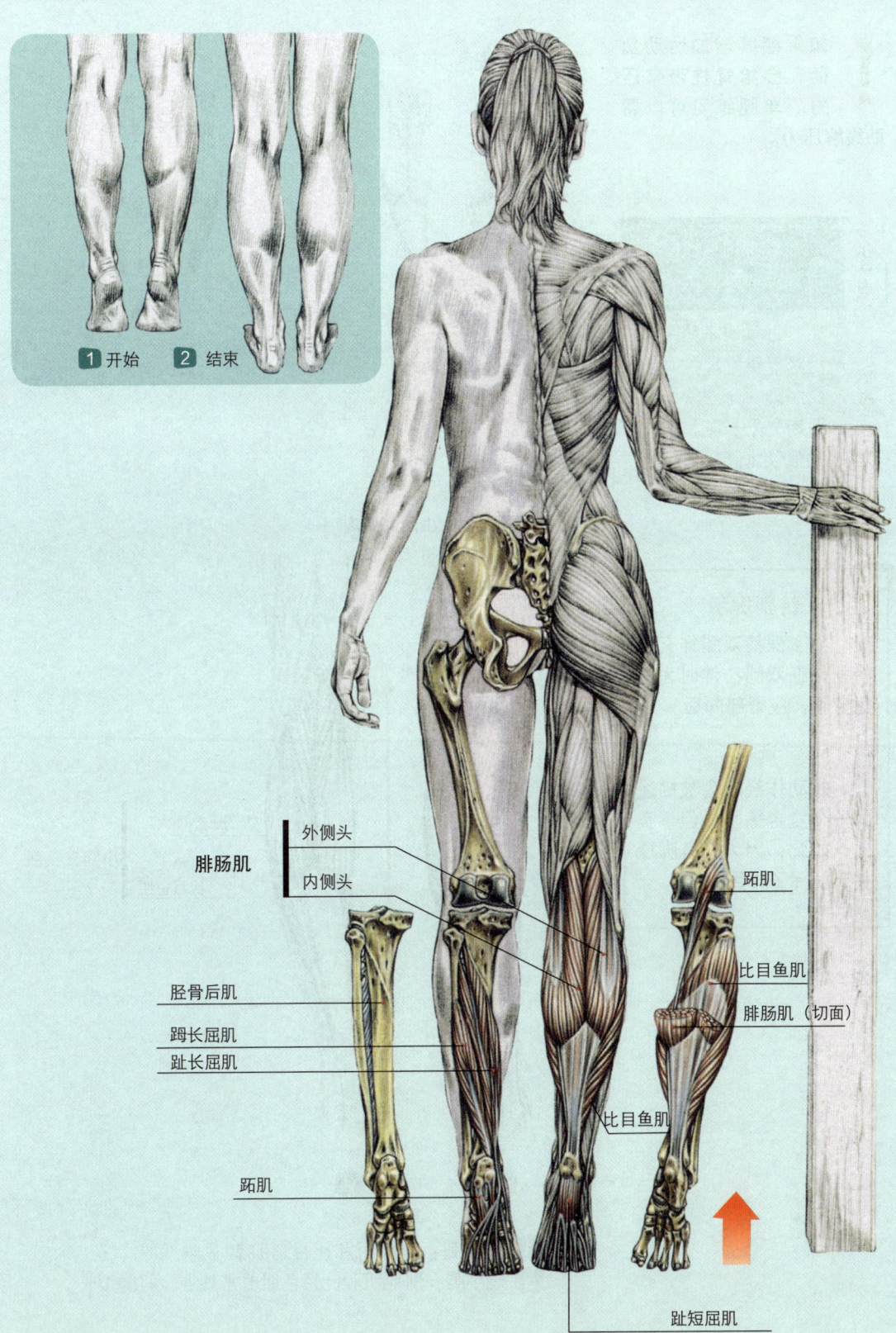

! 如果继续增加运动负荷，会给脊柱带来压力。单腿练习可以帮助缓解压力。

优点 此练习可以很好地锻炼小腿肌肉。

缺点 此练习不如驴式提踵能更好地拉伸小腿肌肉，无法使小腿肌肉处于长度和张力的最佳比值状态。

特别提示
为了保持双腿伸直，特别是在双腿拉伸时为避免弯腰，应臀部向后。

注意
此动作经常会被描述为一个复合练习，但事实并非如此，因为只有脚踝关节发挥了作用。

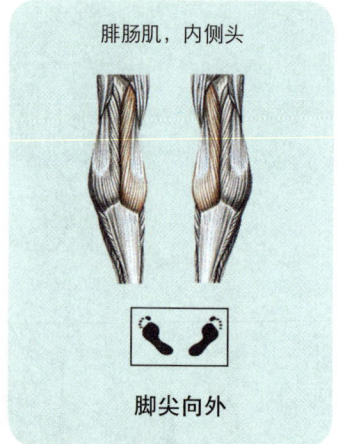

腓肠肌，内侧头

脚尖向外

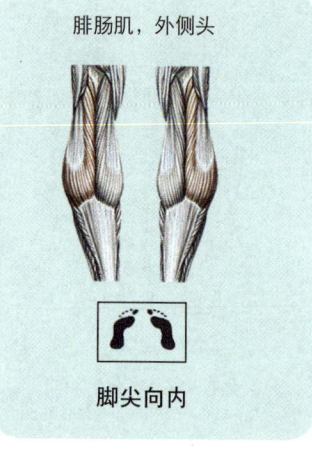

腓肠肌，外侧头

脚尖向内

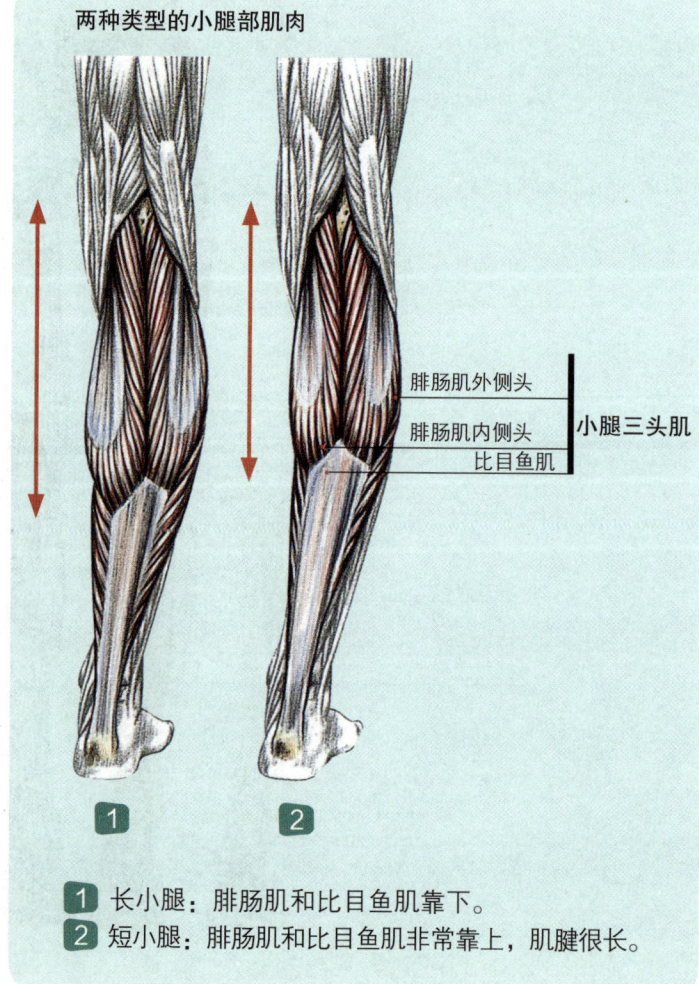

两种类型的小腿部肌肉

腓肠肌外侧头
腓肠肌内侧头
比目鱼肌
小腿三头肌

1 长小腿：腓肠肌和比目鱼肌靠下。
2 短小腿：腓肠肌和比目鱼肌非常靠上，肌腱很长。

第二部分 练习

驴式提踵

此项孤立练习的目标是整个小腿，特别是腓肠肌。可以将全身力量放在一条小腿上进行单腿练习，这样可以更好地拉伸和收缩腿部肌肉。

| 优点 | 此项训练把小腿置于一个理想的锻炼姿势中，是非常有效的练习。 |

| 缺点 | 身体前倾会转移一部分身体重量，会使这个动作变得很容易，而且必须要用弹力带来增加运动阻力。 |

1 单脚或双脚脚尖放在杠铃片、木板或书上，向前倾斜上半身，上半身与地面之间的角度应为45°～90°。双手扶住椅背以支撑身体。

2 脚跟尽量抬高，最大限度地向上拉伸肌肉，保持这个姿势1秒后，脚跟重新落回地面。

多样性选择

1 如果有搭档，他可以坐在你的臀部位置上，以此来增加阻力。

2 如果没有搭档，可以用哑铃或弹力带来代替，将弹力带的一端踩在脚下，另一端围绕在胯上。

! 如果有搭档或利用弹力带增加运动阻力，应确保阻力位于你的臀部而不是脊柱上，以免压迫背部。

特别提示
双腿不要过度绷直，尤其是向上提起脚尖时，要微微屈膝。

注意
此项运动经常被认为是复合练习，但事实并非如此，因为只有踝关节发挥了作用。

半蹲提踵

此项孤立训练的目标主要是比目鱼肌和一小部分腓肠肌。不建议单腿练习。

❗ 此项训练受伤的风险很小。

1 下蹲，脚尖放在书本、木板、杠铃片或地面上，踮起脚尖，用手扶住一件家具，最大限度地拉伸小腿。

2 将脚跟尽可能地向上提起，保持这个姿势1秒，落下脚跟。

多样性选择

建议不改变朝向而改变双脚间宽度，以进行多样性练习。

特别提示

锻炼小腿肌肉的目的是增加张力而不是力量，所以最好进行高容量练习（每组重复20～25次）。

注意

好的超级组练习是由半蹲提踵开始的。一旦失败，起身，将该运动与提踵练习以及驴式提踵练习连接起来练习。

优点 进行此训练时，腰部不受力。与其他小腿运动不同，此运动可以尽可能高地上提脚跟，因此可以很好地收缩肌肉。

缺点 此项训练不太容易增加练习强度，但可在腿上放个杠铃片，这样更容易增大运动的幅度（无论是拉伸还是收缩时）。

坐姿提踵

此项孤立训练特别针对比目鱼肌，可以进行单腿练习。

! 为了避免伤害膝盖，不要直接把负重（哑铃或杠铃片）放在膝盖上，应置于离膝盖至少5厘米的大腿上，但也不要过于靠后，否则练习会太容易。

特别提示
尽量脚后跟抬高。

1 坐在椅子或床上，双脚放在杠铃片、木板或书本上，将负重（一或两个哑铃）放在大腿下部以增加运动阻力。

2 尽可能高地踮起脚尖，保持这个姿势1秒后脚跟重新落回地面。

可以每次只练习一条腿。

优点 此练习相对较容易，因为不需要用到大量的肌肉，腰部不受力。

缺点 这是个很受欢迎但对小腿锻炼意义不大的运动，因为只用到了小腿的比目鱼肌，当腿弯曲的时候，腓肠肌很难用到。

多样性选择

为了模仿跑步时肌肉的运动，每条小腿可以做不同的练习。当一条小腿收缩时，另一条小腿拉伸。可以在每条大腿上放个哑铃，以便小腿可以独立运动。

特别提示
此练习对于跳跃和跑步相关的运动尤为有效。

脚尖跳

此项训练主要锻炼小腿爆发力。

1 可两腿同时起跳。

2 也可单腿起跳，此时肌肉双倍受力。

小腿拉伸

小腿拉伸练习可以单腿或双腿进行，单腿拉伸幅度更大，因为：

> 单腿伸展时一般都比较灵活。

> 单腿伸展较双腿伸展更容易获得身体的重量，用以增加拉伸幅度。

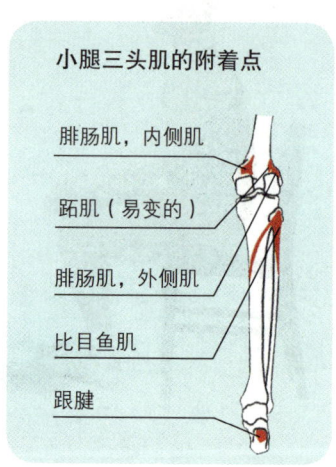

小腿三头肌的附着点

腓肠肌，内侧肌
跖肌（易变的）
腓肠肌，外侧肌
比目鱼肌
跟腱

小腿拉伸可以用不同角度进行。当腿比较直时，主要是腓肠肌被拉伸；当腿弯曲时，则是比目鱼肌被拉伸。对运动员来说，全方位地拉伸小腿是非常重要的，因为每项练习锻炼的都是小腿的不同部位。针对小腿的练习都是相辅相成的，没有丝毫的多余。

1 **站立拉伸**：把单个或两个脚尖放在杠铃片、木板或书本上。高度越高，伸展越大。保持这个姿势十余秒钟。

! 为了避免扭伤脚踝，运动员应保持脚下的灵活性，每次训练时都应该先进行小腿伸展运动。

脚踝也要足够灵活，以便在做像下蹲这样的大腿练习中尽量保持背部挺直。小腿与股骨相连，因此在练习股四头肌或腘绳肌之前也要进行小腿拉伸运动，以便更好地热身膝关节。

3 **坐姿弹力带拉伸**：利用弹力带配合拉伸。

4 **站立身体前倾**：拉伸面向墙壁站立，上半身向墙壁靠近，后脚脚尖放在杠铃片、木板或书本上，感受小腿的拉伸。尽可能地把身体重量放到后脚上。后腿离墙壁越远，拉伸越大。

2 **箭步蹲拉伸**：单腿向前，脚尖放在杠铃片、木板或书本上。膝盖越向前，小腿的拉伸感越强。尽量将身体的重力放在被拉伸的那条腿上。

5 **扭转拉伸**：向外扭转脚踝可以使小腿肌肉向外伸展，但肌肉有扭伤的危险。轻微的肌肉扭伤都会影响体育活动，因此为了避免受伤，锻炼其灵活性是很重要的。

站立，双脚并拢，将身体重量放到左脚上，尽可能地把右脚向外侧扭转，慢慢地将身体重量移至右脚。伸展运动应该缓慢和柔和，以免肌肉或跟腱撕裂。右脚伸展完成后，换左脚练习。

优化臀部曲线

臀部肌肉

臀部的作用

当需要加速移动时臀部肌肉会辅助腘绳肌。缓慢行走时，臀部活动很少，一旦加速，臀部便开始运动；奔跑时，臀部会最大限度地提供力量。因此，臀部在体育运动中是非常重要的，它可使身体快速移动或跳跃。

从美学角度看，臀部也发挥着独特的作用。如果说粗壮的胳膊能给人深刻的印象，那么优美的臀部曲线则会吸引众多羡慕的目光。优化臀部曲线的另一个作用当然也是为了使臀部更紧实。如今，越来越多的男性也认识到优化臀部线条和使臀部更紧实的重要性。

臀部训练的本质是为了使臀部更有力和更具爆发力。从美学角度看，应该使臀部变得圆翘，要改善其特性和轮廓。臀部锻炼的目标与腹肌锻炼的目标有些相似。

> **运动的目的是燃烧脂肪吗？**
>
> 如果针对腹部或臀部进行锻炼，可以消耗腹部或臀部脂肪吗？医学研究表明，虽然无法很好地消除局部的脂肪，但长期的肌肉锻炼可以消耗全身的脂肪。
>
> 现代医学研究表明，运动可以加速脂肪燃烧。
>
> 肌肉锻炼使脂肪中血液循环加速，也加速了脂肪燃烧，预防了肥胖。

> **特别提示**
>
> 深蹲、箭步蹲和硬拉都是锻炼臀部很好的练习。为了更好地锻炼到臀部，在训练过程中都要时刻收紧臀部。开始时也许很难做到，但是经过数次练习后，会形成条件反射。同时，训练时身体应略微前倾，以便使更多的臀肌能够参与锻炼。训练时要小心背部，因为身体前倾时，脊柱的压力会增加。

为了加强局部肌肉锻炼的效果，必须要遵守训练规则，同时建议最好在清晨或晚上睡觉之前进行此增强练习，你可以制订一套早晚重复2～4组、每组20～50次的练习计划。

如果不需要特意地减掉脂肪，这种针对性练习也可以防止出现肌肉松弛和赘肉。在日常生活中脂肪容易在不常用到的部位堆积，臀部和腹部就很少会用到，因此是脂肪堆积的首选。每天早晚5分钟锻炼这些肌肉，就可以使臀部在变得更紧实的同时防止脂肪堆积。

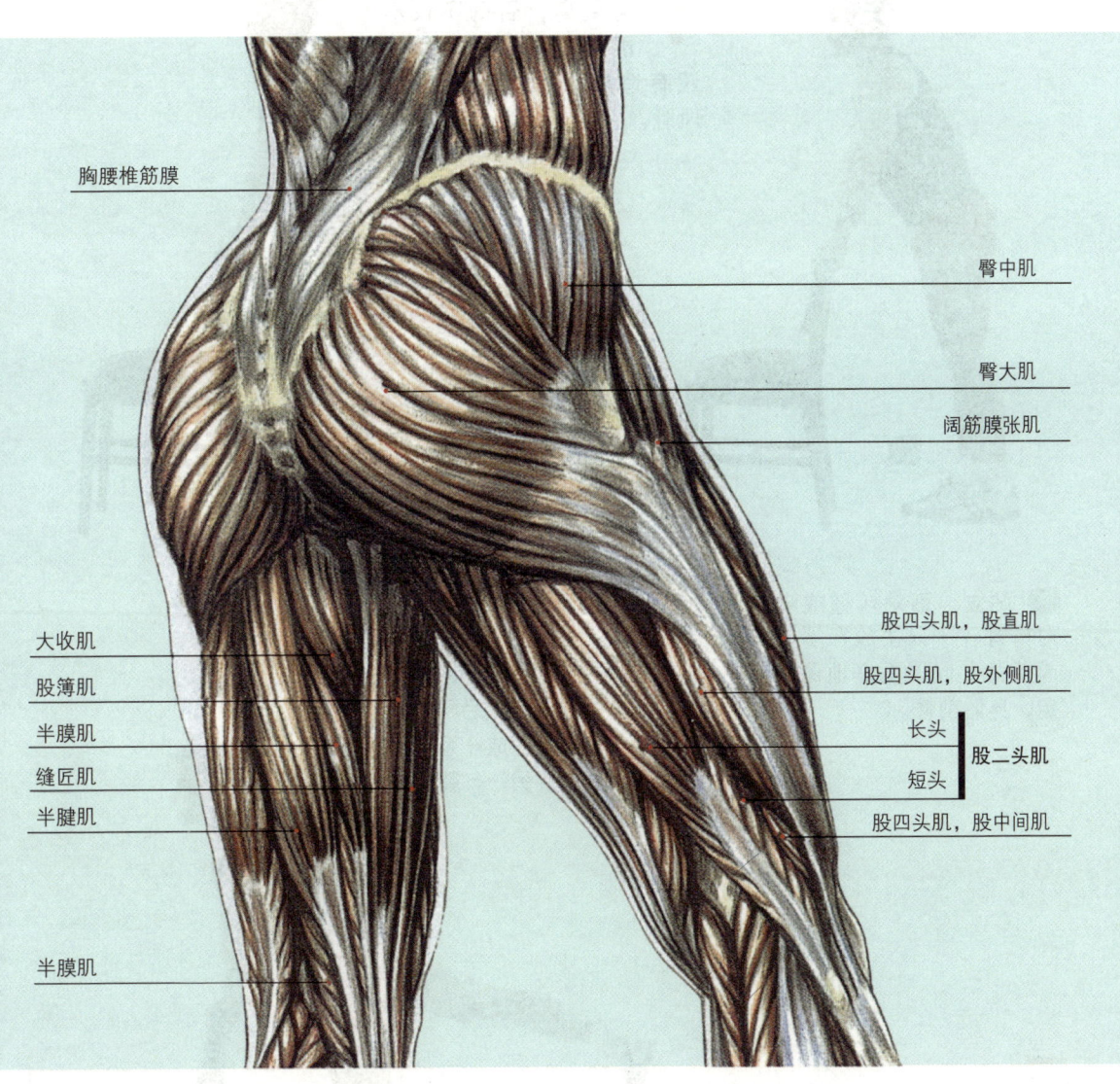

臀部训练动作

臀屈伸

此项孤立训练的目标是臀部肌肉、腰部肌肉和大腿后侧肌肉，必须单腿练习。

! 不要通过弯背使腿抬得更高，否则不仅不能锻炼到臀部肌肉，还有造成腰椎间盘突出的风险。

1 站立，面对墙壁或者面对椅背。一只手放在墙壁上或椅背上以便更好地保持稳定，身体前倾。

2 利用臀部力量尽量远地向后踢腿（腿部必须保持紧绷），保持此姿势1秒钟，臀部同样尽力收紧。然后回到初始姿势。一条腿完成一系列重复练习后立刻换另一条腿继续练习。

> **特别提示**
>
> 为了更好地锻炼臀大肌，身体不要向后旋转，虽然这样会使运动更容易进行，但对于塑造臀部曲线却有不良影响。向后踢腿时腿部稍微向外伸展是正常的。

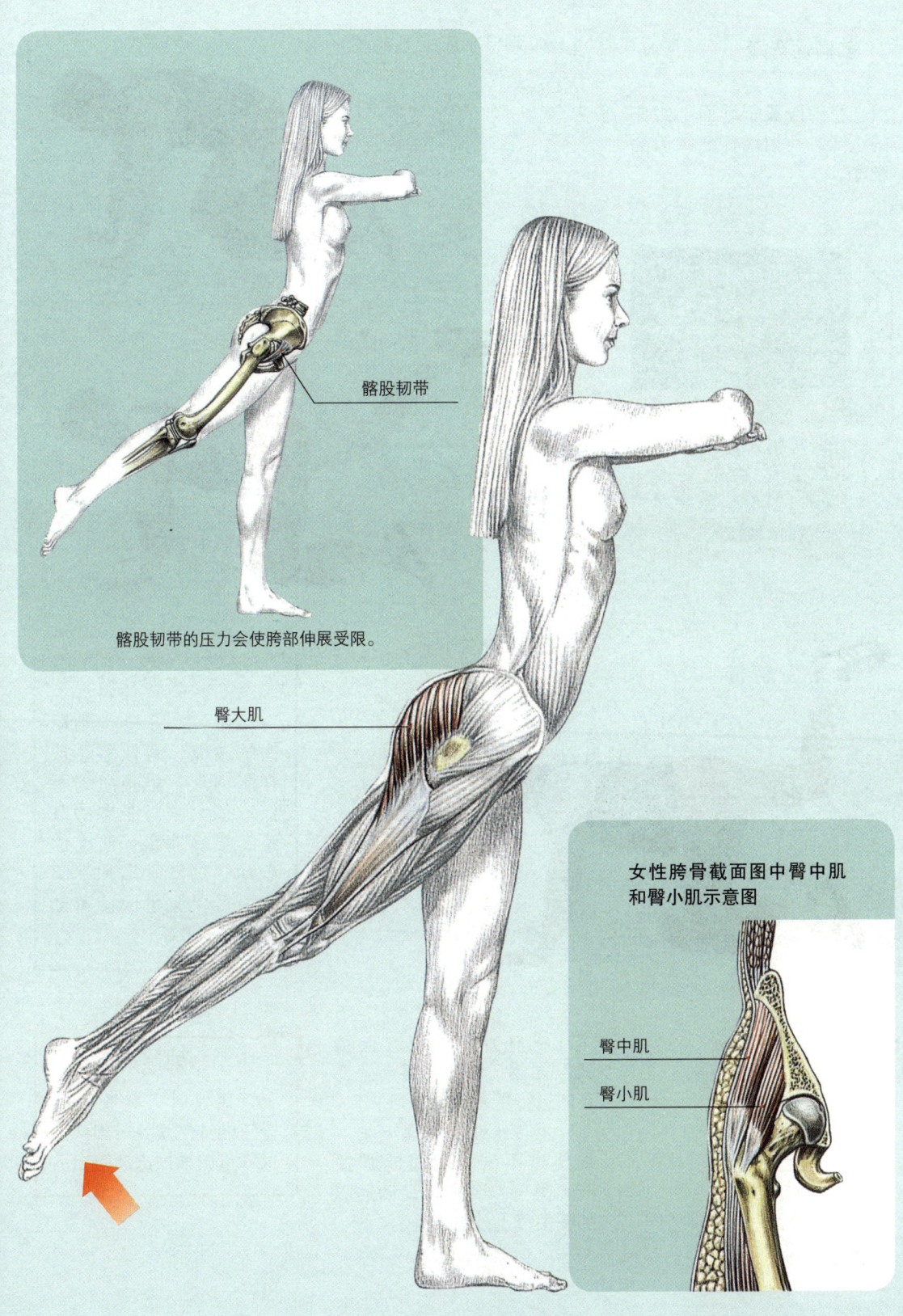

多样性选择

将四肢置于地面上或床的边缘，可以增加此练习的难度。

优点 此项训练可以非常好地锻炼臀部肌肉，能够立刻感觉到肌肉的运动。

缺点 与深蹲等复合训练相比，此项训练会浪费很多时间，因为两腿需要分别单独练习。

1 如果想在地板上完成此项练习，应使双膝位于身体正下方，腿部弯曲成90°，这样可增大运动幅度。

2 腿部后蹬并绷紧。

诀窍

为了更好感觉到肌肉的收缩，可以将手放在肌肉上。触摸肌肉可以增加大脑与肌肉的联系，更好地感受肌肉的运动，这样既增加了肌肉力度，又可以使运动变得更有效率。

3 一旦力竭，可以保持90°屈腿，使练习容易些并且能进行更多重复练习。

4 四肢着地，将弹力带一端绕过不锻炼的腿的踝关节，另一端绕在要运动的腿的膝关节上几厘米处。

特别提示

站立时，将弹力带置于训练侧踝关节周围，这样可以增加运动阻力。

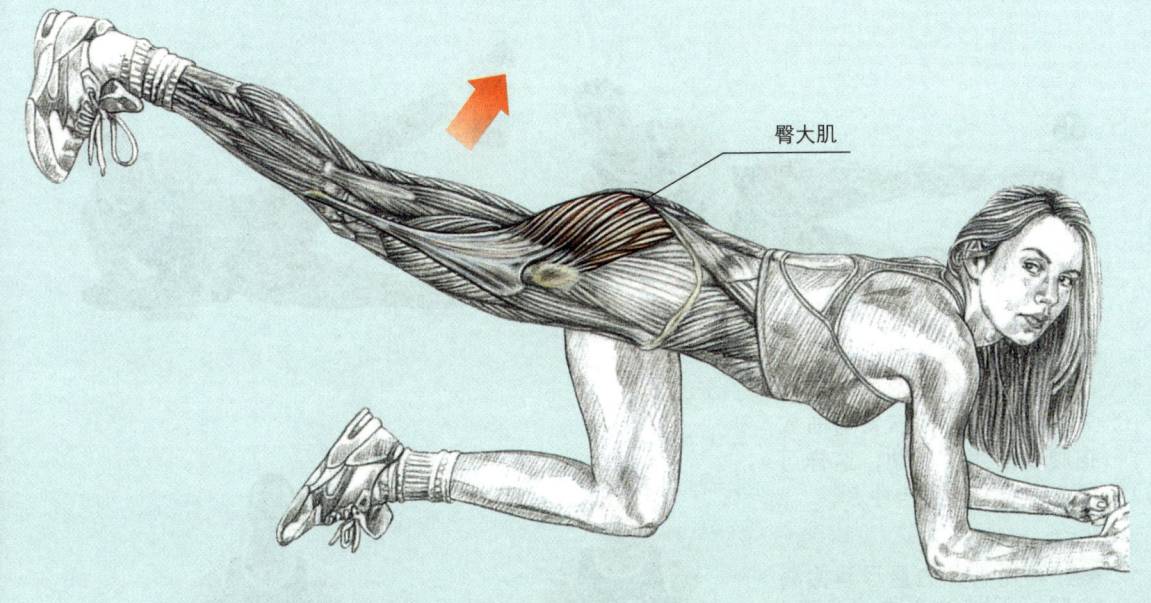

臀大肌

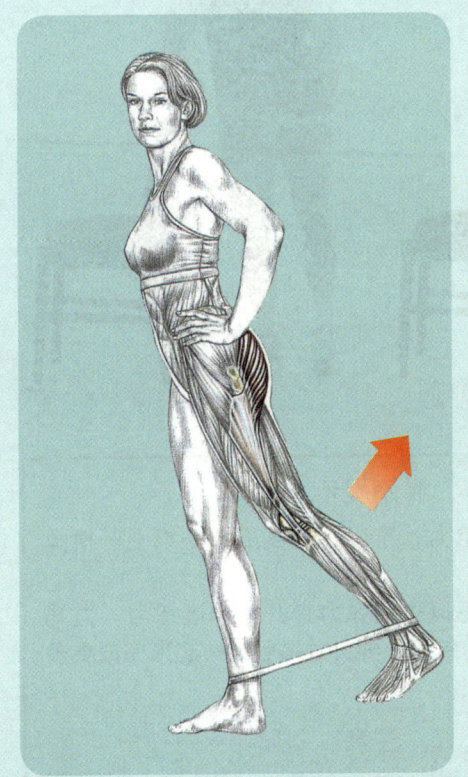

髋外展

此项孤立训练的目标是臀小肌和臀中肌,只能进行单侧练习。

1 身体左侧躺在地板或床上,左手支撑头部或者左肘关节放在地上,右臂弯曲放在腹肌前用手辅助,这样可以获得更好的稳定性。

2 利用臀部力量尽量抬高右腿,保持这个收缩姿势1秒钟,同时臀部也应尽力收紧,然后回到初始姿势,两腿并拢。右腿练习结束后,立刻换左腿练习。

多样性选择

1 2 此项练习也可以站着完成,但运动阻力会变小。

! 不要把腿侧抬得太高,因为一旦超过一定高度,臀部肌肉会停止运动,而是由腹外斜肌(位于腹部的外侧)接替它运动。此外,把腿侧抬得过高会扭伤脊柱,或引起腰椎间盘损伤。

特别提示

为了增加运动阻力,可以在双脚脚踝处绑上一根弹力带。

做组练习时,可以先用弹力带开始伸展练习。力竭后,取下弹力带继续练习,再次力竭后,站起来完成更多直立练习。

注意

在整个练习的过程中都要收紧臀部。为了保持肌肉持续紧张受力,不要将正在运动的腿与另外一条腿靠的太近。

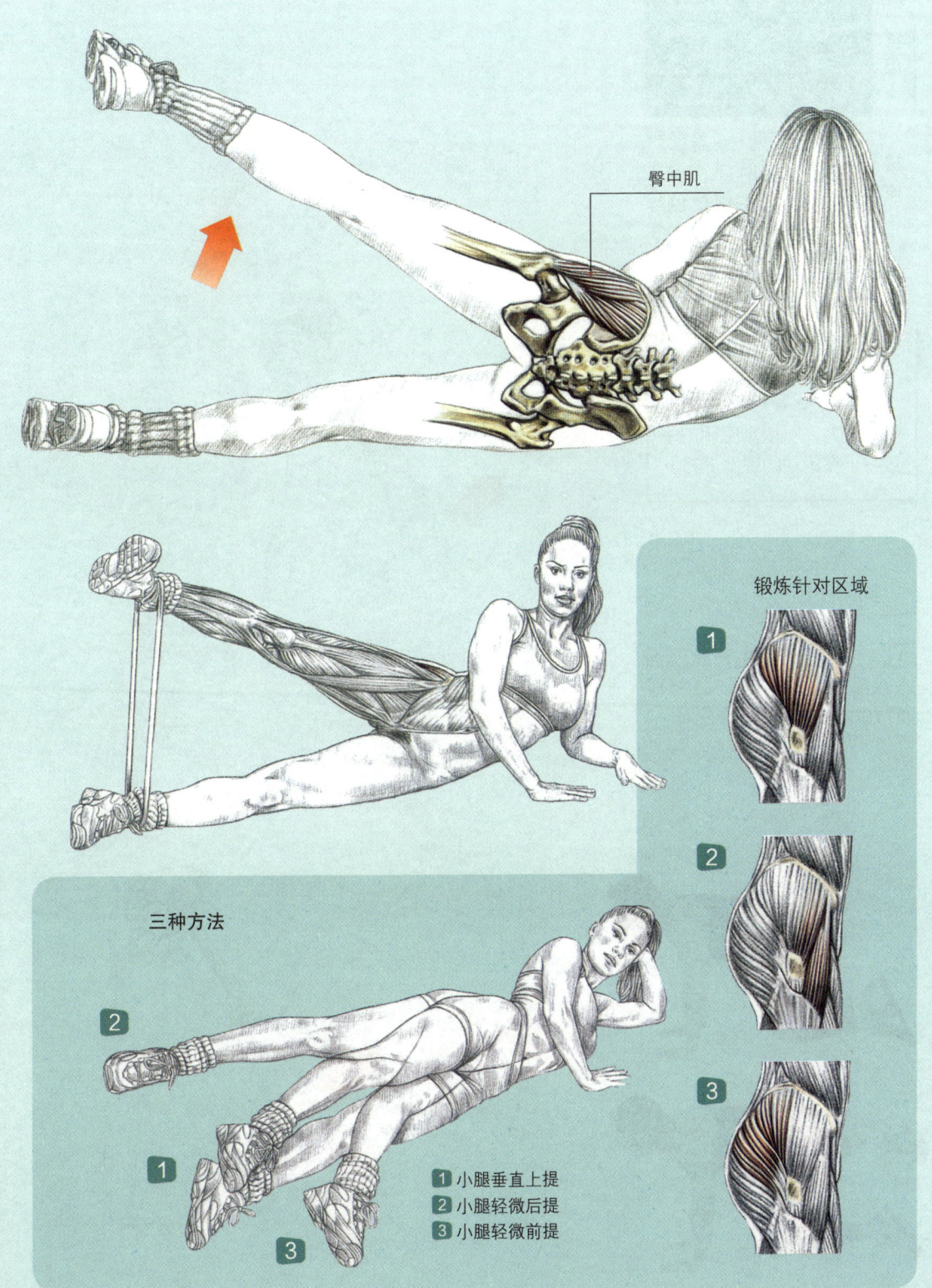

| 优点 | 此项训练不仅可以改变臀部扁平的现象，同时还能塑造臀部上半部的曲线。 |

| 缺点 | 此项训练需要花费很多时间，但却只能锻炼臀部的一小部分。 |

特别提示

为了更好地感受到肌肉的发力，可以把空闲的手放在正在运动的臀部上方。

多样性选择

①② 四肢着地进行此项训练能增加运动难度。腿部弯曲成90°进行髋外展运动。

臀中肌
臀大肌
臀小肌

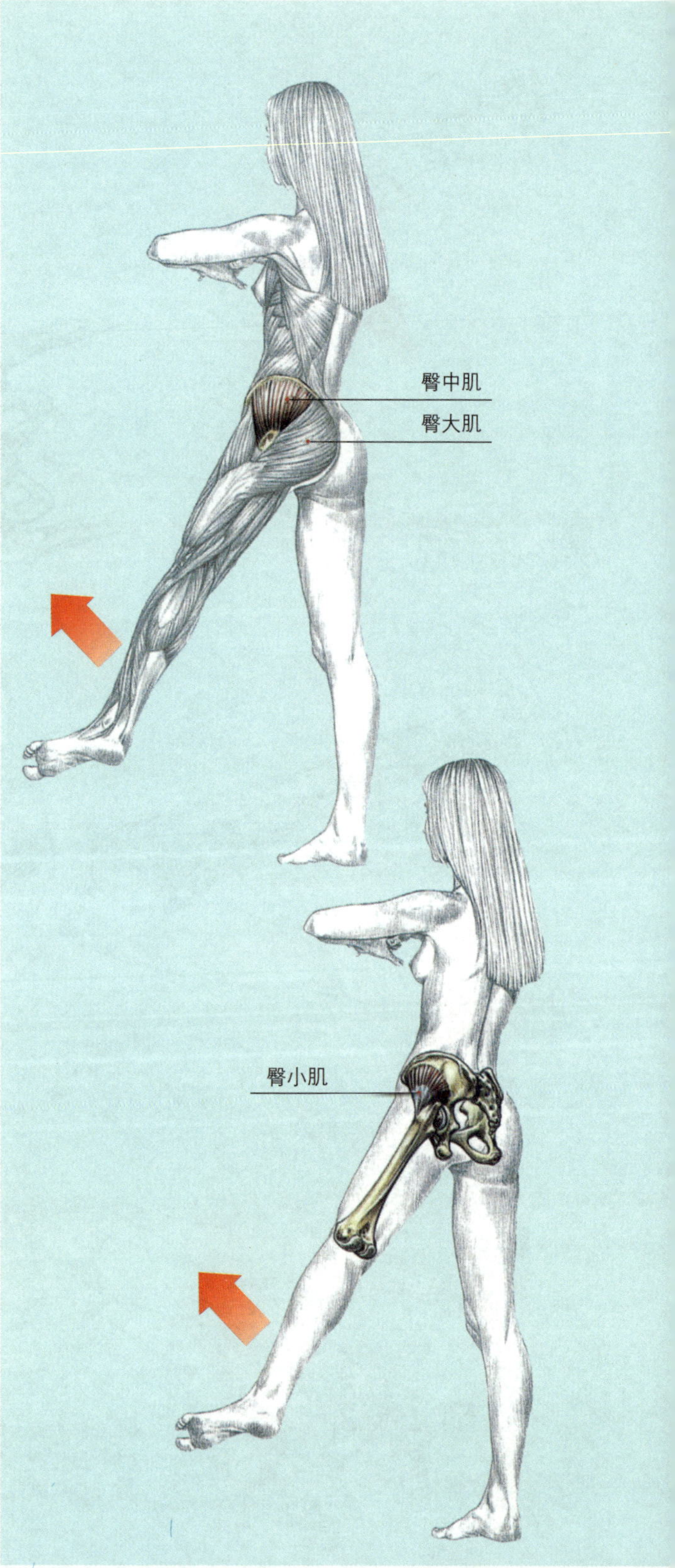

第二部分 练习

臀大肌
阔筋膜张肌
臀中肌

臀桥

此项孤立训练的目标是臀部肌肉、腰部肌肉和大腿后侧肌肉,也可以进行单侧练习。

特别提示

可以使脚离臀部远一点,并且两脚分开一点,使肌肉的运动变化多一点。当双脚接近臀部时,通常更加容易感受肌肉的收缩。

决窍

把手放在臀部的两侧,以便更好地感受肌肉的运动。

① 平躺在地上或者床上,双臂平放在身体两侧,两脚间距与两肩同宽,腿部成90°弯曲,脚跟靠近臀部。

! 不要为了将上半身抬得更高而将背部弯成弓形,这会使腰椎间盘和颈部有受伤的危险。为了不伤害颈部,不要把头转向一侧,要面向天花板(正上方)。

② 利用臀部力量,将上半身和腿部尽量向高处抬,与地面形成三角形。肩部与地面保持接触,以此作为支撑。保持此收缩姿势1秒钟,同时尽力收紧臀部。完成上述动作后恢复到初始姿势。

在地板上重复练习不要休息。一旦力竭,可以暂停一下,以便使肌肉稍稍休息一下,再继续进行更多次重复练习。

注意

深蹲与臀桥是一组互为补充的练习。后疲劳的组合训练是由深蹲开始,然后做臀桥。如此,完整地做重复练习的次数越多,臀部就越紧实。同时还保护了背部,因为深蹲时的负重较小。

预疲劳组合练习(先臀桥,后深蹲)可以更好地锻炼臀部,并增加练习的重复次数。这样的组合对塑造肌肉线条更为有利,因为下蹲负重运动未受阻碍。

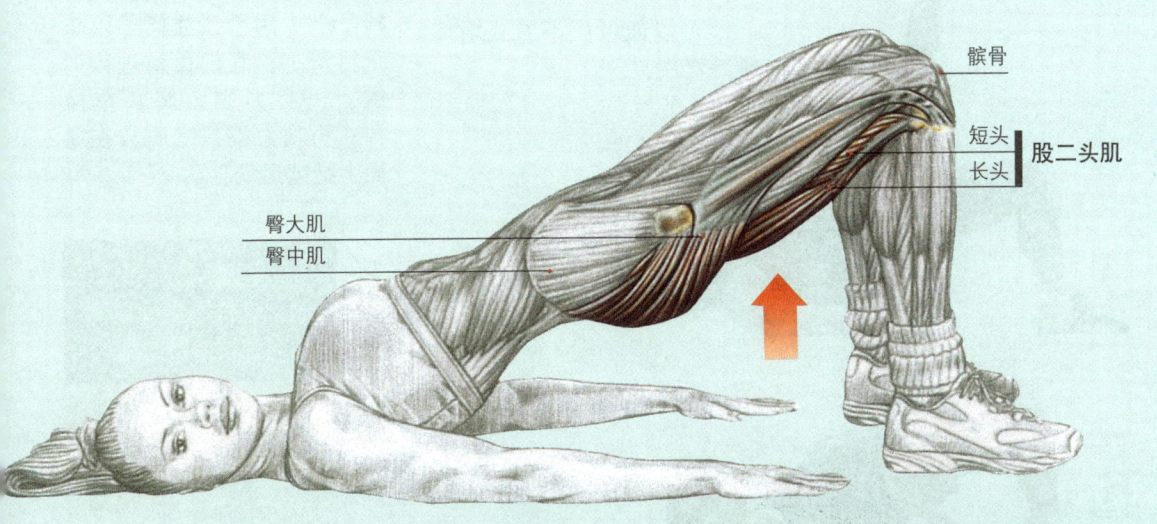

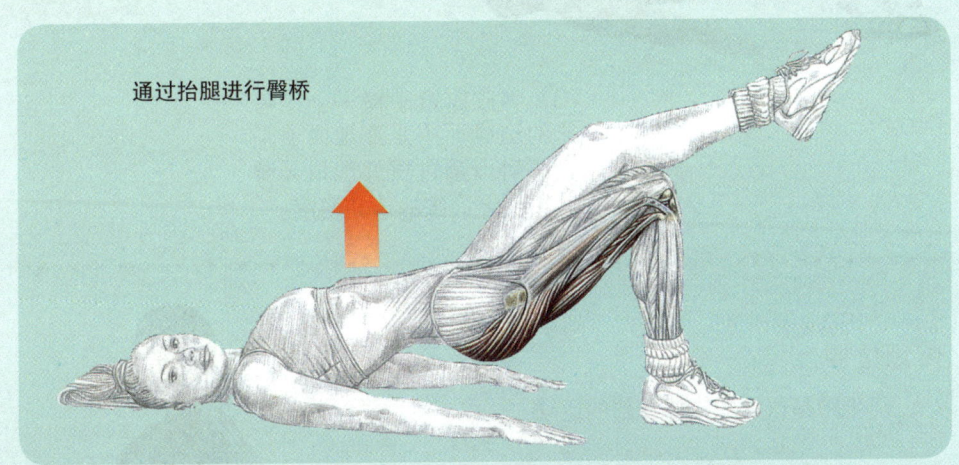

通过抬腿进行臀桥

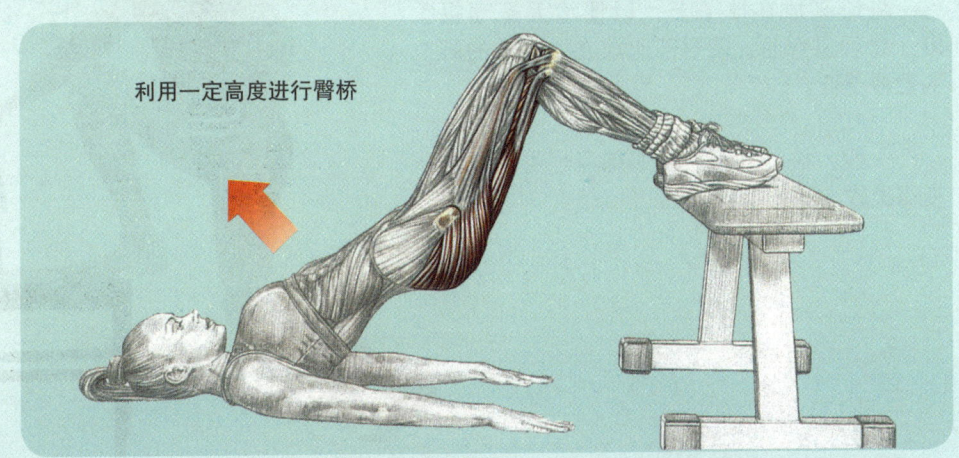

利用一定高度进行臀桥

多样性选择

可以通过以下方式增加训练难度：

① 单腿着地。

② 腹部负重。

③ 将双脚置于椅子上或者床的边缘而不是在地面上，这样可以通过更好地拉伸臀肌来增大训练的运动幅度。

可以将这几个变化组合在一起以获得最佳锻炼效果。在动作开始时把脚放在椅子上（用手扶住椅子以防止打滑），腹部负重进行训练。一旦力竭，将负重撤掉；再次力竭，把脚放在地面上继续运动。

优点 两臀可以同时运动，这样不会像单侧练习那样浪费时间。

缺点 此项训练要求背部有一定的柔韧性，脊柱有问题的人应谨慎练习。

臀部拉伸

箭步蹲是很好的拉伸臀部的运动。

将前脚放在椅子上，以便增大运动幅度。将后腿弯曲，使臀部比放在椅子上的脚的位置更低。

一般，拉伸腘绳肌腱的练习也可使臀部变得柔软。

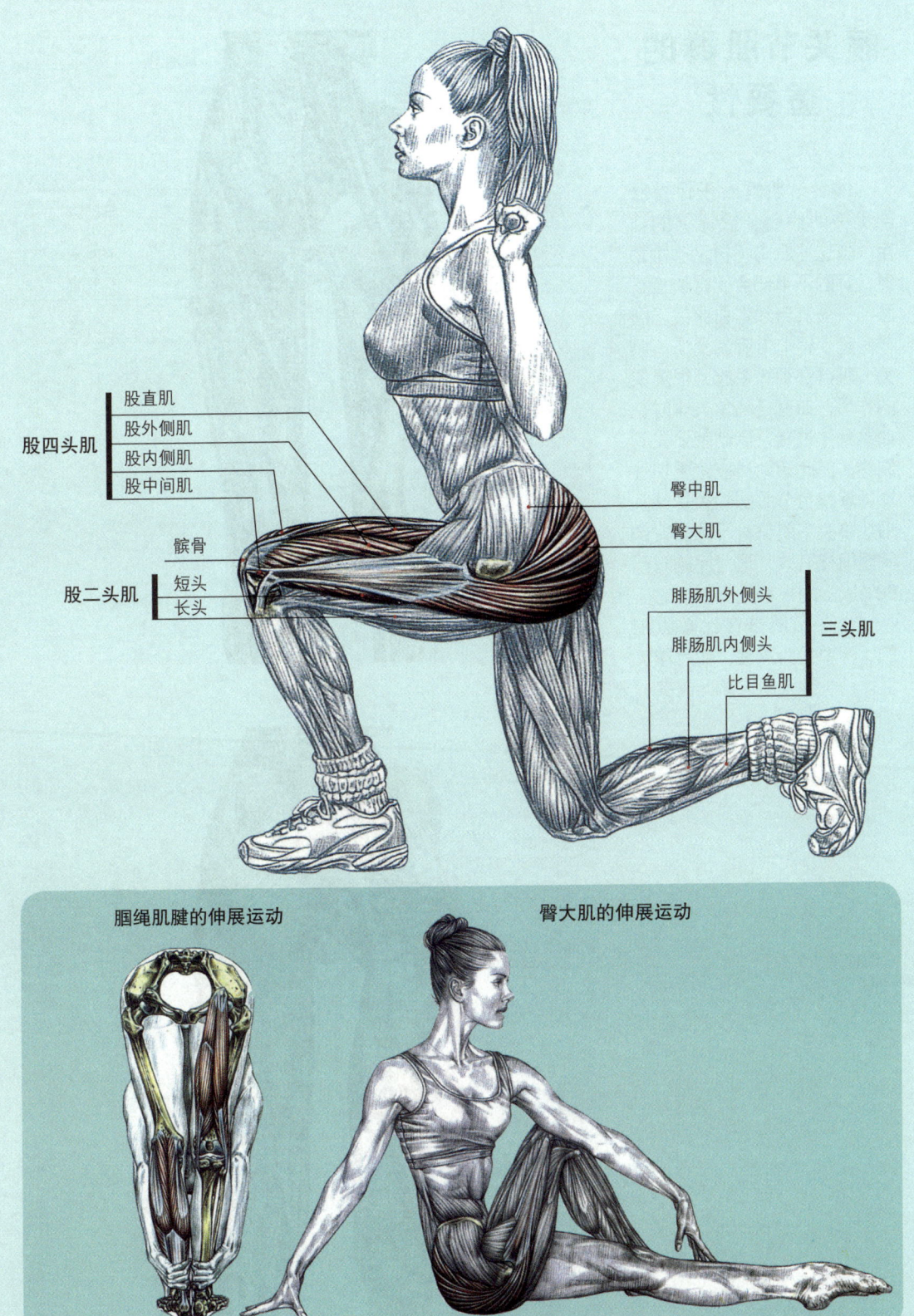

髋关节肌群的重要性

髋关节肌群对于保持腰部优美曲线起了很重要的作用。当这些肌肉不再足够柔韧时，背的下半部会变得僵直，腰部失去其自然弯曲曲线，腰椎间盘变得非常容易受伤。髋关节肌群在训练中起到很重要的作用，如在打高尔夫球时，如果身体过硬，运动就要受到制约，因此运动员应该更加注意锻炼髋关节肌群的柔韧性。锻炼髋关节肌群对于预防背部问题同样有效，这些问题对于80%以上的人都是有影响的。

髋关节肌群在比较激烈的比赛中尤为重要，如足球、武术……这些肌肉如此重要，却常常被忽视。

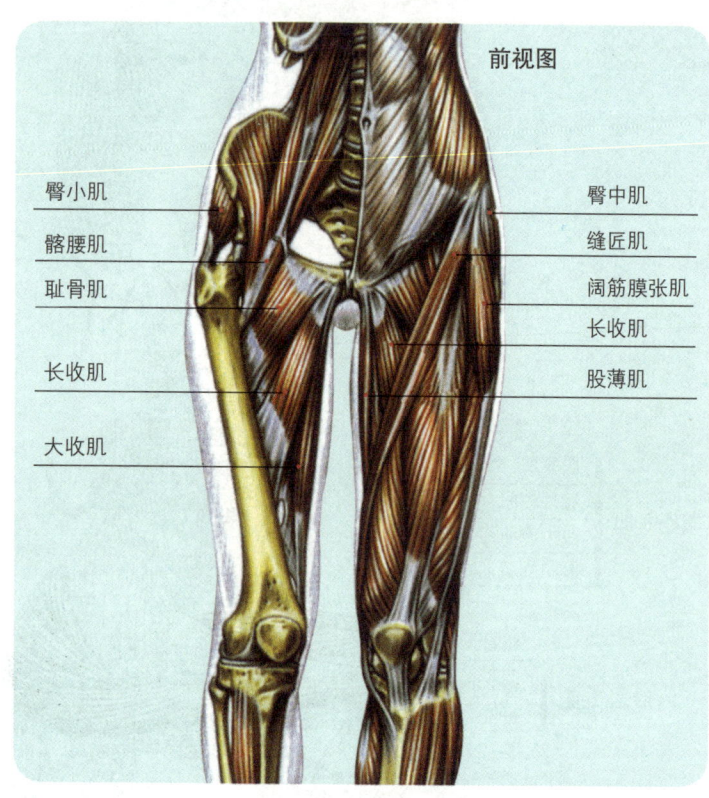

前视图

臀小肌
髂腰肌
耻骨肌
长收肌
大收肌

臀中肌
缝匠肌
阔筋膜张肌
长收肌
股薄肌

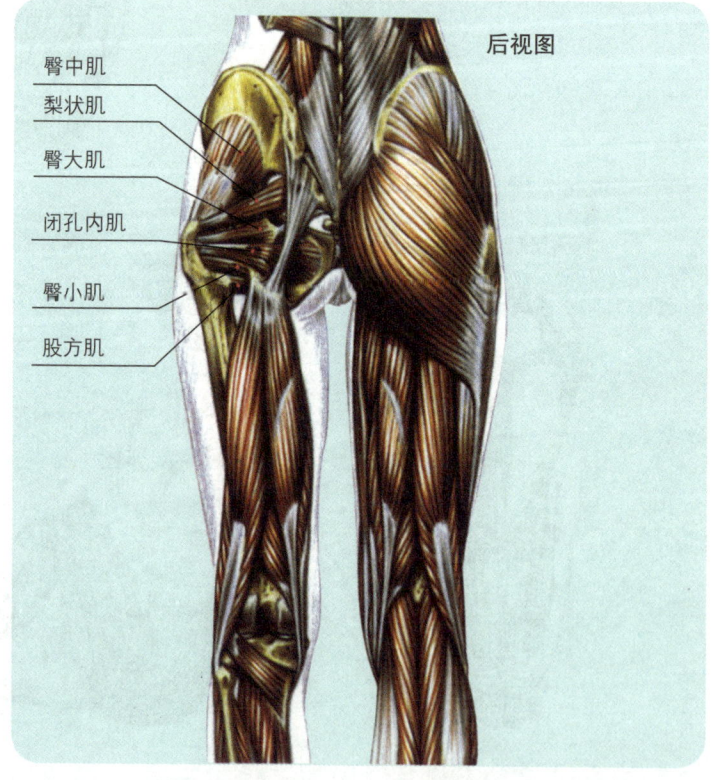

后视图

臀中肌
梨状肌
臀大肌
闭孔内肌
臀小肌
股方肌

髋关节的测试

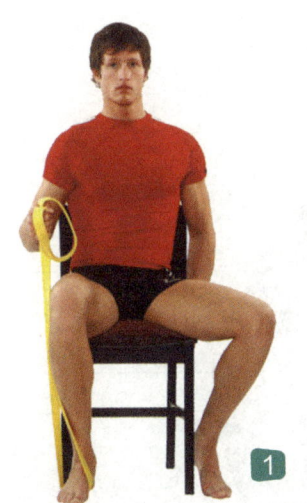  

[1] 为了测试髋关节的柔软性，坐在尽可能高的椅子上，理想的高度是脚不要着地。

[2] 利用一根弹力带，右脚尽量向左边抬起，同时保持腿部形成90°弯曲，左腿保持不动。若右腿能旋转45°～60°，则说明髋关节柔软度正常。

[3] 然后，右脚向右抬起，髋关节柔软度正常的话，应能抬起30°～45°。

对左腿进行同样的测试。

髋关节拉伸

如果髋关节柔韧性差，进行拉伸练习是很有必要的。有三种不同且相互补充的拉伸动作。

前两种动作就是上述利用弹力带进行的测试动作。将弹力带一端围绕在脚上，另一端握在手中，稍微用手拉动一下弹力带以增加运动阻力。应保持肌肉持续收缩发力，不要突然也不要生硬地进行练习。

第三种拉伸动作比较困难。将右腿盘起，上半身向

右腿部前倾并且左腿保持向后绷直。右腿的拉伸练习结束后，换左腿练习。

为了使髋关节回旋肌更加有力，应始终利用弹力带进行练习。

塑造腹部肌肉线条

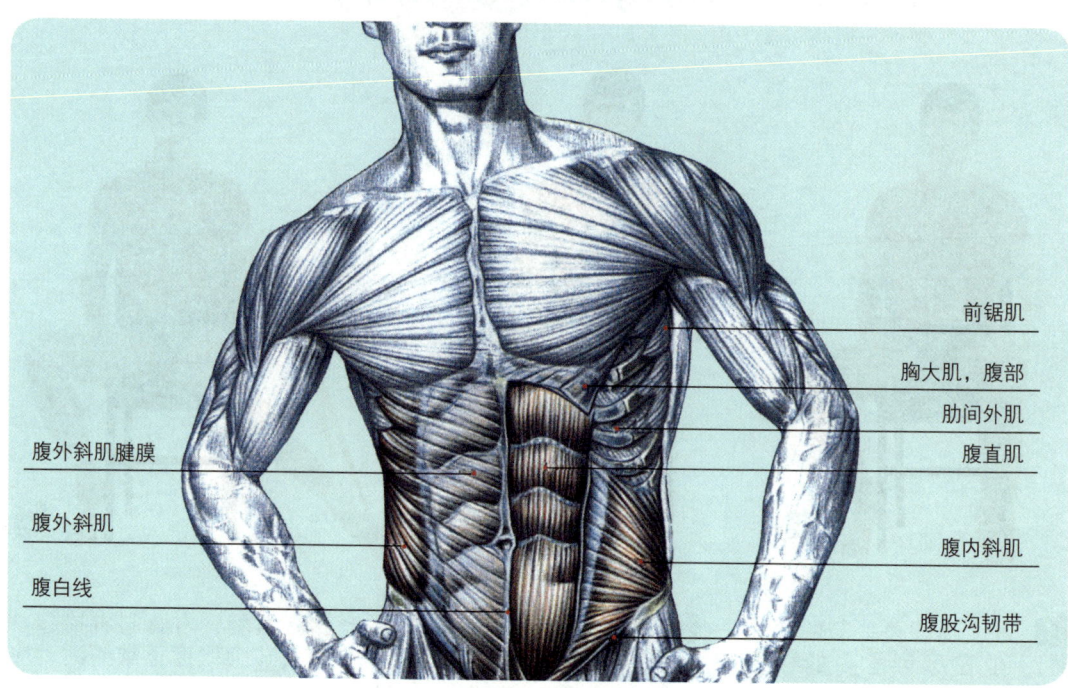

前锯肌
胸大肌，腹部
肋间外肌
腹直肌
腹外斜肌腱膜
腹外斜肌
腹内斜肌
腹白线
腹股沟韧带

腹肌

腹肌的作用

腹肌对于保护脊柱起了很重要的作用，在大部分的体育运动特别是肌肉锻炼中尤其如此；腹肌还对呼吸及大腿的运动起了辅助作用。结实的腹肌可以使人拥有平坦的腹部。

与上腹部肌肉相比下腹部肌肉很难用到，因此很难得到锻炼。这也是为什么举腿比仰卧起坐更难控制的原因。

下腹部肌肉对于保护脊柱和防止腹部肥胖起了很大的作用，这是最容易积累脂肪的部位。好的腹肌练习应该使上腹部和下腹部同时得到锻炼。

用图解形式说明腹肌运动的意义和内脏系统

1 腹直肌　3 腹内斜肌
2 腹外斜肌　4 腹横肌

双足和腹部肌肉是有连带关系的，双足行走锻炼可使腹部肌肉明显强化。在奔跑或行走的过程中，骨盆可以防止上半身过分失去平衡，并成为强壮有力的、起固定作用的肌肉支撑点，同时能积极有效地保护内脏。

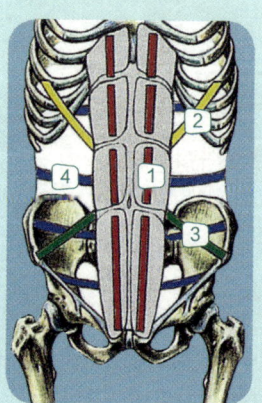

特别提示

腹肌收缩是肌肉两端的互相运动。上半身抬起的练习特别（不是绝对）针对上腹部肌肉。骨盆上提运动针对一小部分下腹部肌肉。

腹直肌的活动

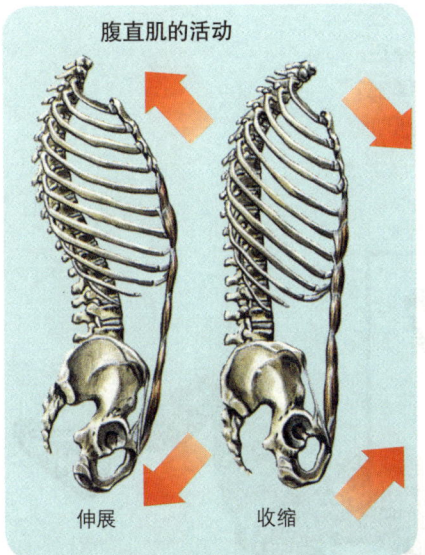

伸展　　收缩

腹直肌

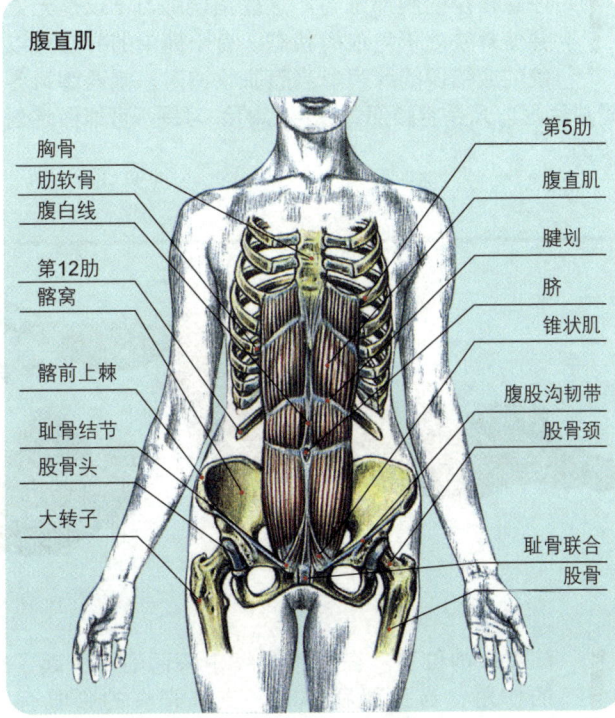

- 胸骨
- 肋软骨
- 腹白线
- 第12肋
- 髂窝
- 髂前上棘
- 耻骨结节
- 股骨头
- 大转子
- 第5肋
- 腹直肌
- 腱划
- 脐
- 锥状肌
- 腹股沟韧带
- 股骨颈
- 耻骨联合
- 股骨

不同类型腹壁的截面图

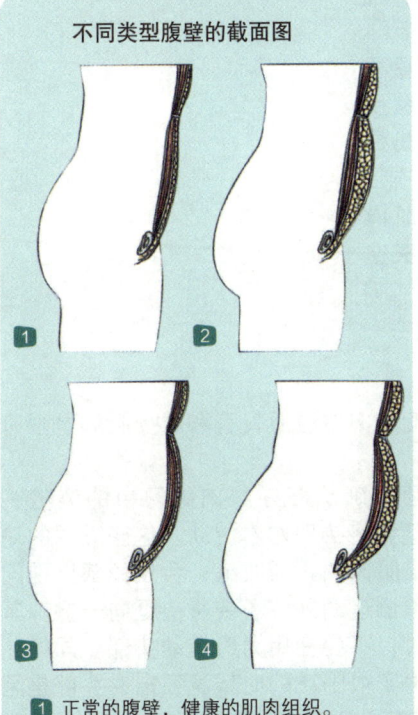

1　2
3　4

1. 正常的腹壁，健康的肌肉组织。
2. 正常的腹壁，健康的肌肉组织和皮下过多的脂肪给人腹部下垂的感觉。
3. 因缺少肌张力而下垂的腹壁，无多余脂肪。
4. 因缺少肌张力而下垂的腹壁，同时脂肪过剩。

腹部深层肌肉

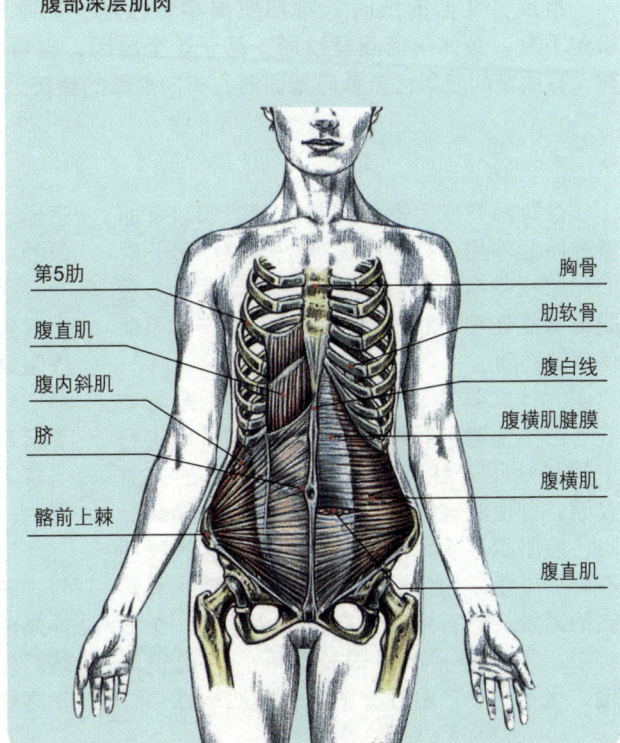

- 第5肋
- 腹直肌
- 腹内斜肌
- 脐
- 髂前上棘
- 胸骨
- 肋软骨
- 腹白线
- 腹横肌腱膜
- 腹横肌
- 腹直肌

! 注意错误的腹部练习。这些错误练习不仅是无效的，还会使脊柱处于危险的状态。有个简单的方法可以区分正确的或错误的练习。当腹肌收缩时，错误练习会把腰部弯成弓形。凡是将腰部弯成弓形的练习是不可能锻炼到腹部肌肉的。

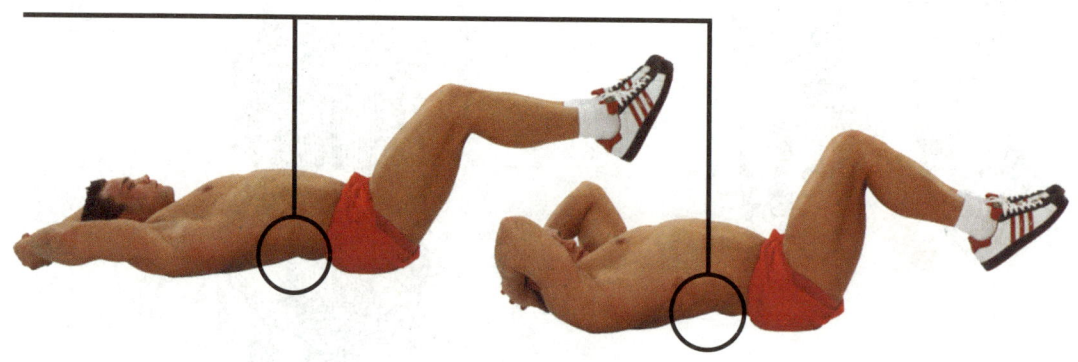

! 注意头的位置。在肌肉收缩中头部的姿势起了很重要的作用：当头部后仰时，支撑脊柱的腰肌有收缩反应，而腹肌有放松趋势。即使不是强烈收缩，也仍是不可避免的。

相反，头部前低时，腹部肌肉绷紧收缩，而腰部肌肉松弛下来，身体向前倾呈拱形。基于这个原因，当看向天空时，有后倒的趋势；当看向地面时，有向前跌的趋势。

当背部弯成弓形时腰肌、髂肌和股直肌就开始起作用，如某些需要把腿部尽量长时间停留在空中的练习，这会伤害到背部。腹肌与骨盆连在一起，但不与腿部相连，不能使双腿移动。

为什么这些动作是痛苦的呢？把背弯成弓形会伤害到腰椎间盘，腹肌则试图进行干预以矫正脊柱。它们以静态发力的方式收缩，会使肌肉缺氧。此时局部血液循环受阻，腹肌积累了大量乳酸类物质，这种物质不能通过正常的血液循环排出，会使人有灼热的感觉。这有点类似赛跑时头上套一个塑料袋，不仅坚持不了很长时间，而且很危险，也不利于产生好成绩。在腹肌运动中，适当收缩肌肉对腹肌发育和减少脂肪是很有效的。

必须明确头部在肌肉练习中的姿势，尤其应避免将头部左右转动。这些没用的动作阻碍了肌肉的正常收缩，会使颈部出现问题。除单侧运动外，不要将头歪向一侧。单侧运动时，不要在用力时转动头部。同样，当练习确实很困难的时候疯狂摇晃头部是无用的，应使头部随身体共同运动。

锻炼腹肌时，应稍微低头，不要向上看，头部悬空产生的收缩反应会使身体自然地蜷曲起来。因此，锻炼腹肌时应尽量用眼睛盯住腹部。相反，进行深蹲时，保持头部在高处有利于保持平衡和保护脊柱。

腰大肌上脊椎的弯曲

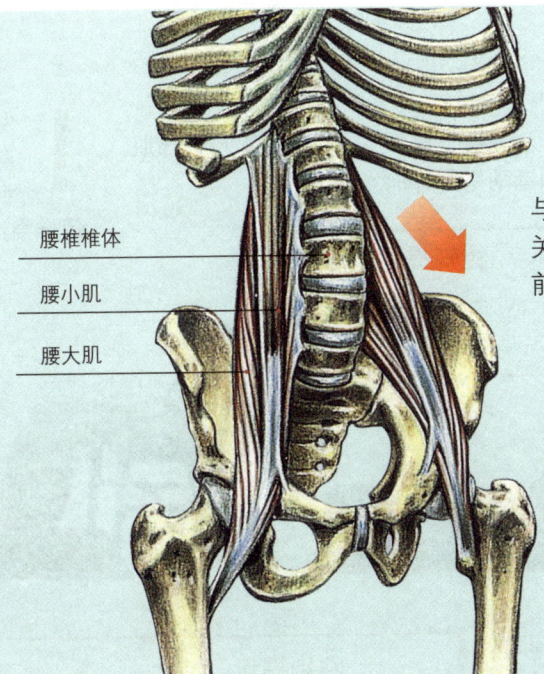

- 腰椎椎体
- 腰小肌
- 腰大肌

与强有力的屈髋肌群无关，腰肌收缩引起脊柱前凸，弯曲度增大。

屈髋肌群

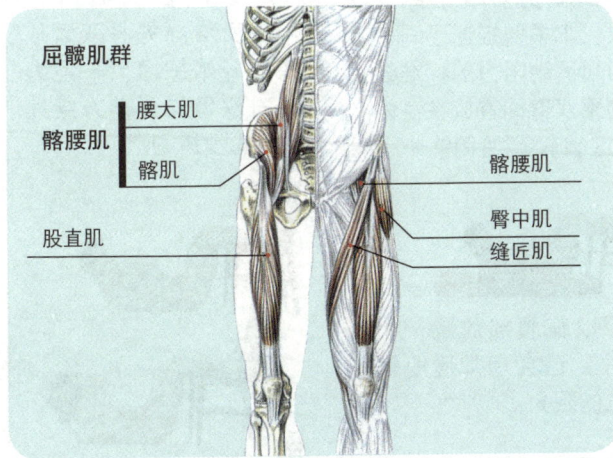

- 髂腰肌
  - 腰大肌
  - 髂肌
- 股直肌
- 髂腰肌
- 臀中肌
- 缝匠肌

抬起大腿时要注意腰肌

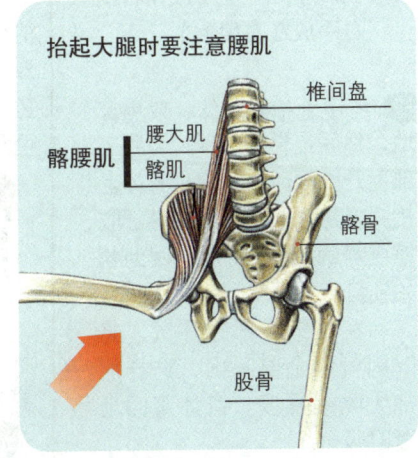

- 髂腰肌
  - 腰大肌
  - 髂肌
- 椎间盘
- 髂骨
- 股骨

! 进行腹部肌肉练习期间使背部弯成弧形是很重要的。

与大部分腹部单侧训练一样，在地板上进行举腿时绝对不要将背部弯成弓形。

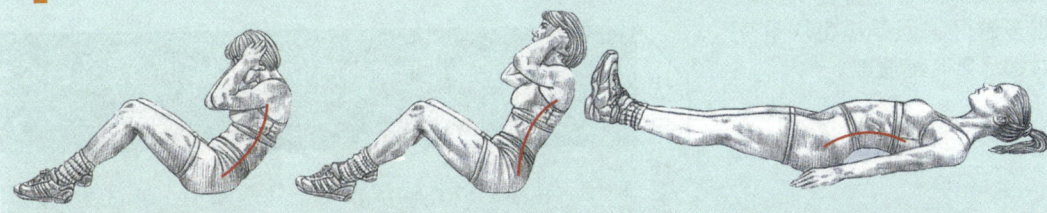

正确的姿势：背部呈弧形　　错误的姿势：背部呈弓形　　错误的姿势：背部呈弓形

腹肌训练动作

卷腹

此项孤立训练的目标是整个腹肌，但主要是上腹部肌肉。在做侧面转动时单侧运动是可行的。

! 如果把手放在头部后面，会使运动更加困难，也会有引起腰椎和颈椎突出的危险。

特别提示
对于需要跑、跳的运动，此练习特别有效。

① 平躺在地上，双腿并拢或者把双脚放在椅子上，两手交叉放在肩膀处（左手放在右肩上，右手放在左肩上）。

② 缓慢地抬起身体，双肩离地，然后是脊柱上部，当腰上部离开地面时，应停止身体上抬并将身体蜷曲。保持腰部收缩姿势2秒钟，再缓慢回到初始姿势。重复练习。

在收缩腹部时呼气，将肺内气体全部呼出，这样能加大收缩幅度。身体落回地面时吸气。

如果能反复做20多次练习，说明动作没有到位，最常见的错误是没有很好地控制上腹部。不是重复的次数越多越好，而是应每次重复时都尽量收缩腹部。

特别提示

手的姿势影响了练习的效果，本书曾描述了一个双臂引起运动阻力的标准姿势。如果双臂伸直放在身体两侧，这个练习会变简单。

双手放在头后时，练习会变难。先将双臂放在头后开始练习，一旦力竭，将双臂伸至前方继续做多次重复练习。

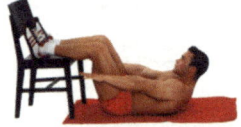

可以在腹部放置一个杠铃片，这会增加腹肌需要对抗的阻力。

优点 卷腹是最简单有效的锻炼腹部肌肉的动作，不会伤害脊柱。

缺点 卷腹的动作幅度较小（几厘米），若试图抬起整个上半身以增大运动幅度，脊柱会有弯曲的危险。

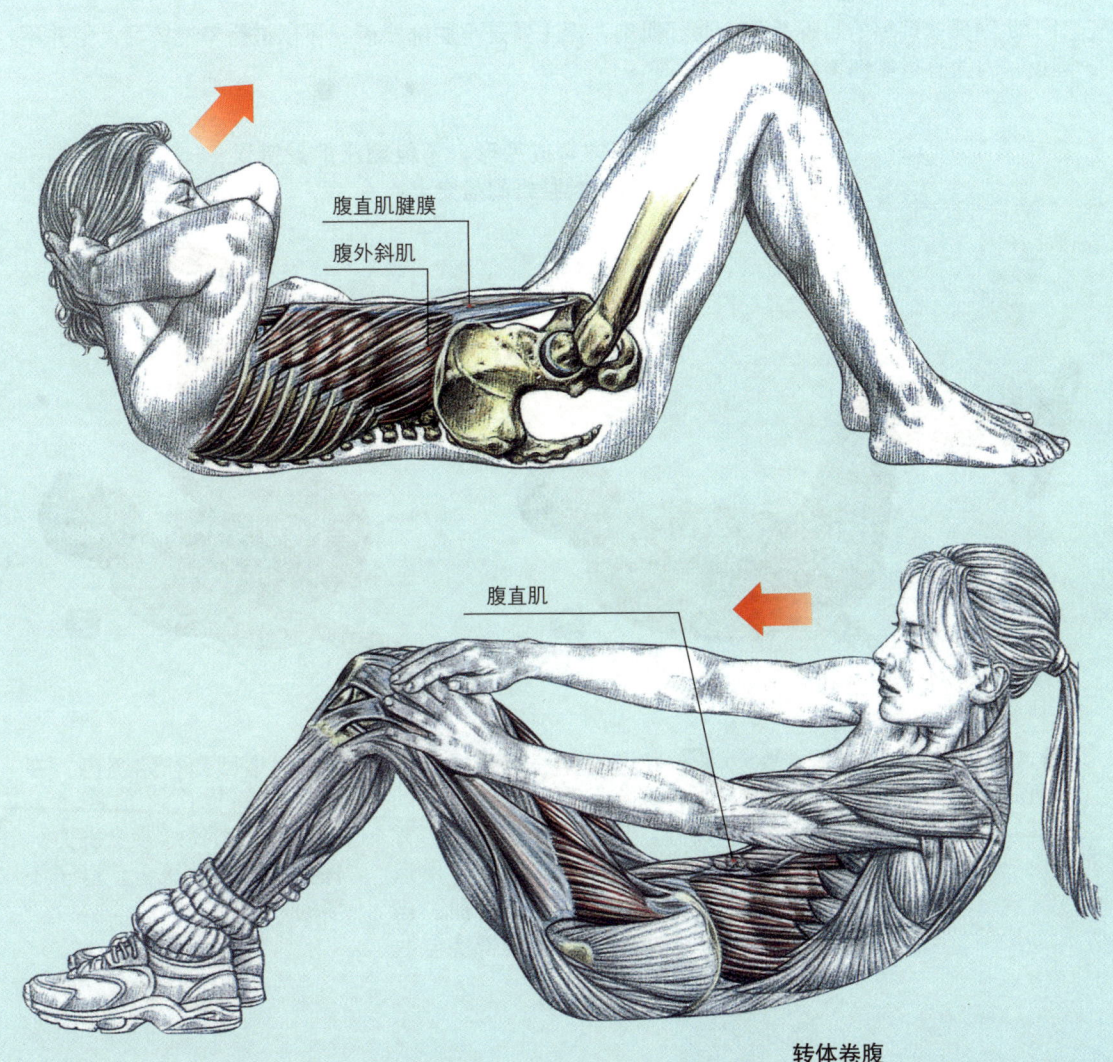

转体卷腹

多样性选择

为了同时锻炼腹外斜肌和腹直肌，可以向侧面转动上半身练习。为了锻炼身体左侧，把右手放在头的后面，伸长左胳膊接近地面，以便成为支撑点，使侧面旋转更加容易。

利用腹肌的力量将右肘关节靠近左大腿，但不需要用肘关节碰到腿部；一般到动作中间停下来，保持这个收缩姿势2秒后将身体还原至初始姿势。为保持肌肉持续紧张发力，不要把头放在地板上。右侧练习结束，换至左侧继续练习。

仰卧举腿

此项孤立训练的目标是整个腹部肌肉,但主要是下腹部肌肉。可以进行单侧练习,但并不建议,因为有可能伤害到脊柱。

! 如果把背部下方弯成弓形,不但刺激的是错误的肌肉,还会引起腰椎间盘突出。

① 平躺在地上,双臂放在身体两侧,腿部成90°弯曲。

② 抬起臀部,然后是背部下方,做与仰卧起坐反向的动作。应该缓慢进行,当背部上方离开地面时停止运动,将下腹部靠近胸肌,但不要碰到。保持腹部完全收缩的姿势2秒钟。

③ 缓慢回到初始姿势,在臀部触到地面之前停止,以保持肌肉持续紧张发力。保持头部在地板上,脖子不要动。

优点 下腹部肌肉是一块最难锻炼到的肌肉。仰卧举腿可以锻炼这部分肌肉。

缺点 这个动作很容易出现错误。如果脊柱下部有痉挛的感觉,说明运动姿势是错误的。因此,学习如何更好的进行下腹部肌肉的收缩是很有必要的。

特别提示

此项训练的目标不是抬起腿部,而是抬起髋关节从而达到抬起大腿的目的,大腿应一直保持同样姿势。

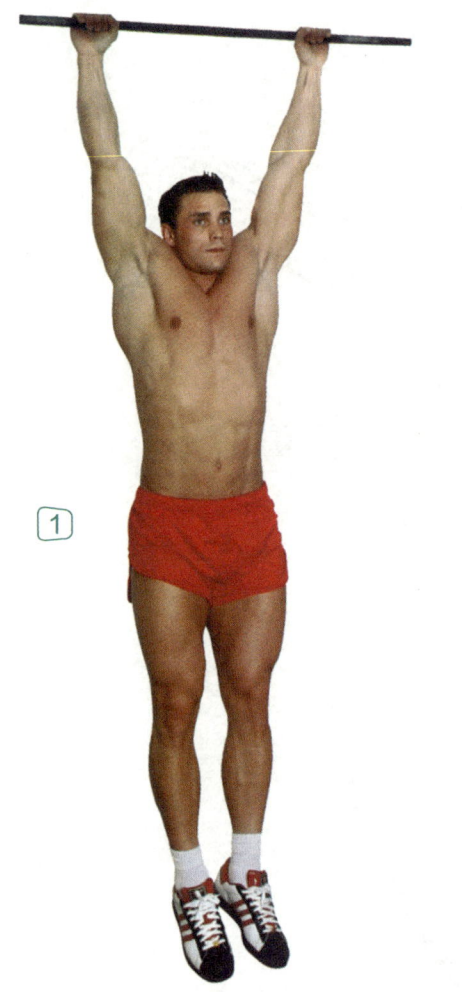

多样性选择

在整个训练过程中保持腿部绷紧，练习会变得很难。如果腿部弯曲到腓肠肌能够碰到大腿后侧，运动会变得很容易。建议练习开始时使腿部伸直，一旦力竭，把腿弯曲，进行更多次重复。

1 为了增加训练难度，可以悬挂在单杠上进行练习。双手正握住单杠（即拇指相对），两手间距与肩同宽。腿部与上半身呈90°夹角，大腿与地面平行。保持大腿绷直（此练习明显增加了难度），或者蜷起小腿，这样练习会容易一些。

2 利用下腹部的力量，将骨盆向高处抬起，膝盖靠近胸部，尽可能高地抬高骨盆，身体尽量蜷曲，保持此收缩姿势1秒钟后放下骨盆。注意，腿部仍要保持与地面平行，不要下降到平行线之下。

在训练中，最难的是初次练习时身体无法保持平衡。在进行训练的同时，也要学习如何自然地保持身体平衡。

第二部分 练习

特别提示
此抬腿动作也可以在床上或椅子上以坐姿进行，但在此情况下，脊柱弯曲会一定程度阻碍动作的完成。

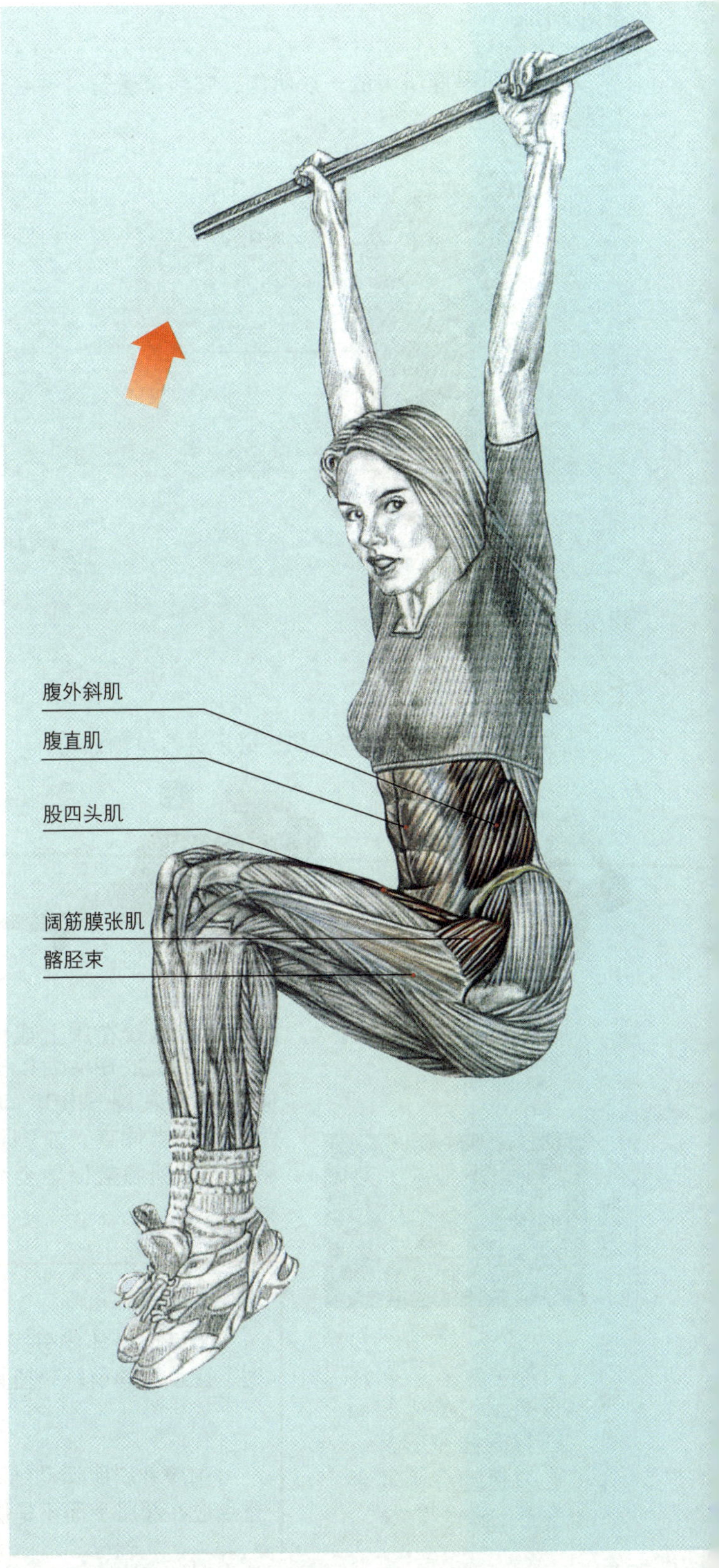

腹外斜肌
腹直肌
股四头肌
阔筋膜张肌
髂胫束

腹外斜肌

腹外斜肌是腹肌旁的一块肌肉，它包裹着脊柱并在运动中保护骨盆。

! 背部下方弯成弓形，是错误的训练姿势，会导致腰椎间盘突出。

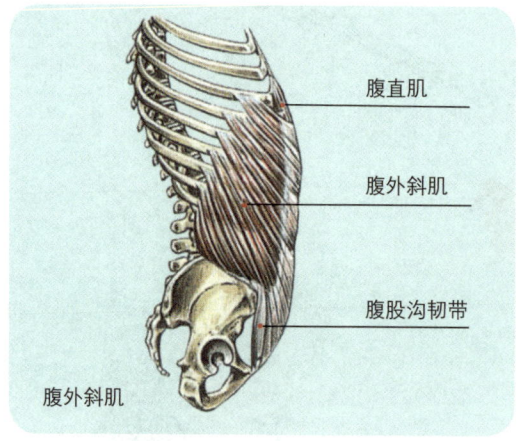

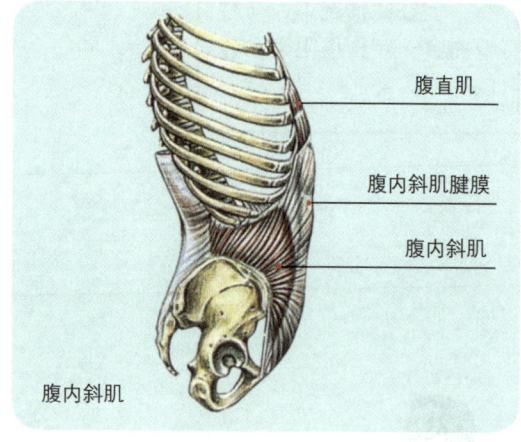

腹外斜肌训练动作

上身侧抬运动

此项训练主要针对腹外斜肌，必须进行单侧练习。

决窍
把右手放在左腹上，以便更好地感受肌肉收缩。

1 向右侧躺在床上或地板上，左手放在头后以支撑身体，左腿呈90°弯曲，右腿半伸直，左脚稍稍靠近右腿膝盖以便姿势更加稳定。

2 腹外斜肌发力抬起身体，左手肘部靠向右胯部。右肩离地面几厘米，保持肌肉收缩姿势1~2秒后将上半身回到初始姿势，右肩放回地面，头部保持悬空，以便使腹外斜肌持续紧张受力。完成左边的练习后，马上换右边练习。

优点 此项训练极好地锻炼了腹外斜肌，只要位置正确，可以即刻感受到肌肉运动。

缺点 除非需要进行力量运动，否则没有必要对腹外斜肌进行高强度锻炼，这项运动会使腰部变宽，降低美感。

特别提示
训练时身体没有完全在一条直线上，当收缩腹外斜肌时，应从后向前轻轻扭转抬起上半身。

注意
由腹外斜肌运动结束腹肌练习比用卷腹更好，训练的重点应在腹肌上而不是腹外斜肌上。

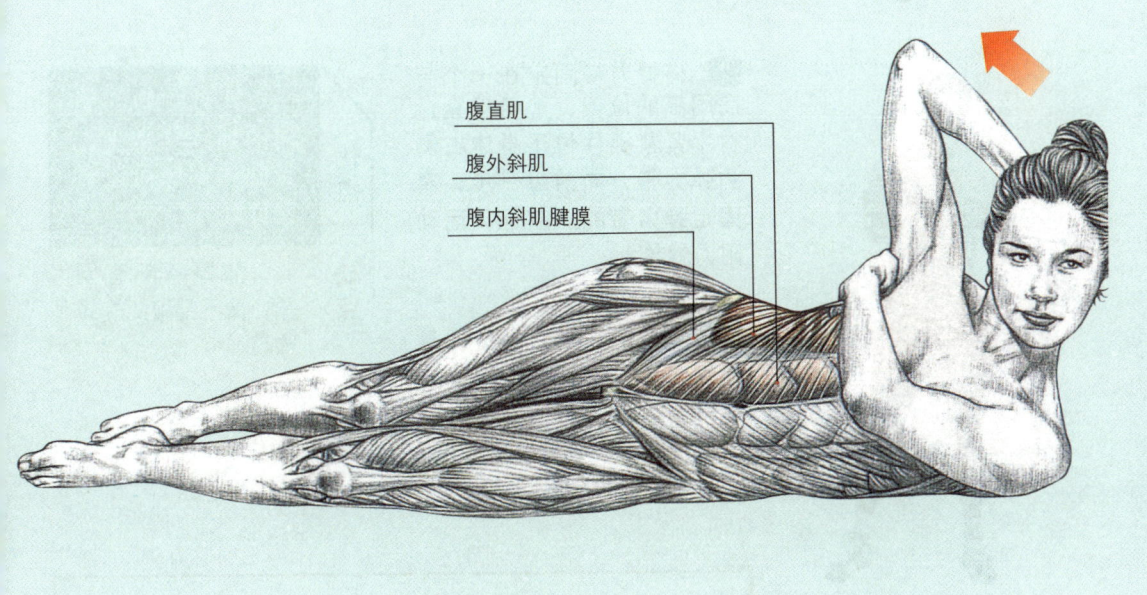

腹直肌
腹外斜肌
腹内斜肌腱膜

! 不要为了想进行更多次的重复练习而突然转动头部,这样很容易使颈部受伤。

多样性选择

[1] 头上方空闲手的位置决定了此项训练阻力的程度。当身体伸展,手臂沿头部方向伸直时,腹外斜肌需要对抗的运动阻力会增加。

[2] 手臂向大腿伸直时,动作阻力会减少。

建议练习在开始时手臂沿头部方向伸直,一旦力竭,把手放到头后以便继续更多次重复练习。再次力竭时,将手臂向腿部伸直以继续练习;也可以用空闲的手抓住大腿后侧上部以继续重复练习。可以利用手臂发力拉起上半身以减轻腹外斜肌的压力,但这一策略只能在训练结束时使用。

站姿转体

此项孤立训练主要针对腹外斜肌。训练必须单侧进行,以便肌肉能获得更有效的运动阻力。

① 将弹力带固定在一个与肩同高的位置,上身挺直,右手紧紧抓住位于身体右侧的弹力带,向前迈一步,离固定弹力带的点越远,运动阻力就越大。

② 两腿分开站稳,上半身先从右向左旋转,旋转不要超过45°。左侧肌肉训练完后再进行右侧训练,中间不要休息。

优点	针对侧腹部肌肉的训练非常少,且此项训练可以调整负重。
缺点	如果背部有问题,请不要做此旋转练习。

特别提示

当有来自侧方的阻力时,此项运动的优点便会显现出来。使用肩扛杠铃旋转身体的方法除了伤害脊柱外,对身体没有一点好处。当把杠铃置于肩部时,还会加重对腰椎间盘的伤害。

注意

此项训练应该缓慢进行、多次重复练习(每组25次),每天做2~4组。

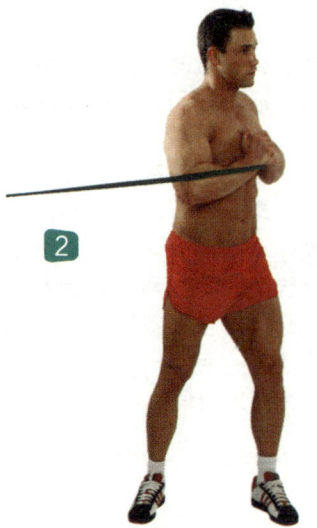

多样性选择

此项旋转练习也可以在地上进行,双腿弯曲或伸直(最难做的一种动作)。

第二部分 练习

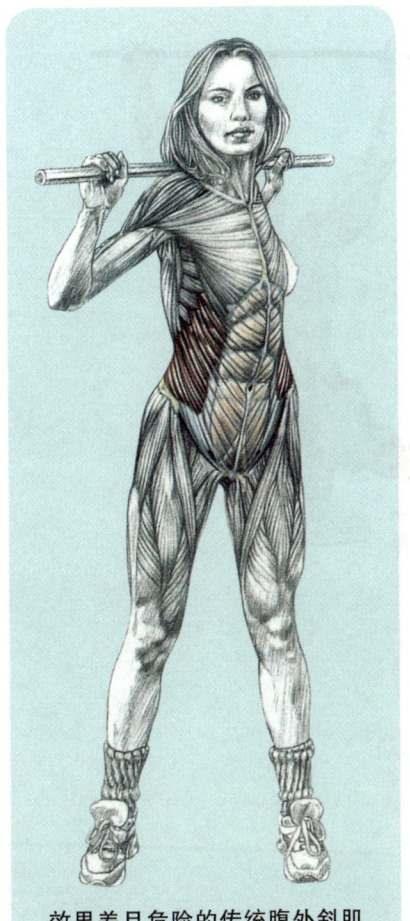

效果差且危险的传统腹外斜肌锻炼法

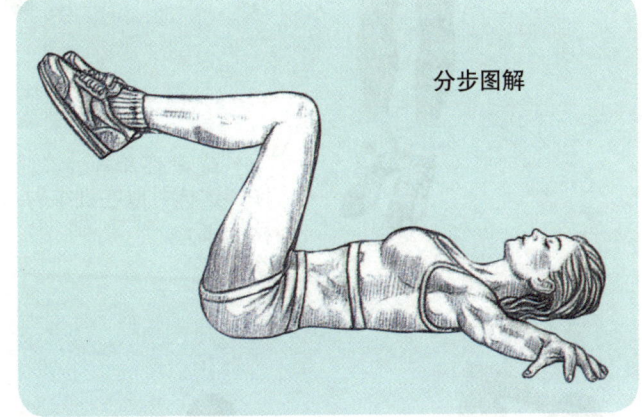

分步图解

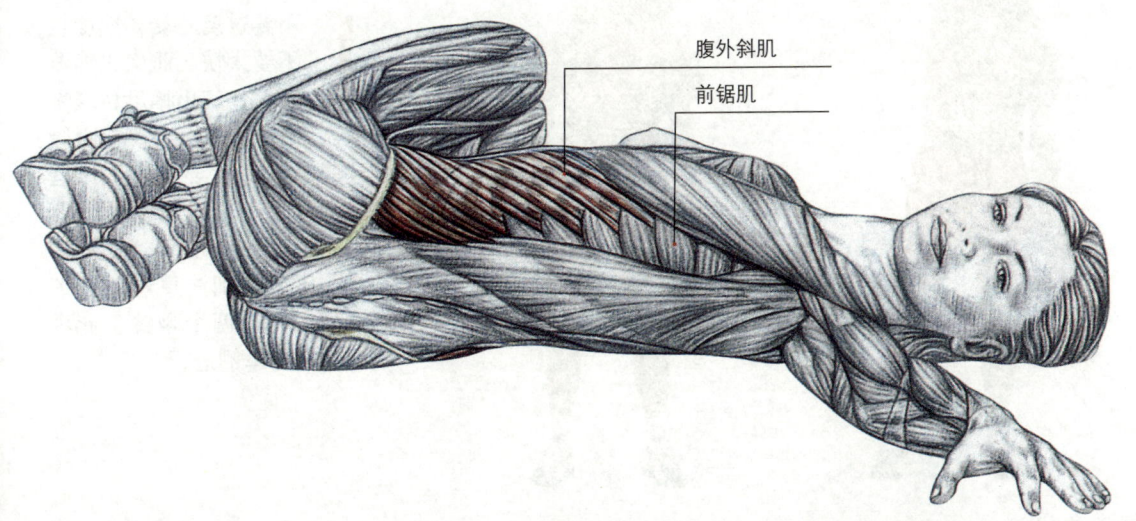

腹外斜肌
前锯肌

② 或者在单杠上做此项动作，这样可以在训练时减轻脊柱的压力。

❗ 不要过度旋转，速度也不要太快。肌肉收缩要适度，应小幅度且缓慢地做动作；用哑铃做单侧腹外斜肌训练时要小心。这些练习只对使脊柱承受巨大压力的力量型运动有作用。

应该特别注意避免训练时同时使用两个哑铃，此项运动只能单侧进行。

膈肌与呼吸肌

呼吸肌和耐力

科学研究发现，在努力提高耐力时，呼吸肌尤其是膈肌会较易疲劳。如同其他肌肉一样，这种疲劳感会导致肌肉性能下降。锻炼膈肌对于提高耐力有明显作用。经过专业训练的运动员比运动少的人膈肌更大，长期的腹部练习也能够降低发生突发性呼吸困难的风险。

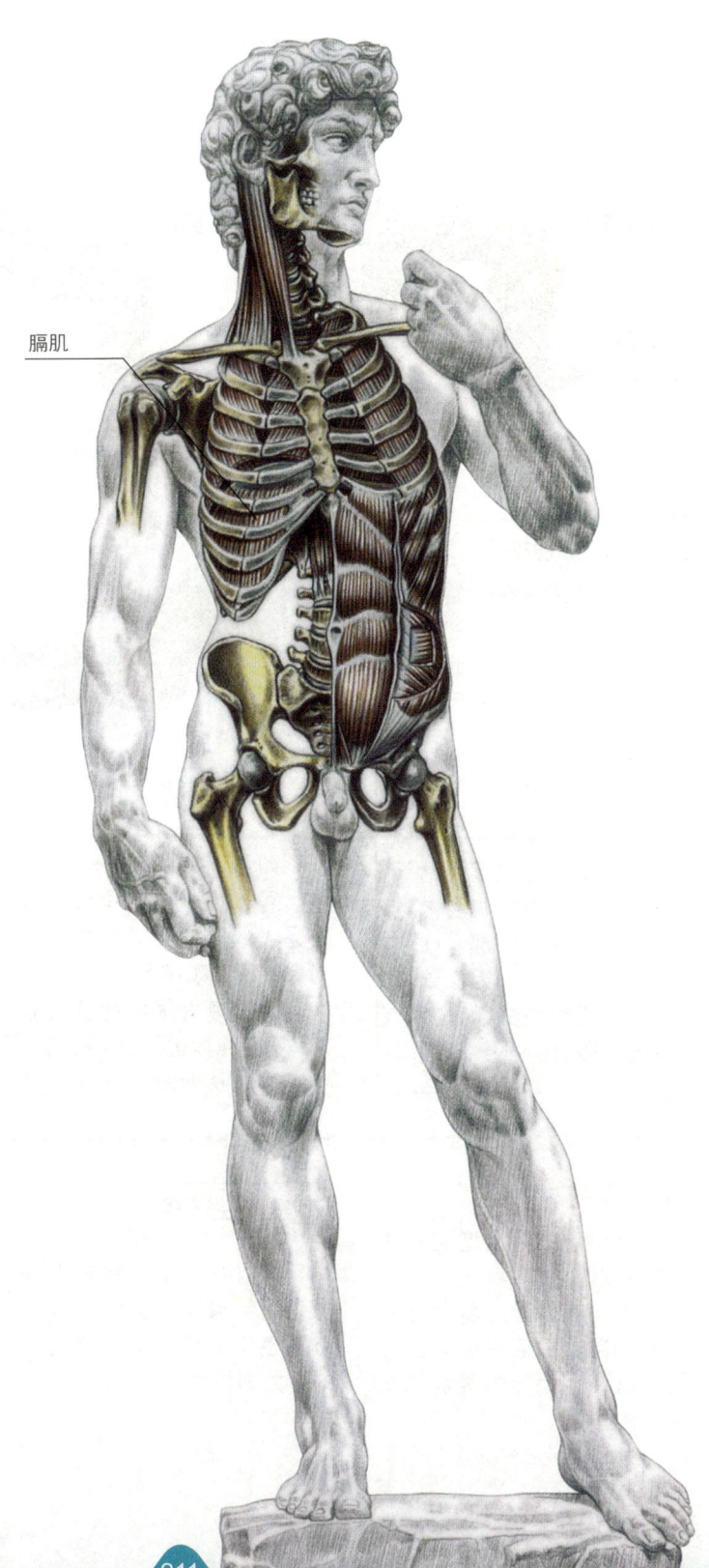

膈肌

膈肌与呼吸肌训练动作

膈肌收缩练习

此项运动主要针对膈肌和呼吸肌。

1. 四肢着地，一边吸气一边用力收腹。
2. 呼气，放松肌肉。

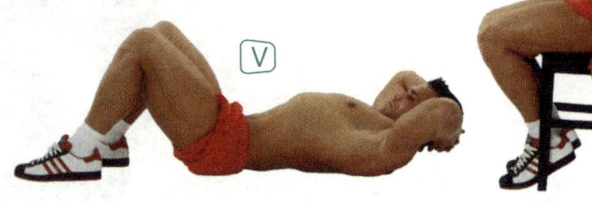

特别提示

此项练习在开始做时很简单，但重复做20次后会感到非常累，但此时肌肉开始得到加强，因此应尽量多做重复练习。

注意

在做像深蹲等负重练习时，膈肌会收缩，活跃的膈肌可以增加胸腔内的压力从而保护背部。在肌肉训练过程中，因压迫脊柱而背部受伤的人尤其需要进行膈肌的强化训练。

多样性选择

如果完成此动作有困难，可以以坐姿（这样比较容易）或卧姿（这样更加容易）进行此项练习。

为了最大限度地获得肌肉耐力，可以进行以下练习：

> 首先从四肢着地练习开始，直到呼吸肌疲劳。
> 当感到疲劳时，转身仰卧继续完成更加容易的练习。

优点 此项训练也能锻炼腹横肌，并能保持腹部平坦。

呼吸练习

这个动作可以增强呼吸肌的能力。

平躺在地上，将杠铃片放在胸部，深吸气使胸廓充分膨胀，用力呼气释放胸廓内气体。

多样性选择

可以在胸部轻轻套上弹力带以约束胸廓膨胀，这一方式也常被用在强化呼吸肌的耐力训练中。

特别提示

此项训练需要多次重复（每组至少50次）才会有效果。

! 开始练习时不要负重太多，否则会损伤肋骨。开始时动作要轻柔，以使胸廓尽快适应。

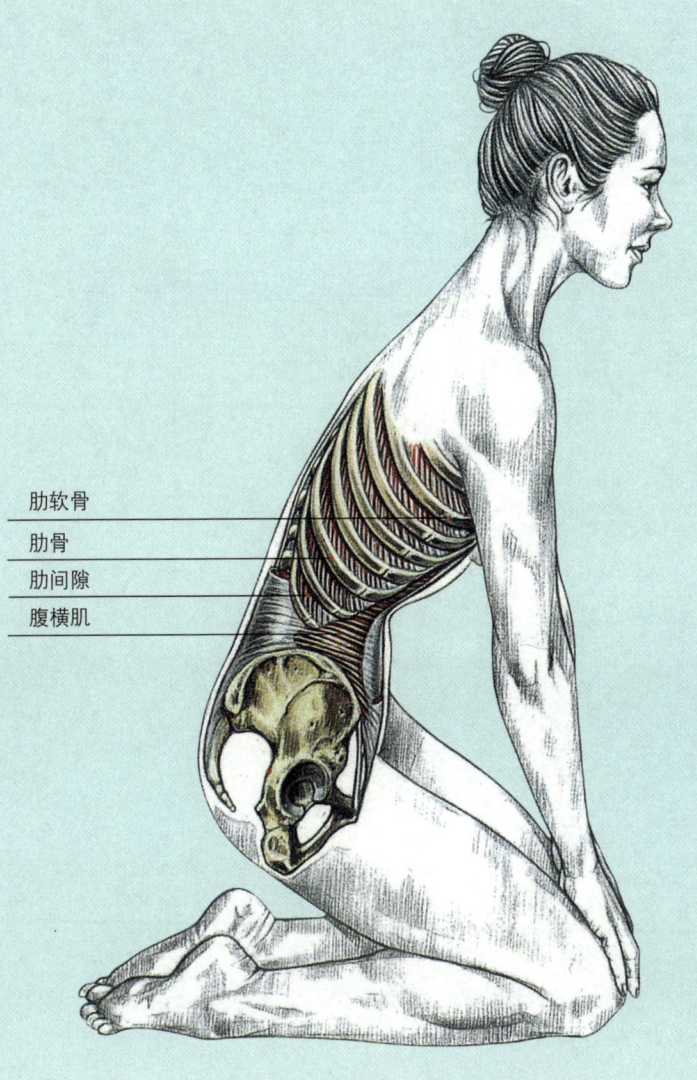

- 肋软骨
- 肋骨
- 肋间隙
- 腹横肌

必须要拉伸腹肌吗？

为了拥有平坦的腹肌，建议不要过多拉伸腹肌，练习次数不要太多，幅度也不要太大。

相反，锻炼腰肌和髋关节肌肉的柔软性是非常重要的，我们可以在保持背部挺直的同时，通过大幅度箭步蹲来进行练习。

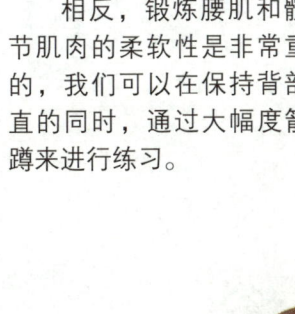

第三部分

肌肉训练计划

变化

以省时间为目标的肌肉锻炼方法

理想的锻炼效果是使每块肌肉都能得到锻炼，但是为了凸显肌肉，需要对目标肌肉进行集中锻炼。将重点集中于目标肌肉，能够快速收到显著效果，可以看到肌肉体积明显变大。

将重心放在目标肌肉的另一个好处是，尽管锻炼时间少，但还是可以在短时间内获得良好体型的。这些目标肌肉是：
- 三角肌中束（发展肩宽）。
- 肱三头肌外侧（增加手臂宽度）。
- 肱二头肌（加粗手臂）。
- 胸肌（凸显上半身）。
- 腹肌（苗条身材的定义和保障）。
- 背部肌肉（使身姿挺拔）。

特别提示

刚开始进行肌肉锻炼时，选择最基本的动作进行练习。几个星期后，再慢慢增加难度，直至达到一个较高的难度。如果减少运动组数，所设定的每组次数必须相应增加，然后尽最大力量去完成动作。

对于新手，一星期两天快速肌肉锻炼计划

第一天

肩部：
- 侧平举　P94
- 练习4~5组，每组12~8次，逐步递减。

胸肌：
- 哑铃卧推　P110
- 练习4~5组，每组10~6次，逐步递减。

肱二头肌：
- 正握弯举　P58
- 练习3~5组，每组12~8次，逐步递减。

肱三头肌：
- 弹力带俯卧撑　P70
- 练习4组，每组15~10次，逐步递减。
- 俯身臂屈伸　P76
- 练习4组，每组15~10次，逐步递减。

腹肌：
- 卷腹　P200
- 练习5组，每组20次。
- 转体卷腹　P201
- 练习3组，每组20次。

第三部分 肌肉训练计划

2

对于新手，一星期三天快速肌肉锻炼计划

如果每星期锻炼两次且感到身体状况良好者，如仍有时间的话，可以再加入接下来的练习。这将完善以上两次规律性的锻炼计划，但是锻炼者必须每星期都做这部分新增添的计划。

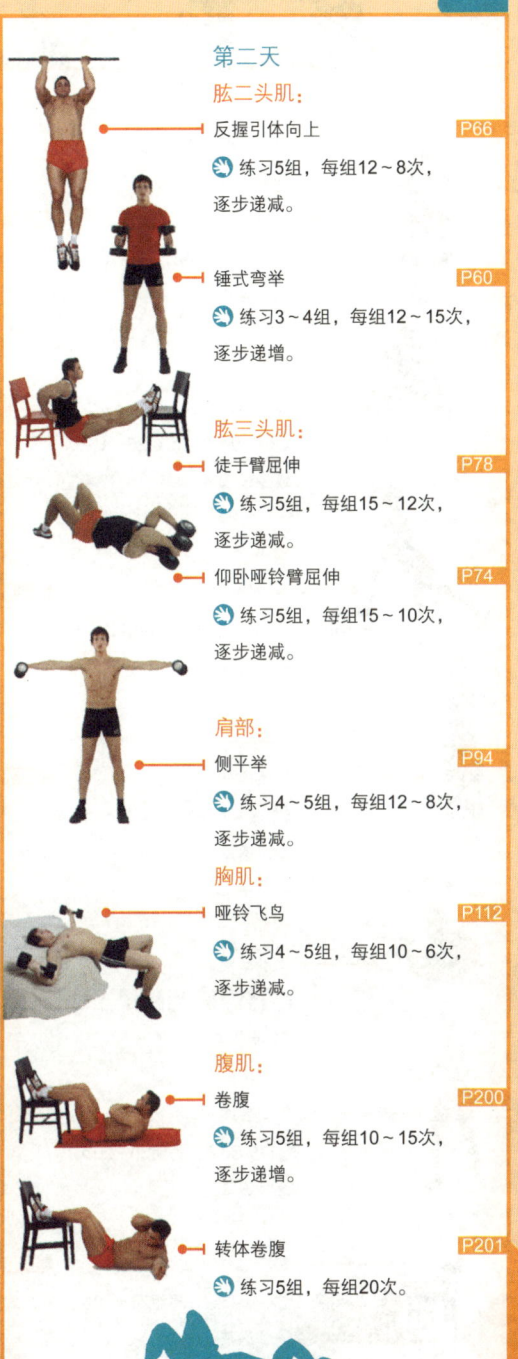

第二天

肱二头肌：
- 反握引体向上 P66
  练习5组，每组12～8次，逐步递减。
- 锤式弯举 P60
  练习3～4组，每组12～15次，逐步递增。

肱三头肌：
- 徒手臂屈伸 P78
  练习5组，每组15～12次，逐步递减。
- 仰卧哑铃臂屈伸 P74
  练习5组，每组15～10次，逐步递减。

肩部：
- 侧平举 P94
  练习4～5组，每组12～8次，逐步递减。

胸肌：
- 哑铃飞鸟 P112
  练习4～5组，每组10～6次，逐步递减。

腹肌：
- 卷腹 P200
  练习5组，每组10～15次，逐步递增。
- 转体卷腹 P201
  练习5组，每组20次。

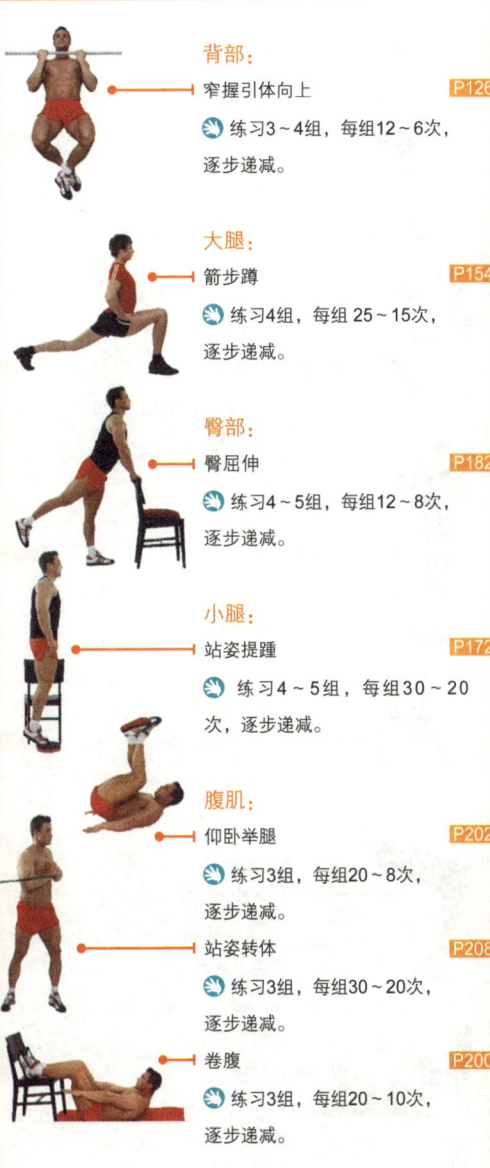

背部：
- 窄握引体向上 P126
  练习3～4组，每组12～6次，逐步递减。

大腿：
- 箭步蹲 P154
  练习4组，每组25～15次，逐步递减。

臀部：
- 臀屈伸 P182
  练习4～5组，每组12～8次，逐步递减。

小腿：
- 站姿提踵 P172
  练习4～5组，每组30～20次，逐步递减。

腹肌：
- 仰卧举腿 P202
  练习3组，每组20～8次，逐步递减。
- 站姿转体 P208
  练习3组，每组30～20次，逐步递减。
- 卷腹 P200
  练习3组，每组20～10次，逐步递减。

每周3次训练，进阶肌肉锻炼计划

对先前计划进行一到两个月锻炼后，为了进一步锻炼肌肉，应进行下一步进阶练习。如果感到锻炼过于劳累，可以在进行练习时将组数减少1～2组，身体调整完毕后再增加组数。

第一天

肩部：
- 侧平举　P94
  - 练习4～5组，每组12～8次，逐步递减。

胸肌：
- 哑铃卧推　P110
  - 练习4～5组，每组10～6次，逐步递减。

肱二头肌：
- 正握弯举　P58
  - 练习3～5组，每组12～8次，逐步递减。

肱三头肌：
- 弹力带俯卧撑　P70
  - 练习4组，每组15～10次，逐步递减。

俯身臂屈伸　P76
  - 练习4组，每组15～10次，逐步递减。

腹肌：
- 卷腹　P200
  - 练习5组，每组20次。
- 转体卷腹　P201
  - 练习3组，每组20次。

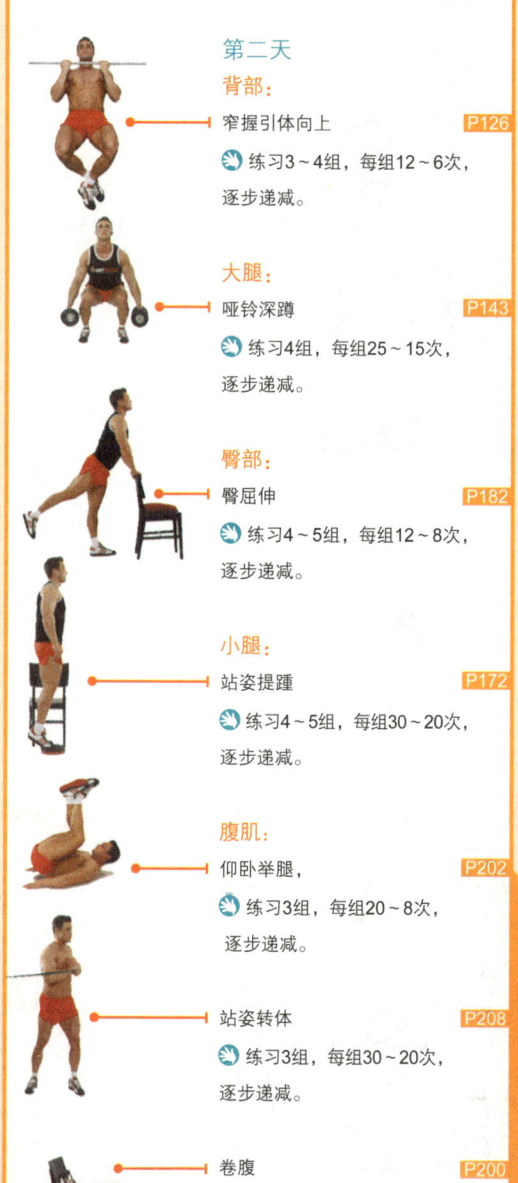

第二天

背部：
- 窄握引体向上　P126
  - 练习3～4组，每组12～6次，逐步递减。

大腿：
- 哑铃深蹲　P143
  - 练习4组，每组25～15次，逐步递减。

臀部：
- 臀屈伸　P182
  - 练习4～5组，每组12～8次，逐步递减。

小腿：
- 站姿提踵　P172
  - 练习4～5组，每组30～20次，逐步递减。

腹肌：
- 仰卧举腿　P202
  - 练习3组，每组20～8次，逐步递减。
- 站姿转体　P208
  - 练习3组，每组30～20次，逐步递减。
- 卷腹　P200
  - 练习3组，每组20～10次，逐步递减。

第三部分 肌肉训练计划

针对新手，每周2次完整的肌肉锻炼计划

1 第一天

肩部：
- 侧平举 P94
- 练习3~4组，每组12~8次，逐步递减。

胸肌：
- 哑铃卧推 P110
- 练习3~5组，每组12~6次，逐步递减。

背部：
- 窄握引体向上 P126
- 练习3~5组，每组12~6次，逐步递减。

肱三头肌：
- 仰卧哑铃臂屈伸 P74
- 练习3~4组，每组12~10次，逐步递减。

肱二头肌：
- 正握弯举 P58
- 练习3~4组，每组10~8次，逐步递减。

大腿前侧：
- 哑铃深蹲 P143
- 练习3~5组，每组10~6次，逐步递减。

小腿：
- 站姿提踵 P172
- 练习2~4组，每组15~20次，逐步递增。

腹肌：
- 卷腹 P200
- 练习3~5组，每组20~30次，逐步递增。

3 第三天

肱二头肌：
- 反握引体向上 P66
- 练习5组，每组10~8次，逐步递减。
- 锤式弯举 P60
- 练习3~4组，每组12~15次，逐步递增。

肱三头肌：
- 徒手臂屈伸 P78
- 练习5组，每组15~10次，逐步递减。
- 仰卧哑铃臂屈伸 P74
- 练习5组，每组15~10次，逐步递减。

肩部：
- 侧平举 P94
- 练习4~5组，每组12~8次，逐步递减。

胸肌：
- 哑铃飞鸟 P112
- 练习4~5组，每组10~6次，逐步递减。

腹肌：
- 卷腹 P200
- 练习5组，每组10~15次，逐步递增。
- 转体卷腹 P201
- 练习3组，每组20次。

经过几个月的锻炼后，为了更好地达到目标，可以在本书第二部分所描述的练习中相应地增加一些训练项目。

针对新手，每周3次完整的肌肉锻炼计划

1 第一天

肩部：
- 侧平举 P94
  练习3~4组，每组12~8次，逐步递减。
- 坐姿哑铃推举 P88
  练习3~4组，每组12~8次，逐步递减。

胸肌：
- 哑铃卧推 P110
  练习3~5组，每组12~6次，逐步递减。
- 哑铃飞鸟 P112
  练习3~5组，每组12~6次，逐步递减。

背部：
- 窄握引体向上 P126
  练习3~5组，每组12~6次，逐步递减。
- 仰卧曲臂上拉 P130
  练习3~5组，每组12~6次，逐步递减。

肱三头肌：
- 仰卧哑铃臂屈伸 P74
  练习3~4组，每组12~10次，逐步递减。

肱二头肌：
- 正握弯举 P58
  练习3~4组，每组12~10次，逐步递减。
- 锤式弯举 P60
  练习3~4组，每组10~8次，逐步递减。

腹肌：
- 卷腹 P200
  练习3~5组，每组20~30次，逐步递增。

2 第二天

胸肌：
- 俯卧撑 P107
  练习4~5组，每组12~6次，逐步递减。

背部：
- 哑铃划船 P128
  练习3~5组，每组12~6次，逐步递减。

肩部：
- 坐姿哑铃推举 P88
  练习3~5组，每组10~6次，逐步递减。
- 俯身哑铃侧平举 P98
  练习3~5组，每组10~6次，逐步递减。

肱二头肌：
- 正握弯举 P58
  练习3~4组，每组12~10次，逐步递减。

肱三头肌：
- 仰卧哑铃臂屈伸 P74
  练习3~5组，每组12~6次，逐步递减。

大腿后侧：
- 哑铃硬拉 P137
  练习3~5组，每组12~6次，逐步递减。

大腿前侧：
- 腿屈伸 P158
  练习4~6组，每组10~6次，逐步递减。

小腿：
- 驴式提踵 P175
  练习2~4组，每组25~50次，逐步递增。

腹肌：
- 悬垂举腿 P204
  练习3~5组，每组10~12次，逐步递增。

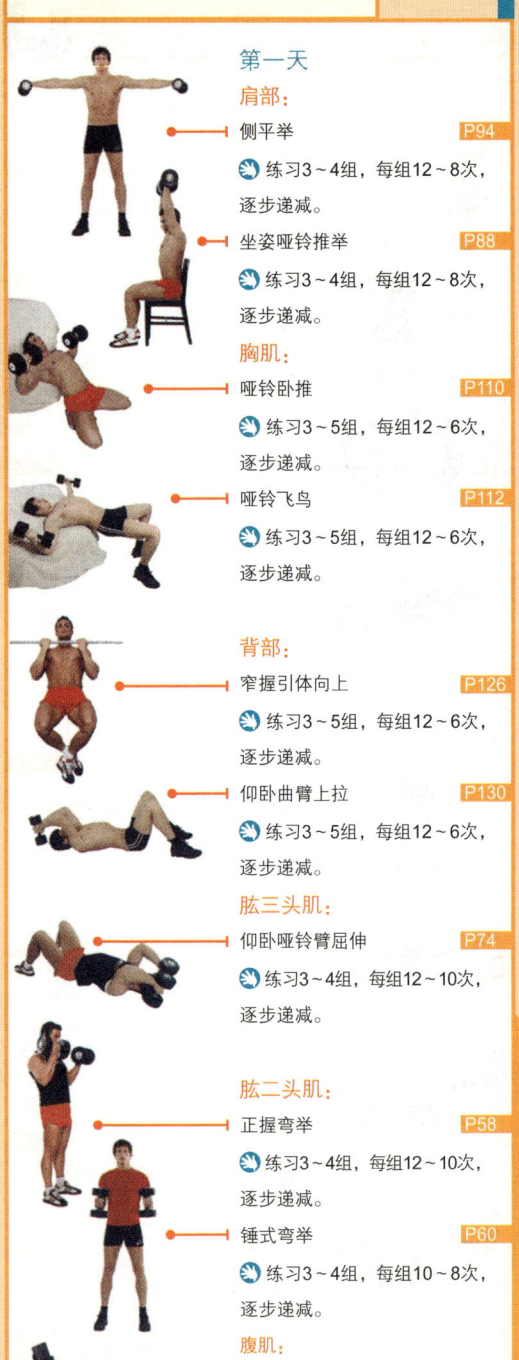

第三部分 肌肉训练计划

第二天

大腿前侧：
- 腿屈伸 P158
  练习3～5组，每组12～10次，逐步递减。

- 哑铃深蹲 P143
  练习3～5组，每组10～6次，逐步递减。

大腿后侧：
- 俯卧腿弯举 P168
  练习3～5组，每组12～10次，逐步递减。

- 哑铃硬拉 P137
  练习3～5组，每组12～6次，逐步递减。

小腿：
- 站姿提踵 P172
  练习3～5组，每组15～20次，逐步递增。

腹肌：
- 悬垂举腿 P204
  练习3～5组，每组10～12次，逐步递增。

- 卷腹 P200
  练习3～5组，每组20～30次，逐步递增。

- 转体卷腹 P201
  练习3～4组，每组20～25次，逐步递增。

- 站姿转体 P208
  练习2～4组，每组20～25次,逐步递增。

臂膀：
- 反握引体向上 P66
  练习2～4组，每组12～6次，逐步递减。

- 弹力带俯卧撑 P70
  练习2～4组，每组12～6次，逐步递减。

第三天

胸肌：
- 俯卧撑 P107
  练习4～5组，每组15～10次，逐步递减。

- 哑铃飞鸟 P112
  练习4～5组，每组12～6次，逐步递减。

背部：
- 哑铃划船 P128
  练习3～5组，每组12～8次，逐步递减。

- 俯身哑铃侧平举 P98
  练习3～5组，每组12～6次，逐步递减。

肩部：
- 坐姿哑铃推举 P88
  练习3～5组，每组10～6次，逐步递减。

- 侧平举 P94
  练习3～5组，每组10～6次，逐步递减。

肱二头肌：
- 反握引体向上 P66
  练习3～4组，每组12～10次，逐步递减。

- 正握弯举 P58
  练习3～4组，每组12～10次，逐步递减。

肱三头肌：
- 仰卧哑铃臂屈伸 P74
  练习3～5组，每组12～6次，逐步递减。

- 俯身臂屈伸 P76
  练习3～5组，每组12～6次，逐步递减。

腹肌（可选择）：
- 悬垂举腿 P204
  练习3～5组，每组10～12次，逐步递增。

肌肉健美训练解析（基础篇）

进阶四天的完整肌肉锻炼计划

1

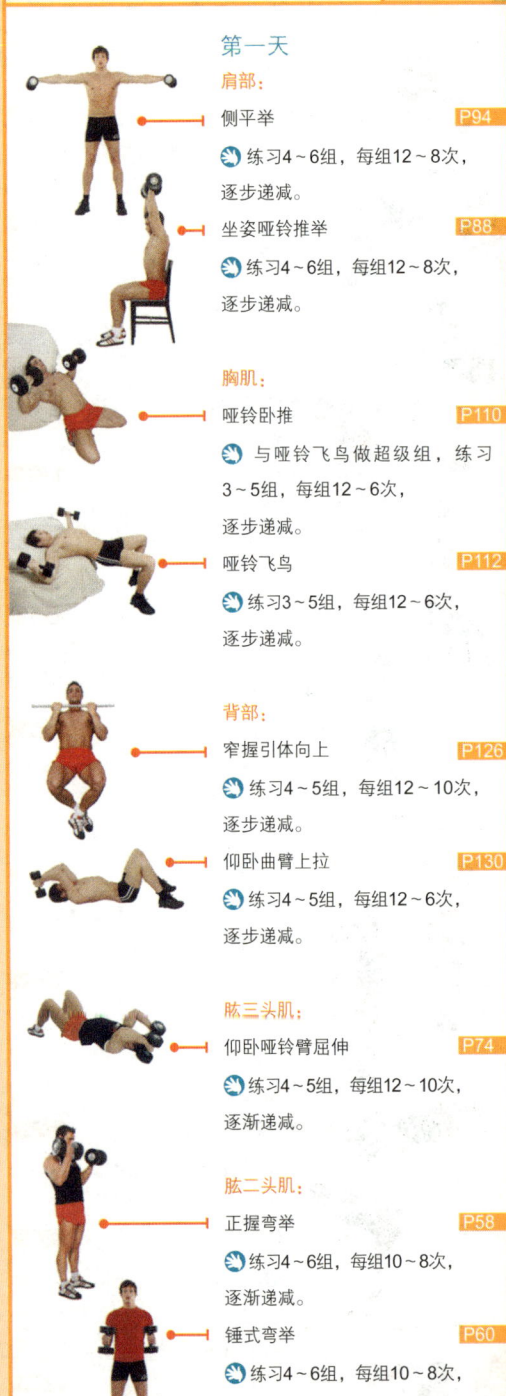

第一天

肩部：
- 侧平举　P94
  练习4~6组，每组12~8次，逐步递减。
- 坐姿哑铃推举　P88
  练习4~6组，每组12~8次，逐步递减。

胸肌：
- 哑铃卧推　P110
  与哑铃飞鸟做超级组，练习3~5组，每组12~6次，逐步递减。
- 哑铃飞鸟　P112
  练习3~5组，每组12~6次，逐步递减。

背部：
- 窄握引体向上　P126
  练习4~5组，每组12~10次，逐步递减。
- 仰卧曲臂上拉　P130
  练习4~5组，每组12~6次，逐步递减。

肱三头肌：
- 仰卧哑铃臂屈伸　P74
  练习4~5组，每组12~10次，逐渐递减。

肱二头肌：
- 正握弯举　P58
  练习4~6组，每组10~8次，逐渐递减。
- 锤式弯举　P60
  练习4~6组，每组10~8次，逐渐递减。

2

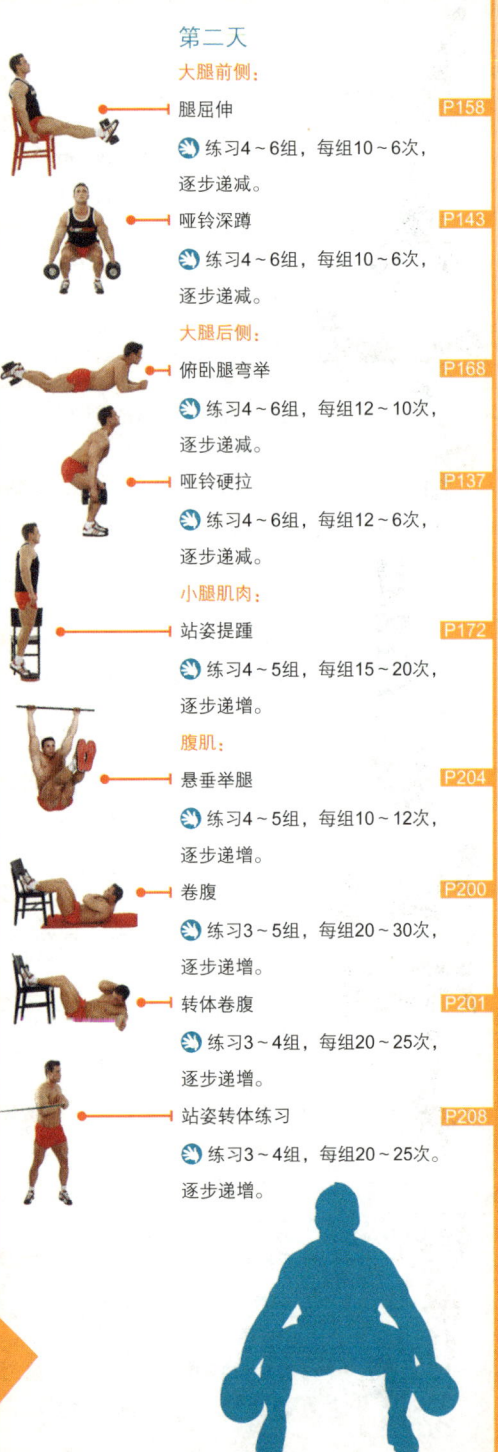

第二天

大腿前侧：
- 腿屈伸　P158
  练习4~6组，每组10~6次，逐步递减。
- 哑铃深蹲　P143
  练习4~6组，每组10~6次，逐步递减。

大腿后侧：
- 俯卧腿弯举　P168
  练习4~6组，每组12~10次，逐步递减。
- 哑铃硬拉　P137
  练习4~6组，每组12~6次，逐步递减。

小腿肌肉：
- 站姿提踵　P172
  练习4~5组，每组15~20次，逐步递增。

腹肌：
- 悬垂举腿　P204
  练习4~5组，每组10~12次，逐步递增。
- 卷腹　P200
  练习3~5组，每组20~30次，逐步递增。
- 转体卷腹　P201
  练习3~4组，每组20~25次，逐步递增。
- 站姿转体练习　P208
  练习3~4组，每组20~25次。逐步递增。

第三部分 肌肉训练计划

3 第三天

胸肌：
- 俯卧撑 P107
  练习5~6组，每组15~10次，逐步递减。
- 哑铃飞鸟 P112
  练习5~6组，每组12~6次，逐步递减。

背部：
- 哑铃划船 P128
  练习4~5组，每组12~6次，逐步递减。
- 俯身哑铃侧平举 P98
  练习4~5组，每组12~6次，逐步递减。

肩部：
- 直立划船 P92
  练习4~5组，每组10~6次，逐步递减。
- 侧平举 P94
  练习4~5组，每组10~6次，逐步递减。

肱二头肌：
- 反握引体向上 P66
  练习4~5组，每组12~10次，逐步递减。
- 正握弯举 P58
  练习4~5组，每组12~10次，逐步递减。

肱三头肌：
- 仰卧哑铃臂屈伸 P74
  练习4~5组，每组12~6次，逐步递减。
- 俯身臂屈伸 P76
  练习4~5组，每组12~6次，逐步递减。

4 第四天

腹肌：
- 悬垂举腿 P204
  练习3~5组，每组10~12次，逐步递增。
- 卷腹 P200
  练习3~5组，每组20~30次，逐步递增。
- 转体卷腹 P201
  练习3~4组，每组20~25次，逐步递增。
- 站姿转体 P208
  练习2~4组，每组20~25次，逐步递增。

大腿后侧：
- 坐姿腿弯举 P167
  练习3~5组，每组12~10次，逐步递减。
- 直腿硬拉 P165
  练习3~5组，每组12~6次，逐步递减。

大腿前侧：
- 腿屈伸 P158
  练习3~5组，每组12~8次，逐步递减。
- 挺髋蹲 P150
  练习3~5组，每组10~6次，逐步递减。

小腿：
- 站姿提踵 P172
  练习3~5组，每组15~20次，逐步递增。

肌肉健美训练解析（基础篇）

为高水平选手准备的五天完整肌肉锻炼计划

1

第一天

胸肌：

哑铃卧推　P110
练习3～5组，每组15～20次，逐步递增。

弹力带夹胸　P116
练习3组，每组12次。

俯卧撑　P107
练习3～4组，每组12～6次，逐步递减。

背部：

哑铃硬拉　P137
练习4～6组，每组12～6次，逐步递减。

窄握引体向上　P126
练习5组，每组12～6次，逐步递减。

哑铃划船　P128
练习3组，每组12～8次，逐步递减。

前臂：

反握弯举　P62
练习3～4组，每组20～12次，逐步递减。

腹肌：

转体卷腹　P201
练习4～5组，每组20～25次，逐步递增。

2

第二天

肩部：

侧平举　P94
练习4～5组，每组12～10次，逐步递减。

俯身哑铃侧平举　P98
练习4组，每组12次。

坐姿哑铃推举　P88
练习4～5组，每组12～8次，逐步递减。

肱二头肌：

正握弯举　P58
练习4组，每组12～8次，逐步递减。

反握引体向上　P66
练习4组，每组12～6次，逐步递减。

肱三头肌：

仰卧哑铃臂屈伸　P74
练习4组，每组12～8次，逐步递减。

弹力带俯卧撑　P70
练习3组，每组12～20次，逐步递增。

第三部分　肌肉训练计划

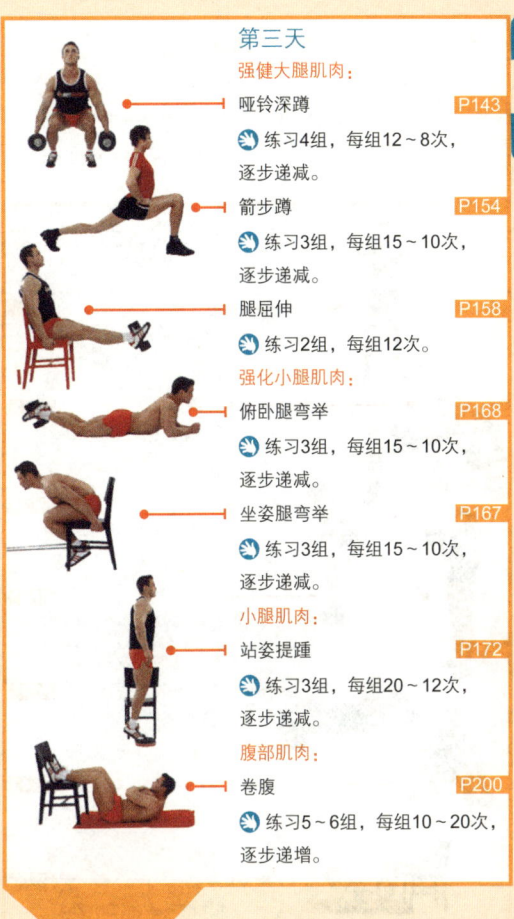

第三天

强健大腿肌肉：
- 哑铃深蹲　P143
  - 练习4组，每组12～8次，逐步递减。
- 箭步蹲　P154
  - 练习3组，每组15～10次，逐步递减。
- 腿屈伸　P158
  - 练习2组，每组12次。

强化小腿肌肉：
- 俯卧腿弯举　P168
  - 练习3组，每组15～10次，逐步递减。
- 坐姿腿弯举　P167
  - 练习3组，每组15～10次，逐步递减。

小腿肌肉：
- 站姿提踵　P172
  - 练习3组，每组20～12次，逐步递减。

腹部肌肉：
- 卷腹　P200
  - 练习5～6组，每组10～20次，逐步递增。

第四天

背部肌肉：
- 窄握引体向上　P126
  - 练习5～6组，每组12～6次。
- 哑铃划船　P128
  - 练习4～5组，每组12～8次。
- 仰卧曲臂上拉　P130
  - 练习3组，每组12～20次。

胸肌：
- 俯卧撑　P107
  - 练习4～6组，每组12～6次。
- 哑铃飞鸟　P112
  - 练习3～4组，每组12～6次。
- 弹力带夹胸　P116
  - 练习3组，每组12～20次。

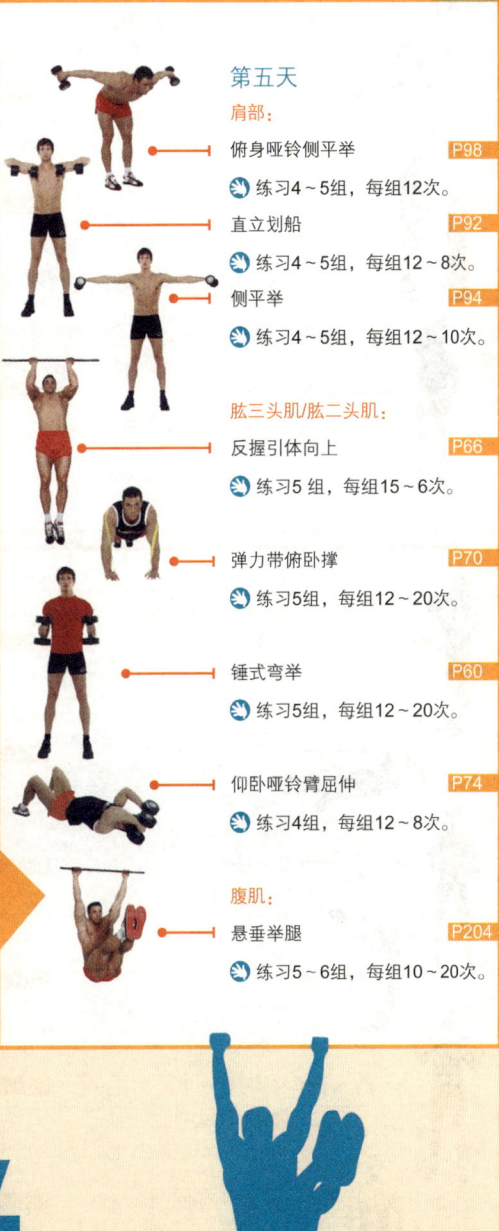

第五天

肩部：
- 俯身哑铃侧平举　P98
  - 练习4～5组，每组12次。
- 直立划船　P92
  - 练习4～5组，每组12～8次。
- 侧平举　P94
  - 练习4～5组，每组12～10次。

肱三头肌/肱二头肌：
- 反握引体向上　P66
  - 练习5组，每组15～6次。
- 弹力带俯卧撑　P70
  - 练习5组，每组12～20次。
- 锤式弯举　P60
  - 练习5组，每组12～20次。
- 仰卧哑铃臂屈伸　P74
  - 练习4组，每组12～8次。

腹肌：
- 悬垂举腿　P204
  - 练习5～6组，每组10～20次。

手臂专项训练计划

对于只想获得臂部肌肉的运动者，有针对性的练习计划。

第一天
基础负重练习和耐力功练习

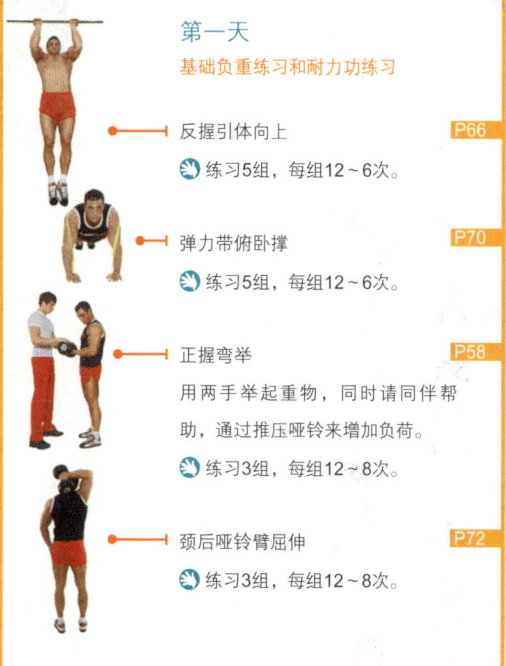

- 反握引体向上　P66
  练习5组，每组12~6次。
- 弹力带俯卧撑　P70
  练习5组，每组12~6次。
- 正握弯举　P58
  用两手举起重物，同时请同伴帮助，通过推压哑铃来增加负荷。
  练习3组，每组12~8次。
- 颈后哑铃臂屈伸　P72
  练习3组，每组12~8次。

第二天
有针对性的充血练习

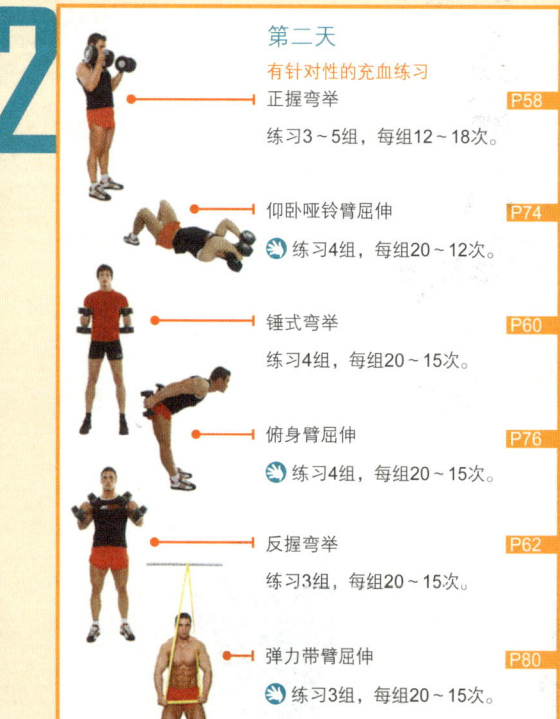

- 正握弯举　P58
  练习3~5组，每组12~18次。
- 仰卧哑铃臂屈伸　P74
  练习4组，每组20~12次。
- 锤式弯举　P60
  练习4组，每组20~15次。
- 俯身臂屈伸　P76
  练习4组，每组20~15次。
- 反握弯举　P62
  练习3组，每组20~15次。
- 弹力带臂屈伸　P80
  练习3组，每组20~15次。

针对全身的20分钟循环训练计划

力求用最快的速度练习并在训练组间用最短的时间休息。此计划要求在20分钟内完成，锻炼者至少应该完成三组循环练习。锻炼者在获得肌肉的力量和耐力后，可继续增加一组循环锻炼，每星期至少做两次。

初学者循环练习法

- 肩部：
  侧平举　P94
  重复练习12~8次。
- 胸肌：
  哑铃飞鸟　P112
  重复练习15~10次。
- 背部：
  哑铃划船　P128
  重复练习10~6次。
- 肱二头肌：
  正握弯举　P58
  重复练习12~8次。
- 肱三头肌：
  仰卧哑铃臂屈伸　P74
  重复练习15~10次。
- 大腿：
  哑铃深蹲　P143
  重复练习15~10次。
- 腹肌：
  卷腹　P200
  重复练习20~25次。

- 背部：
  窄握引体向上　P126
  重复练习12~6次。
- 肩部：
  侧平举　P94
  重复练习12~8次。
- 胸肌：
  哑铃卧推　P110
  重复练习10~6次。
- 肱二头肌：
  哑铃弯举　P58
  重复练习12~8次。
- 肱三头肌：
  俯身臂屈伸　P76
  重复练习15~10次。
- 大腿：
  箭步蹲　P154
  重复练习20~15次。
- 腹肌：
  卷腹　P200
  重复练习20~25次。

第三部分 肌肉训练计划

女性性感之美

接下来的这些肌肉训练项目是通过循环练习完成的，所有训练项目在各个不同的练习项目中要求休息时间尽量少。初学者在各练习项目更换期间可以进行短暂休息，在经过几次训练后，随着肌肉耐力不断增强，就不需要休息时间了。

高强度的循环练习的好处是在最短时间内燃烧掉最多热量（卡路里），这种练习能够使人体保持在一个健康的状态中，尤其是在心血管方面，每次练习的目标都应是尽可能多地重复动作，同时减少完成每次循环练习所需的时间。每个动作重复的次数根据自己的运动水平从25～50次不等。找到脂肪燃烧点是非常重要的，这是脂肪最大限度转化为热量的标志。

如果是第一次进行此项练习，那最接近脂肪燃烧点的次数应该是每组25次，即使开始达不到这个次数也没关系，因为随着所做循环练习数的增加，你会很快进步。当能够很容易地做到50次并想让此训练项目继续发挥作用时，就应该增加训练强度。每组能够做到50次，标志着应从初级锻炼计划过渡到进阶锻炼计划了。

每次训练至少要完成两次循环练习，随着训练的进展，要不断地增加循环练习的次数，整场训练的时间不能超过20～30分钟。每周最少训练2次，理想的计划是每周做4次训练；对于想快速取得训练效果的锻炼者，应该每天都进行循环练习。切记，取得的效果与投入的时间和付出的努力是成正比的。

腹肌专项循环训练计划

此训练计划是针对想锻炼腹肌，消除腹部赘肉，完善体型的锻炼者的。为了促进腹部一整天的血液循环，此项练习比较适合早上或晚上做。每次不停歇地做2～4次循环，根据自己的运动水平，每组应重复练习15～50次。

初学者循环训练计划
- 卷腹 P200
- 仰卧举腿 P202
- 转体卷腹 P201
- 站姿转体 P208

进阶练习法
- 悬垂举腿 P204
- 仰卧举腿 P202
- 卷腹 P200 负重练习，重量递减。
- 转体卷腹 P201
- 站姿转体 P208

交替训练是有效的，如臀部训练+苗条体形训练。在此情况下，可以采用三种练习方法：

▶ 做完臀部肌肉训练后，进行塑形训练。

▶ 交替练习：做完整套臀肌练习后进行塑形训练，然后再进行臀肌练习。此策略的好处是使肌肉能够得到休息，保持持久的运动节奏感。

▶ 做一天臀肌练习，再做一天塑形练习。为了达到想要的效果，每周至少做2次臀肌练习和两次塑形的练习。

精炼身体下半身计划

初学者训练法

- 哑铃深蹲　P143
- 箭步蹲　P154
- 直腿硬拉　P165
- 臀桥　P190

以上动作循环练习，每组重复练习15~20次。

进阶练习法

- 箭步蹲　P154
- 直腿硬拉　P165
- 哑铃深蹲　P143
- 臀桥　P190
- 臀屈伸　P182
- 臀屈伸　P182

以上动作循环练习，每组重复练习15~20次。

优化臀部健美计划

尽管此项健美主要是针对于女性，但是对于那些想要塑造臀部线条的男性也同样适用。

初学者训练法

- 哑铃深蹲　P143
- 臀桥　P190
- 臀屈伸　P182

以上动作循环练习，每组重复练习15~20次。

进阶练习法

- 臀屈伸　P182
- 臀屈伸　P182
- 直腿硬拉　P165
- 臀桥　P190
- 哑铃深蹲　P143

以上动作循环练习，每组重复练习15~20次。

第三部分 肌肉训练计划

平坦小腹健美计划

初学者训练法

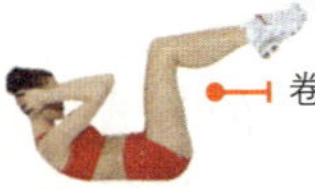

- 卷腹 P200
- 转体卷腹 P201 
- 膈肌收缩练习 P212 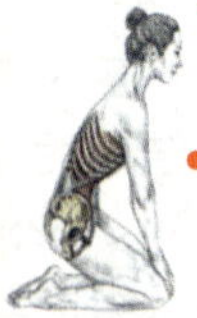

以上动作循环练习，每组重复练习15~20次。

进阶练习法

- 仰卧举腿 P202
- 卷腹 P200 
- 转体卷腹 P201 
- 站姿转体 P208 

以上动作循环练习，每组重复练习15~20次。

强健全身薄弱部位的训练计划

此训练计划主要针对很难锻炼到的身体部位，包括下半身、腹部，还有经常被忽略的上部区域，如肱三头肌是女性脂肪囤积地，所以需要对此肌肉进行特别训练。斜方肌下侧和背部肌肉对于体形的塑造起到同样重要的作用，同时，能够阻止因胸部过重而引起的上半身驼背现象。

因此，此训练计划是针对需要加强锻炼的身体部位的。

每周至少训练2次、每次训练做两次循环练习。理想的做法是能够在15分钟内完成这两次循环练习。当感到训练有些轻松时，可每次做3次或4次循环练习；当可以不费太大力气完成4次循环时，再做进一步练习。

初学者训练法

- 臀桥 P190
- 哑铃深蹲 P143 
- 膈肌收缩练习 P212 
- 卷腹 P200 
- 俯身臂屈伸 P76 
- 哑铃划船 P128 
- 俯身哑铃侧平举 P98 
- 正握弯举 P58 
- 颈后哑铃臂屈伸 P72 

以上动作循环练习，每组重复练习15~20次。

进阶练习法

- 箭步蹲 P154
- 直腿硬拉 P165 
- 哑铃深蹲 P143 
- 臀桥 P190 
- 俯身哑铃侧平举 P98 
- 哑铃划船 P128 
- 侧平举 P94 
- 俯身臂屈伸 P76 
- 正握弯举 P58 
- 颈后哑铃臂屈伸 P72 
- 仰卧举腿 P202 
- 卷腹 P200 

以上动作循环练习，每组重复练习15~20次。

针对个体特制的肌肉训练计划

训练计划的五个阶段

阶段1：熟悉

作为初学者，如果想通过一个或多个身体训练动作增强肌肉，那么请看下面的基本身体训练计划。根据训练计划，调整目标肌肉：
- 主要是大腿肌肉。
- 身体的所有肌肉。

此阶段的主要目标是熟悉自己的肌肉力量。

阶段2：引入循环锻炼

阶段1锻炼几周后，会进入阶段2，在此阶段锻炼者用特定的肌肉运动方式来完成运动科目。此时开始引入循环锻炼方式。

阶段3：增加训练容量

在1~2个月的循环锻炼适应期后，就要增加训练容量，动作也会更加复杂。例如：挺举运动会加入到锻炼当中。在某些情况下，成组练习的数量更加重要。

阶段4：专业化

在3~6个月有规律的训练后，可以针对想要锻炼的肌肉进行专门训练。

阶段5：个性化的锻炼

在12~18个月的肌肉锻炼后，根据自己的目标、弱点，可以优先选择适合自己的锻炼计划。

循环训练或做组训练

此处涉及一个必须回答的问题：循环训练和做组训练哪个更好？科学的研究提供了非常有趣的分析。以两个网球初学选手为例：

- 第一个以重复方式进行正手动作练习。一旦掌握正手动作，便以相同的方式进行反手动作练习。此处使用的是做组练习的方式。
- 第二个以正反手动作交替锻炼的方式进行练习。此处使用的是循环练习的方式。

两组选手在课程结束时所做的正反手动作练习的数量是完全一样的。课程结束后马上做训练测试，然后十天后再做一次。课程刚结束后立即做的测试表明，进步最大的球员是采用做组练习的选手。但课程结束十天后的测试表明，交替循环练习更能提高动作水平。

这些结果说明两件事情：

1 如果要快速学习新动作，做组练习效果更佳。为了更好地练习，初学者应避免在训练的第一周进行循环练习。因为学习一个未尝试过的动作已经很麻烦了，循环练习会使其变得更为复杂。

2 随着锻炼目标由学习变成尽量发挥肌肉的全部功能时，循环练习则会更有优势。

在运动场上，整个运动中只用一个姿势重复运用同一组肌肉群的现象是很少见的。例如：踢足球时，即使主要使用下肢，也必须向前跑动、后退、侧身跑和传球等，为了更好地锻炼，循环练习最好是进行一系列的运动。对于足球运动员来说，可以考虑以下训练，进行2~5个训练动作的循环练习，每个动作进行20~50次重复练习。

第三部分 肌肉训练计划

1. 箭步蹲 P154
2. 侧向箭步蹲 P156
3. 直腿硬拉 P165
4. 屈髋 P152
5. 站姿提踵 P172
6. 卷腹 P200

转移现象

以提高成绩为目的的训练，将在健身房里获取的力量和在运动场上提高运动成绩之间进行转移。对于初学者，这种转移一般进行得相当不错。但随着运动水平的提高，此转移便会出现一系列的问题。为确保进行最理想的转移，必须要让健身训练最大可能地接近运动项目所要求的练习。基于此原因，最重要的是要让训练计划适合自己的锻炼需求。

因为在很多运动中，必须同时使用腿部和上身，如网球、橄榄球、游泳等运动，所以必须采取更复杂的循环练习计划以应对全身肌肉的挑战。下面的循环练习就要求全身肌肉协调工作，此练习计划由3～6个动作组成，每个动作进行8～25次重复练习。

总结

如果为了审美原因而锻炼肌肉，循环训练会适得其反。这种要求脑部和神经相适应的练习，对于仅仅以获取大块肌肉为目标的锻炼并无帮助。

为了使肌肉得到有效的锻炼，循环训练的复杂程度应尽量接近运动场上所能遇到的复杂情形。另外，训练不仅是为了锻炼肌肉，还应该锻炼神经系统，以面对运动时所遇到的突发状况。

1. 哑铃高翻 P140
2. 窄握引体向上 P126
3. 哑铃硬拉 P137
4. 哑铃卧推 P110
5. 哑铃深蹲 P143
6. 卷腹 P200

第一阶段：适合初学者的体适能训练计划

本阶段为了学习和掌握在健美锻炼中最常见的动作。如果本阶段练习计划已经进行了几周，当感到练习轻松时，就要进入循环练习阶段了（阶段2）。

主要针对大腿的复合练习计划（足球、跑步、骑自行车、下坡滑雪等）

每周2~3次练习。

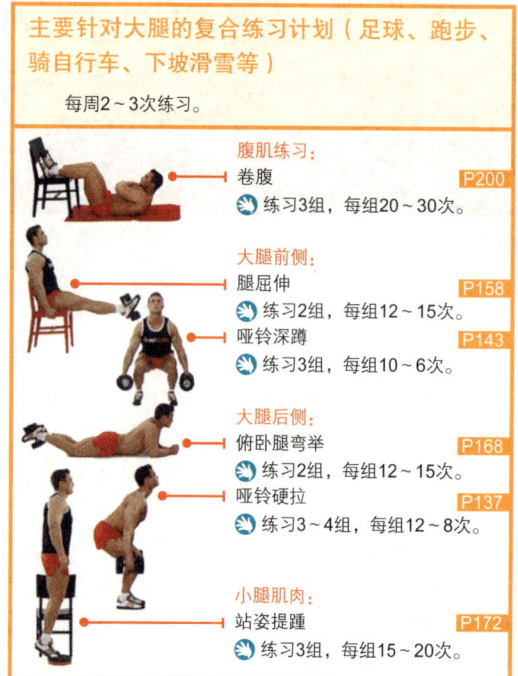

腹肌练习：
卷腹　P200
练习3组，每组20~30次。

大腿前侧：
腿屈伸　P158
练习2组，每组12~15次。
哑铃深蹲　P143
练习3组，每组10~6次。

大腿后侧：
俯卧腿弯举　P168
练习2组，每组12~15次。
哑铃硬拉　P137
练习3~4组，每组12~8次。

小腿肌肉：
站姿提踵　P172
练习3组，每组15~20次。

主要针对大腿和上半身肌肉的复合练习计划（橄榄球、赛艇、球类运动、搏击运动、滑雪等）

每周2~3次练习。

胸肌：
哑铃卧推　P110
练习3~4组，每组15~8次。

背部：
窄握引体向上　P126
练习3~5组，每组13~6次。

肩部：
侧平举　P94
练习3~4组，每组15~10次。

肱三头肌：
颈后哑铃臂屈伸　P72
练习3组，每组12~15次。

肱二头肌：
正握弯举　P58
练习2~3组，每组10~15次。

腹部：
卷腹　P200
练习3组，每组20~30次。

第二阶段：循环训练计划

在第一阶段练习1~2个月后，就要进行循环练习了。

主要针对大腿的复合循环练习计划

- 每次执行2~5个循环；
- 在要求力量的运动项目中进行10~20次重复练习。
- 在要求耐力的运动中进行25~50次重复练习。
- 每周练习2~3次。

1 箭步蹲 P154
2 侧向箭步蹲 P156
3 直腿硬拉 P165
4 哑铃深蹲 P143
5 站姿提踵 P172
6 卷腹 P200

主要针对大腿和上半身肌肉的复合循环练习计划

- 每次执行3~5个循环；
- 在要求力量的运动项目中进行15~25次重复练习。
- 在要求耐力的运动中进行25~50次重复练习。
- 每周练习2~3次。

1 哑铃深蹲 P143
2 窄握引体向上 P126
3 直腿硬拉 P165
4 哑铃卧推 P110
5 站姿提踵 P172
6 卷腹 P200

第三阶段：增加运动量

在进行3~6个月的复合循环练习后，为了继续进步应当增加运动量。同时，为了更好地掌握像挺举这样的动作，也应引入更加复杂的练习了。

主要针对大腿

每次执行3~6个循环：
- 在要求力量的运动项目中进行10~20次重复练习。
- 在要求耐力的运动项目中进行25~50次重复练习。

理想的情况是确保不断地交替练习，以增加训练难度。重复练习A计划，每周1~2次。与练习计划B交替进行，可按如下方式进行训练：

（注意："×"代表休息日）

☀	1	2	3	4	5	6	7
⚙	A	×	B	×	A/B	×	×

主要针对大腿和上半身肌肉

每次执行4~6个循环：
- 在要求力量的运动项目中进行10~20次重复练习。
- 在要求耐力的运动项目中进行25~50次重复练习。

训练周期内，一定要使4个不同的练习轮换进行训练。有选择的练习计划于第5天和第12天进行，根据你想要着重练习的肌肉选择。两周后重复循环练习周期。

☀	1	2	3	4	5	6	7	8	9	10	11	12	13	14
⚙	A¹	×	B¹	×	A/B	×	×	A²	×	B²	×	A/B	×	×

练习A（主要锻炼上部肌肉）

训练 A¹

1. 哑铃硬拉 P137
2. 屈髋 P152
3. 哑铃高翻 P140
4. 腿屈伸 P158
5. 哑铃划船 P128
6. 哑铃卧推 P110
7. 坐姿腿弯举 P167
8. 侧平举 P94
9. 卷腹 P200

训练 A²

1. 窄握引体向上 P126
2. 挺髋蹲 P150
3. 哑铃高翻 P140
4. 俯卧腿弯举 P168
5. 哑铃卧推 P110
6. 俯身哑铃侧平举 P98
7. 仰卧举腿 P202

练习 A

1. 哑铃高翻 P140
2. 哑铃深蹲 P143
3. 屈髋 P152
4. 直腿硬拉 P165
5. 卷腹 P200
6. 站姿提踵 P172

练习 B

1. 哑铃深蹲 P143
2. 哑铃卧推 P110
3. 哑铃高翻 P140
4. 直腿硬拉 P165
5. 转体卷腹 P201

主要针对大腿和上半身肌肉

练习B（主要锻炼下半身肌肉）

练习B¹

加强初学者躯干扭转力量的练习计划

进行3～5个循环，每次重复25～50次。

进阶练习

进行3～6个循环，每次重复15～50次。

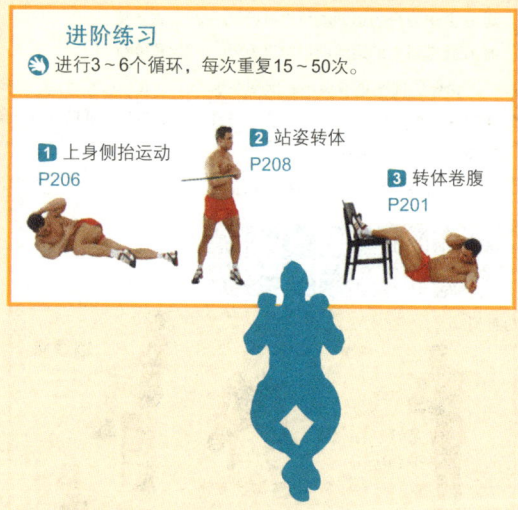

第四阶段：更特殊的练习

在6～8个月有规律的练习后，需要定向训练运动中使用最多的肌肉。事实上，每项运动需要不同的肌肉，必须及时调整练习计划，用对锻炼者有益的练习来代替常规的练习。

爆发力练习中还介绍，在训练开始时，不断提高神经兴奋度，以促进肌肉的爆发力。

要做好热身运动后再进行这些练习。请记住，爆发力练习法是做最大量的重复练习，直到肌肉爆发力消失。然后进行30～60秒的休息，再进入下一组练习。建议你在进行下一个练习前做10～60秒的伸展活动，一般是进行1～4组肌肉的伸展练习。

此处选择的16个运动项目，几乎囊括了绝大多数最流行的运动，这样你就能发现最适合自己的练习项目了。为了达到更高的运动难度，一组一组地进行练习吧！

为提高训练成果需重视上半身的扭转锻炼。

有很多体育运动是由扭转上半身完成的。例如：高尔夫球手，为了获取挥杆的力量，俯身击球前会尽可能高地抬起上半身。对于拳击手来说，挥出的拳头始于以预拉伸的方式向后扭转躯干。主要肌肉在扭转中的运作是非常重要的，要加强锻炼，由此可以：

> 获得力量。
> 在扭转中防止相对薄弱的区域受伤。

第三部分 肌肉训练计划

足球

此练习计划的目标是强健大腿和保护腰部，锻炼膝关节和髋关节的肌肉。

- 每次进行2~5个循环练习，每个动作重复20~50次。
- 对于练习计划A，最好每周训练1~2次。

练习 A

爆发力训练。P159

每个练习最多重复3~4组。

1. 哑铃深蹲 P143/144
2. 卷腹 P200
3. 直腿硬拉 P165
4. 髋外展 P195
5. 髋内收 P195
6. 坐姿大腿内收 P163
7. 屈髋 P152

锻炼后的伸展运动。
P131/156/163/179/170

练习 B

爆发力训练。P159

每个练习最多重复3~4组。

1. 哑铃高翻 P140
2. 仰卧举腿 P202
3. 俯身哑铃侧平举 P98
4. 腿屈伸 P158
5. 卷腹 P200
6. 坐姿腿弯举 P167
7. 转体卷腹 P201
8. 站姿提踵 P172

锻炼后的伸展运动。
P100/131/179/170/195

235

自行车运动

此练习计划的目标是强健大腿和保护背部肌肉。

🕐 每次进行3~5个循环练习，每个动作重复10~20次。
■ 每周训练2~4次。

🕐 每次进行2~4个循环练习，每个动作重复30~50次。
■ 每周训练1~3次。

为跑道自行车比赛运动员制订的练习计划

跳深。P159

🕐 每个练习最多重复3~4组。

为长途货车司机制订的练习计划

1. 哑铃深蹲 P143
2. 屈髋 P152
3. 卷腹 P200
4. 哑铃硬拉 P137
5. 转体卷腹 P201
6. 腿屈伸 P158
7. 臀桥 P190

锻炼后的伸展运动。
P131/179/170/195/160

1. 哑铃深蹲 P143/144
2. 直腿硬拉 P165
3. 仰卧举腿 P202
4. 哑铃深蹲 P143
5. 站姿提踵 P172
6. 屈髋 P152
7. 哑铃高翻 P140
8. 臀桥 P190
9. 半蹲提踵 P176
10. 卷腹 P200

锻炼后的伸展运动。
P131/156/179/195/160

第三部分 肌肉训练计划

羽毛球，网球等

此练习计划的目标是强健大腿和手臂，保护肩膀和踝关节韧带。

■ 对于练习计划A，最好每周训练1~2次。

练习 A
爆发力训练。P159/118
每个练习最多重复3~4组。

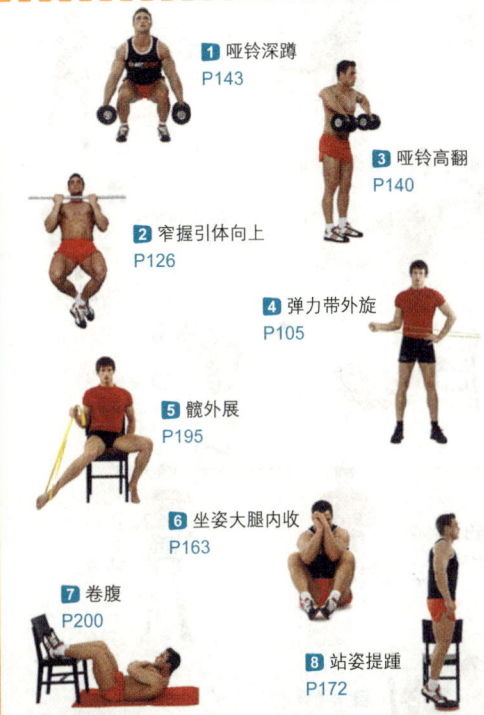

1. 哑铃深蹲 P143
2. 窄握引体向上 P126
3. 哑铃高翻 P140
4. 弹力带外旋 P105
5. 髋外展 P195
6. 坐姿大腿内收 P163
7. 卷腹 P200
8. 站姿提踵 P172

锻炼后的伸展运动。
P100/131/85/81/179/156

练习 B
爆发力训练。P159/116
每个练习最多重复3~4组。

1. 直腿硬拉 P165
2. 站姿转体 P208
3. 哑铃划船 P128
4. 上身侧抬运动 P206
5. 俯身哑铃侧平举 P98
6. 转体卷腹 P201
7. 坐姿腿弯举 P167
8. 屈髋 P152

锻炼后的伸展运动。
P100/131/85/81/163/170

肌肉健美训练解析（基础篇）

橄榄球、美式足球

此练习计划的目标是强健大腿、躯干和手臂肌肉，同时保护颈部、背部、膝盖和脚踝。

- 每次进行2~5个循环练习，每个动作重复10~30次。
- 对于练习计划A，最好每周训练1~2次。

练习 A

爆发力训练。 P159/118

- 每个练习最多重复3~4组。

1
2

1 哑铃高翻 P140
2 窄握引体向上 P126
3 哑铃深蹲 P143
4 哑铃划船 P128
5 哑铃硬拉 P137
6 颈屈伸 P121
7 哑铃耸肩 P134
8 颈弯举 P121
9 卷腹 P200
10 颈部侧弯举 P122
11 站姿提踵 P172

锻炼后的伸展运动。
P170/156/100/179/131

1 2 3 4 5

练习 B

爆发力训练。 P159/118

- 每个练习最多重复3~4组。

1
2

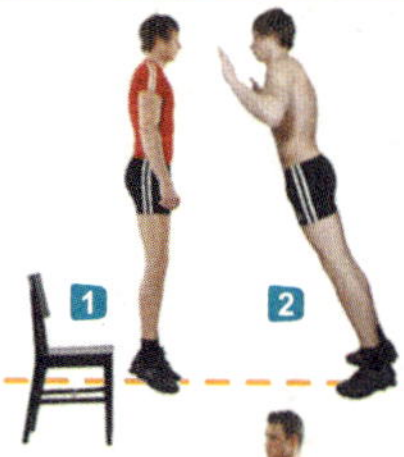

1 哑铃深蹲 P143/144
2 站姿转体 P208
3 哑铃卧推 P110
4 直腿硬拉 P165
5 转体卷腹 P201
6 俯身哑铃侧平举 P98
7 髋外展 P195
8 弹力带外旋 P105
9 坐姿腿弯举 P167
10 仰卧举腿 P202

锻炼后的伸展运动。
P170/156/100/179/131

1 2 3 4 5

238

第三部分 肌肉训练计划

篮球、排球、手球

此练习计划的目标是强健大腿、肩部和手臂肌肉，同时保护膝盖和腿部肌腱。
- 每次进行2~4个循环练习，每个动作重复20~50次。
- 每周训练2~3次。

练习 A
爆发力训练。P159/118
- 每个练习最多重复3~4组。

1 哑铃高翻 P140
2 窄握引体向上 P126
3 哑铃深蹲 P143
4 转体卷腹 P201
5 直腿硬拉 P165

6 站姿转体 P208
7 俯身哑铃侧平举 P98
8 站姿提踵 P172
9 髋外展 P195
10 坐姿腿弯举 P167
11 弹力带外旋 P105

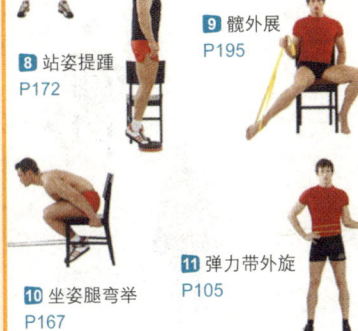

锻炼后的伸展运动。
P131/85/81/156

雪地运动：坡道滑雪、越野滑雪

此练习计划的目标是强健大腿肌肉，同时保护背部、膝盖和腿部肌腱。
- 对于坡道滑雪，每次进行2~4个循环练习，每个动作重复25~40次；对于越野滑雪，每个动作重复30~100次。
- 每周训练2~3次。

对于坡道滑雪的循环练习
爆发力训练。P159
- 每个练习最多重复5~6组。

1 哑铃深蹲 P143
2 俯身哑铃侧平举 P98
3 哑铃硬拉 P137
4 坐姿大腿内收 P163
5 哑铃划船 P128
6 仰卧举腿 P202
7 仰卧举腿 P202
8 站姿提踵 P172
9 坐姿腿弯举 P167

锻炼后的伸展运动。
P131/179/179/156/163

对于越野滑雪的循环练习

1 箭步蹲 P154
2 俯身哑铃侧平举 P98
3 哑铃硬拉 P137
4 弹力带外旋 P105
6 仰卧举腿 P202
7 坐姿腿弯举 P167
5 坐姿大腿内收 P163
8 站姿提踵 P172

锻炼后的伸展运动。
P100/156/163/179/131/179

肌肉健美训练解析（基础篇）

搏击运动

此练习计划的目的是强健身体所有的肌肉，同时保护主要关节。

- 每次进行2~4个循环练习，每个动作重复30~50次。
- 对十练习计划A，最好每周重复训练1~2次。

练习 A
爆发力训练。
P159/118/159
- 每个练习最多重复2~3组。

1. 哑铃高翻 P140
2. 站姿转体 P208
3. 哑铃深蹲 P143
4. 窄握引体向上 P126
5. 站姿提踵 P172
6. 锤式弯举 P60
7. 转体卷腹 P201
8. 站姿转体 P208
9. 颌屈伸 P121
10. 颈弯举 P121
11. 颈部侧弯举 P122

锻炼后的伸展运动。
P100/163/131/6/85

练习 B
爆发力训练。 P159
- 每个练习最多重复4~5组。

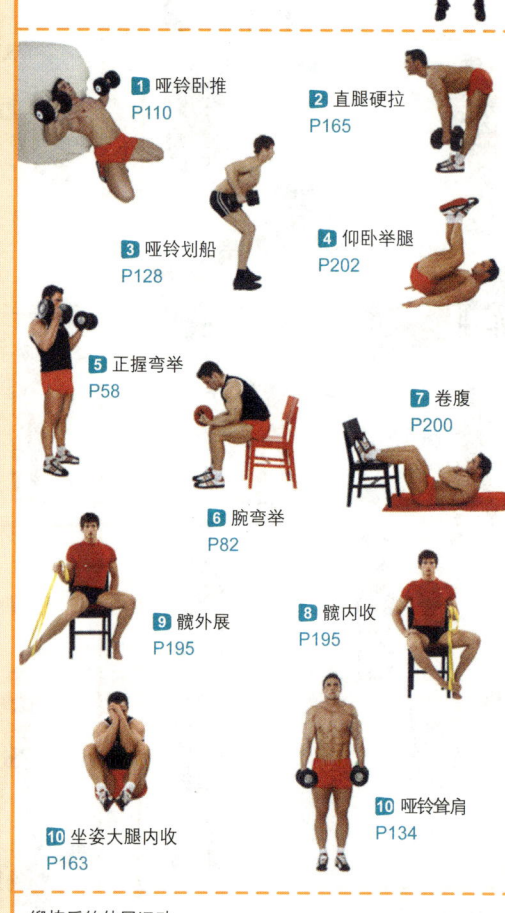

1. 哑铃卧推 P110
2. 直腿硬拉 P165
3. 哑铃划船 P128
4. 仰卧举腿 P202
5. 正握弯举 P58
6. 腕弯举 P82
7. 卷腹 P200
8. 髋内收 P195
9. 髋外展 P195
10. 坐姿大腿内收 P163
10. 哑铃耸肩 P134

锻炼后的伸展运动。
P100/179/131/85/6

第三部分 肌肉训练计划

拳击

第次进行2~5个循环练习，每个动作重复10~5次。
每周训练2~3次。

爆发力训练。P159/118
每个练习最多重复5~6组。

1 弹力带卧推 P111
2 哑铃深蹲 P143
3 窄握引体向上 P125
4 直腿硬拉 P165
5 弹力带外旋 P105
6 站姿提踵 P172
7 转体卷腹 P201
8 哑铃高翻 P140
9 颈屈伸 P121
10 颈弯举 P121
11 颈部侧弯举 P122
12 站姿转体 P208
13 哑铃耸肩 P134

锻炼后的伸展运动。
P100/156/131/85/179

注意：此练习计划经常使用哑铃进行锻炼。体重提供的耐力应用是从上到下，而拳击需要的是从后到前的爆发力。只有使用弹力带才可以提供所需要的爆发力。

田径运动：短跑、跑步、跳跃、投掷运动

此项练习计划的目的是强健所有的身体肌肉，同时保护背部、臀部、腿部肌腱和肩膀。

短跑、跑步

第次进行2~5个循环练习：
- 对于短跑，每个动作重复10~20次。
- 对于跑步，每次1~5分钟，每个动作重复20~40次。
每周训练2~3次

爆发力训练。P159
每个练习最多重复5~6组。

1 哑铃深蹲 P143
2 屈髋 P152
3 哑铃高翻 P140
4 站姿提踵 P172
5 转体卷腹 P201
6 直腿硬拉 P165
7 仰卧举腿 P202

锻炼后的伸展运动。
P100/131/156/163/179/195

注意：练习屈髋时，能够保持稳定性，得益于站在地面上的那条腿的大腿臀中肌的收缩。这块肌肉在跑步中至关重要，可以防止骨盆失去平衡。阔筋膜张肌同样也会受到刺激，这块肌肉能够在抬起大腿的同时给股四头肌的外部加力，还提供了跑步时所需的力量。

投掷

此练习计划的目标是强健大腿、躯干和肩部回旋肌的肌肉，同时保护背部和三角肌的衔接。

- 每次进行4～6个循环练习，每个动作重复1～6次。
- 每周训练3～5次。

爆发力训练。
P159/118
- 每个练习最多重复3～4组。

1. 哑铃深蹲 P143
2. 哑铃卧推 P110
3. 转体卷腹 P201
4. 哑铃高翻 P140
5. 站姿提踵 P172
6. 窄握引体向上 P126
7. 仰卧举腿 P202
8. 弹力带外旋 P105
9. 站姿转体 P208
10. 哑铃划船 P128

锻炼后的伸展运动。
P100/81/131/85

游泳

此练习计划的目标是肩部、胸部、背部和大腿的肌肉，同时保护主要关节。

- 每次进行4～6个循环练习，每个动作重复25～75次。
- 每周训练2～4次。

爆发力训练。
P118
- 最多重复4～6组。

1. 哑铃高翻 P140
2. 哑铃硬拉 P137
3. 窄握引体向上 P126
4. 弹力带外旋 P105
5. 仰卧曲臂上拉 P130
6. 俯身哑铃侧平举 P98
7. 哑铃卧推 P110
8. 站姿转体 P208
9. 哑铃划船 P128

锻炼后的伸展运动。
P100/81/195/131/100

高尔夫

此练习计划的目标是强健上身躯干回旋肌，同时保护背部、肩部和臀部。

- 每次进行2～3个循环练习，每个动作重复10～20次。
- 每周训练1～2次。

1. 站姿转体 P208
2. 窄握引体向上 P126
3. 转体卷腹 P201
4. 俯身哑铃侧平举 P98
5. 哑铃深蹲 P143
6. 弹力带外旋 P105
7. 直腿硬拉 P165
8. 卷腹 P200

锻炼后的伸展运动。
P100/156/85/81

第三部分 肌肉训练计划

冰上运动：滑冰、冰球运动

此练习计划的目标是强健大腿、臀部和躯干回旋肌，同时保护腰和脚部肌腱。

- 每次进行2~5个循环练习，每个动作重复10~40次。
- 每周训练2~3次。

单人溜冰

爆发力训练。
P159/118

- 每个练习最多重复2~3组。

双人滑冰

爆发力训练
P159/118

- 每个练习最多重复3~4组。

1 哑铃深蹲 P143
2 站姿转体 P208
3 直腿硬拉 P165
4 转体卷腹 P201
5 髋外展 P195
6 髋内收 P195
7 坐姿大腿内收 P163
8 站姿提踵 P172

1 哑铃高翻 P140
2 哑铃深蹲 P143
3 窄握引体向上 P126
4 站姿转体 P208
5 髋外展 P195
6 转体卷腹 P201
7 髋内收 P195
8 站姿提踵 P172
9 坐姿大腿内收 P163

锻炼后的伸展运动。
P100/163/131/6/156

锻炼后的伸展运动。
P100/131/85/6

243

水上运动：赛艇、皮划艇、帆船运动

此练习计划目标是强健手臂、背部和大腿（皮划艇除外），同时保护腰椎。
- 每次进行2~5个循环练习，每个动作重复20~40次。
- 每周训练2~4次。

赛艇、帆船

爆发力训练 P159/118
- 每个练习最多重复3~4组。

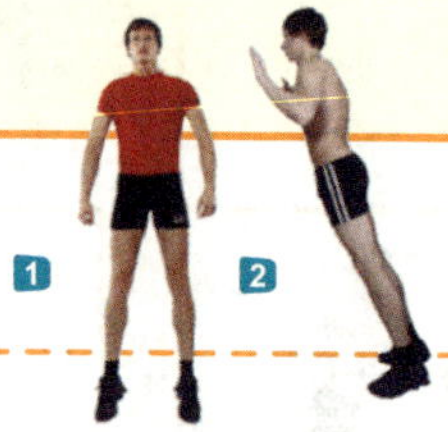

1 哑铃高翻 P140
2 (跳跃动作)
3 哑铃深蹲 P143
4 俯身哑铃侧平举 P98
5 直腿硬拉 P165
6 弹力带外旋 P105
7 转体卷腹 P201
8 划船 P128
2 窄握引体向上 P126

锻炼后的伸展运动。
P170/156/131/195/131

皮划艇

爆发力训练。P118
- 最多重复4~5组。

1 窄握引体向上 P126
2 转体卷腹 P201
3 哑铃划船 P128
4 弹力带外旋 P105
5 俯身哑铃侧平举 P98
6 哑铃卧推 P110
7 站姿转体 P208

锻炼后的伸展运动。
P100/85/131/81

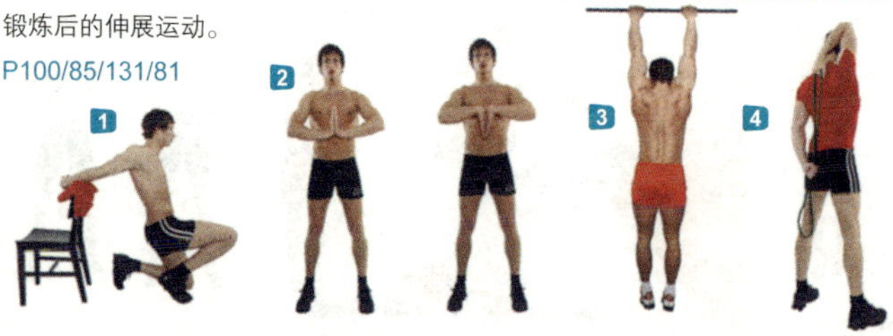

骑马

此练习计划目的是保护背部（尤其是腰背部）和内收肌，并强健大腿。
- 每次进行2~3个循环练习，每个动作重复20~50次。
- 每周训练1~2次。

1 髋内收 P195
2 髋外展 P195
3 坐姿大腿内收 P163
4 仰卧举腿 P202
5 直腿硬拉 P165
6 转体卷腹 P201
7 反握弯举 P62

锻炼后的伸展运动。
P156/170/163/131

第三部分 肌肉训练计划

掰手腕

此练习计划目标是强健手臂和手臂回旋肌，同时保护肩、肘和前臂。
- 每次进行4～6个循环练习，每个动作重复3～12次。
- 每周训练2～4次。

爆发力训练。
P118
最多重复2～3组。

1. 窄握引体向上 P126
2. 卧推 P110
3. 锤式弯举 P60
4. 弹力带外旋 P105
5. 单臂哑铃划船 P128
6. 正握哑铃弯举 P58
7. 腕屈伸 P84
8. 反握弯举 P62
9. 腕弯举 P82
10. 卷腹 P200

锻炼后的伸展运动。
P100/81/131/85

（1）注意：用手臂来提供帮助。

攀岩

此练习计划目标是强健大腿、手臂、前手臂和背部。
- 每次进行2～3个循环练习，每个动作重复20～40次。
- 每周训练1～2次。
使用递减组训练。

1. 递减组窄握引体向上 P126
2. 哑铃深蹲 P143
3. 哑铃卧推 P110
4. 哑铃硬拉 P137
5. 弹力带外旋 P105
6. 站姿提踵 P172
7. 锤式弯举 P60
8. 递减组腕屈伸 P84
9. 卷腹 P200
10. 递减组腕弯举 P82

锻炼后的伸展运动。
P100/156/131/85/179

汽车与摩托车运动

此练习计划目标是保护背部（尤其腰椎）和颈部，并且强健大腿肌肉。
- 每次进行2～3个循环练习，每个动作重复20～30次。
- 每周训练1～2次。

1. 直腿硬拉 P165
2. 卷腹 P200
3. 腿屈伸 P158
4. 哑铃高翻 P140
5. 转体卷腹 P201
6. 俯身哑铃侧平举 P98
7. 哑铃划船 P128
8. 颈屈伸 P121
9. 颈弯举 P121
10. 颈部侧弯举 P122

锻炼后的伸展运动。
P100/131/85

第五阶段：个人专项练习计划

练习12～18个月后，应该开始个性化锻炼，以便更好地满足自身的体能要求。为何在制订计划前要准备如此长的时间呢？因为在此之前，需要时间去感受什么样的练习最适合自己。

如果能很准确地了解运动中所需的肌肉及其机能，那么就很容易制订个人专项练习计划了。同时还要分析自身弱点，以便更好地消除它们。在运动中经常会受的伤害也要考虑到。

进行自我分析

为了建立运动计划，必须对身体素质做个性化的分析。此分析有三个主要组成部分：

由哪一组肌肉群发挥作用？

在第4阶段的练习计划中，已发现在主要体育项目中哪些肌肉使用率最高。最理想的状态是在运动中自己能感受到哪些肌肉群最能发挥作用。无论是在健身房还是在竞技场上，能够最准确感受到肌肉运动的运动员进步也最快。有些人很早就能意识到肌肉的运动，而有些人则一点儿也感觉不到。这导致后者会使用危险且效率低的训练方法。

如果能准确地感受到肌肉的情况，就可以很容易让肌肉按要求的方式运动。这可以更快地学会运动动作，并准确有效地进行运动。进行肌肉锻炼可以帮助提高这种肌肉感觉，而这种感觉又可以协助改善运动效果。

当能够意识到肌肉运作时，也就获得了比较好的肌肉感，那么就学会了如何控制自己的身体了。当然也可以修改第4阶段的练习项目，以制订自己的专项练习计划。

运动科目中所需哪些不同的肌肉力量和素质

在运动中，你需要单纯力量、速度，还是力量和耐力的混合体？仅仅需要一种肌肉素质的运动是很少见的，一般会涉及几种不同肌肉素质的联合使用。

单纯力量：当需要移动很重的物体时就要求使用单纯力量了。为了获得此力量需进行繁重的练习，只需要单纯力量的情况很少，一般都会同时要求速度和精度。

启动力：当要用最快的速度冲刺时会需要此力量。走走停停的练习能在肌肉锻炼中运用到启动力。例如：中蹲时在利用大腿力量突然站起前在椅子上保持坐姿1～2秒钟。

加速力：其目的是在身体已经运动时能够进行加速。与启动力相反，此项肌肉素质要求尽快将正向运动与反向运动相连接，同时保持肌肉紧绷（在此项肌肉练习中不会完全伸展手臂或腿）。

爆发力：移动的对象（通常是自己的身体）不一定很重，但是必须要快。最理想的动力运作方式是将身体的阻力和弹力带的阻力联合进行训练。增强式训练同样很重要。

力量耐力：很多运动需要力量和耐力联合运作。为了更好地进行这些运动，要不间断地进行循环锻炼和大量重复练习（大部分练习至少要重复25次）。只有几组需要重负荷的成组练习，可以仅进行十几次重复练习。保持肌肉紧绷状态和递减练习组，这是两种广泛使用的强化式练习技术。

哪些弱点延迟了进步？

在训练项目中所用的肌肉素质和运动中所涉及的肌肉中，哪一些发展较慢并延迟了训练的进步呢？练习计划尤其要侧重锻炼这些弱点。但说起来容易做起来难！因为许多运动员更乐意锻炼他们的强项而不是弱项。

第三部分　肌肉训练计划

运动伤害的预防措施

所有的运动都有受伤的危险。任何疼痛都会使运动成绩下降，使训练不舒服并阻碍进步。正确的肌肉强化训练可以防止这些损伤，并且加强薄弱环节。前面已经在阶段4的练习计划中加入了一些具体的循环练习计划。这种侧重应当在计划制订中得到加强。

肩膀损伤的预防措施

大量运动肩膀的体育运动，很容易造成三角肌疼痛。如投掷运动（篮球、排球、手球、田径等）、拳击、网球、水上运动、游泳、掰手腕、攀登、高尔夫等，为了预防疼痛，必须保持关节的稳定性和加强肌肉的支撑性，应注意肩膀后面、肩膀下方和斜方肌下方。

🔹 每次进行3～5个循环练习，每个动作重复15～25次，每周至少进行2次练习。以热身的方式在整个训练的开始进行此循环练习。

腰部损伤的预防措施

几乎所有的身体活动都对脊椎有影响，对腰部的强健有很高要求。为了防止腰部受到伤害，必须加强脊柱的肌肉支持，加强腹部（尤其是腹部下半部分）和腰部肌肉的支撑力。

🔹 每次进行2～4个循环练习，每个动作重复15～25次，每周至少2～3次练习。

在训练结束后进行此循环练习。

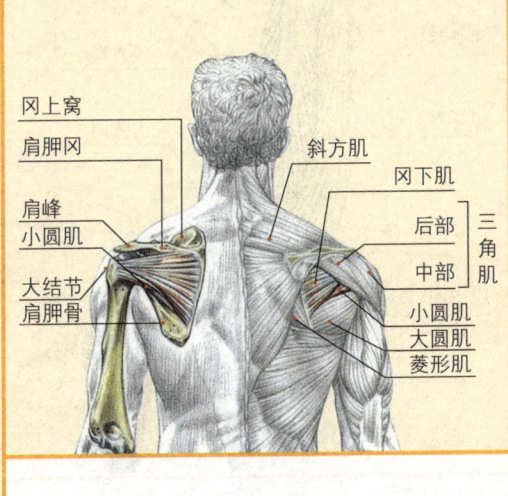

冈上窝　肩胛冈　肩峰　小圆肌　大结节　肩胛骨　斜方肌　冈下肌　后部/中部　三角肌　小圆肌　大圆肌　菱形肌

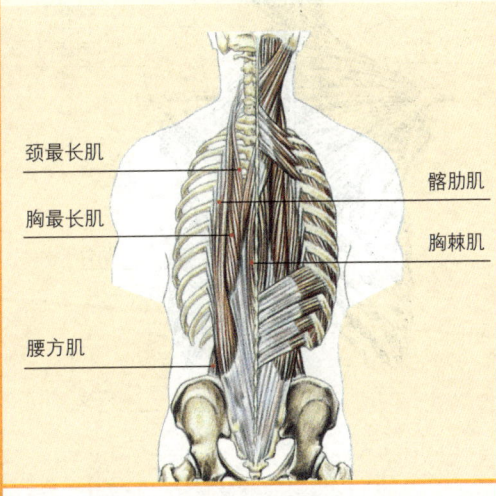

颈最长肌　胸最长肌　腰方肌　髂肋肌　胸棘肌

1 俯身哑铃侧平举 P98　　**2** 弹力带外旋 P105　　**3** 哑铃划船 P128

1 仰卧举腿 P202　　**2** 直腿硬拉 P165　　**3** 卷腹 P200　　**4** 哑铃高翻 P140　　**5** 转体卷腹 P201

颈部损伤的预防措施

在对抗性运动中（如拳击运动、橄榄球等），颈部最难保护。为了保护颈部，必须增强支撑颈部肌肉及斜方肌强度。

🔸 每次进行2～4个循环练习：
- 哑铃耸肩和哑铃高翻，重复8～12次；
- 其余颈部练习，重复20～30次。

每周至少进行此项循环练习2次。

髋部损伤的预防措施

在运动中所涉及的髋关节旋转运动可以轻易地使负责大腿运动方向的小块肌肉受到损伤。涉及的运动有球类运动、格斗、对抗、滑雪、攀登、骑马和冰上运动等。

🔸 每次进行2～3个循环练习，每个动作重复20～50次，每周至少进行此循环练习2次。

不要将这些练习组直接连起来进行，而是把它们分成30秒/次的拉伸练习来锻炼想要训练的肌肉。以热身的方式在整个训练的最开始进行此循环练习。

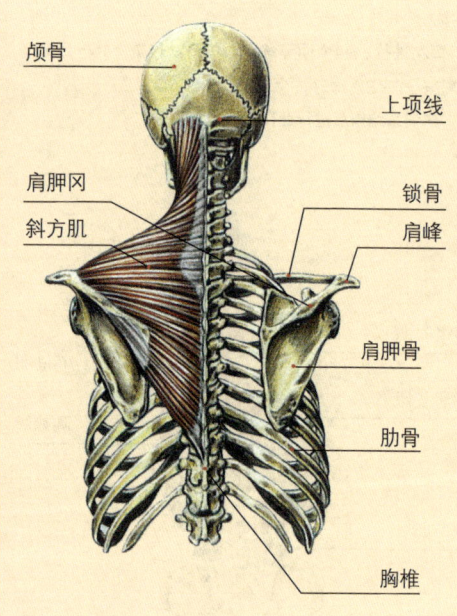

颅骨 — 上项线 — 肩胛冈 — 锁骨 — 斜方肌 — 肩峰 — 肩胛骨 — 肋骨 — 胸椎

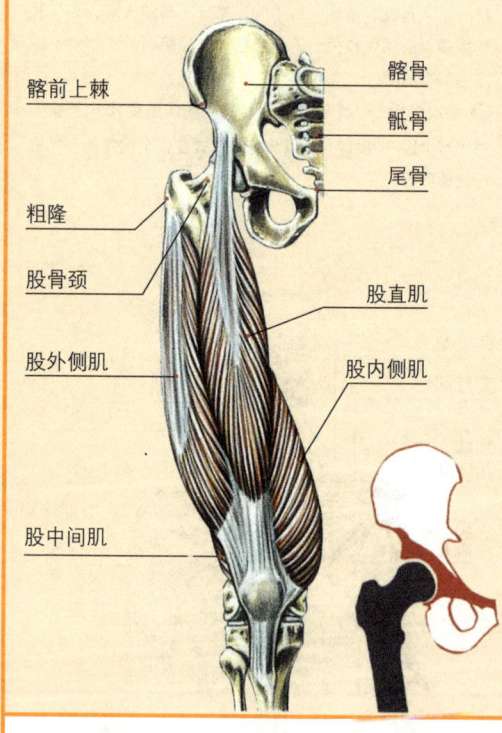

髂前上棘 — 髂骨 — 骶骨 — 尾骨 — 粗隆 — 股骨颈 — 股直肌 — 股外侧肌 — 股内侧肌 — 股中间肌

1 颈屈伸 P121　　**2** 颈弯举 P121
3 颈部侧弯举 P122　　**4** 哑铃耸肩 P134　　**5** 哑铃高翻 P140

1 髋外展 P195　　**2** 内收肌拉伸 P163　　**3** 髋内收 P195
4 内收肌拉伸 P163　　**5** 坐姿大腿内收 P163　　**5** 内收肌拉伸 P163

膝盖损伤的预防措施

在运动中膝盖出现问题的情况很常见。最容易让膝盖受伤的运动是球类运动，例如网球或乒乓球等运动，还有格斗、竞走、自行车、登山和赛艇等运动。

膝盖出现问题在于两腿的不平衡性：

▶ 腿部肌腱和股四头肌之间不平衡的力量。肌肉练习一般集中训练股四头肌，而忽视了对运动起更重要作用的腿部肌腱的训练。

▶ 构成股四头肌四块肌肉间力量的不平衡。通常情况下，这些肌肉在髌骨上不会产生完全相等的力量。因为这种不平衡，膝关节便处于突出的位置，在膝关节侧面和正面的肌肉紧张也是不平衡的。肌肉练习计划应该重新平衡肌肉力量，从而减少膝盖的扭转和损伤。

肌肉损伤的预防措施

在跑步运动中常有跟腱撕裂的情况发生，尤其是在不规律的全速疾跑中，像足球、橄榄球、网球、滑冰、田径等运动。对高水平足球运动员进行的为期4年的运动医学研究显示：单一的、有规律的伸展运动，对预防这些损伤起不到任何作用。相反，重复的负重训练则降低了肌肉撕裂情况的发生。负重练习和拉伸运动的结合能够取得最好的训练效果。

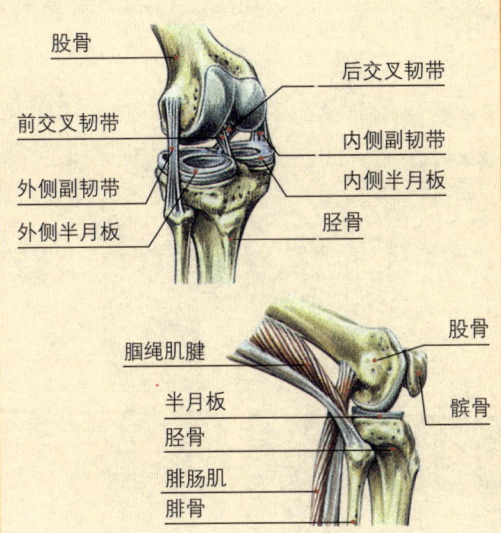

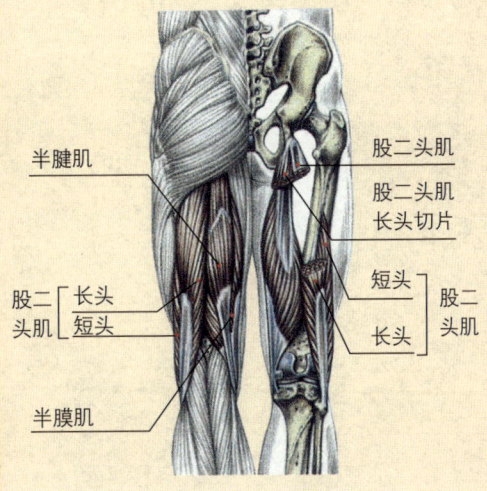

1 直腿硬拉 P165
2 哑铃深蹲 P143
3 坐姿腿弯举 P167
4 腿屈伸 P158
5 股四头肌拉伸 P162
6 脊柱拉伸 P139

1 单腿直腿硬拉
每次每条腿做3~5组锻炼，每组重复15~20次。
P165

2 坐姿腿弯举
每次做3~4组练习，每组重复10~15次。
P167